JEAN ZIEGLER

Die Barbaren kommen

Buch

In mehreren Ländern haben Ziegler und seine Mitarbeiter Zugang zu bisher verschlossenen Archiven gefunden und eine große Zahl von Staatsanwälten, Fahndern und Richtern befragt. Sie zeigen, daß in den letzten fünfzehn Jahren neue Mafia-Organisationen entstanden sind, die weltweit ihre Fäden ziehen. Die Globalisierung der Märkte und Finanzströme sowie der Verfall der Nationalstaaten haben ihren Aufstieg begünstigt. Vor allem der Zerfall des Sowjetreiches brachte neue Verbrecherkartelle hervor. Ihre Bosse geben sich den Anschein der Seriosität, doch hinter den Kulissen operieren ihre kriminellen Handlanger. Durch Korruption von Politikern und Beamten sowie durch ihre enorme Finanzkraft nehmen diese Kartelle zunehmend Einfluß auf die verschiedenen Bereiche von Wirtschaft, Gesellschaft und Politik. Ziegler liefert hierzu brisante Fakten.

Autor

Jean Ziegler, Jahrgang 1936, ist Professor für Soziologie an der Universität Genf und Professeur associé an der Sorbonne in Paris sowie Nationalrat im Parlament der Schweizer Eidgenossenschaft. Er verfaßte zahlreiche Bücher, die ihn weltweit bekannt machten. Titel wie »Die Schweiz wäscht weißer« und »Die Schweiz, das Gold und die Toten« lösten heftige Diskussionen aus und wurden internationale Bestseller.

Von Jean Ziegler
ist im Goldmann Verlag außerdem erschienen:

Die Schweiz, das Gold und die Toten (12783)
Wie herrlich Schweizer zu sein (15003)

Jean Ziegler

Die Barbaren kommen

Kapitalismus
und organisiertes
Verbrechen

IN ZUSAMMENARBEIT
MIT UWE MÜHLHOFF

Aus dem Französischen
von Hanna van Laak

GOLDMANN

Umwelthinweis:
Alle bedruckten Materialien dieses Taschenbuches
sind chlorfrei und umweltschonend.

Mit einem aktuellen Nachwort versehene
Taschenbuchausgabe August 1999
Wilhelm Goldmann Verlag, München,
in der Verlagsgruppe Bertelsmann GmbH
© 1998 der deutschsprachigen Ausgabe
C. Bertelsmann Verlag
in der Verlagsgruppe Bertelsmann GmbH
© 1998 der Originalausgabe Jean Ziegler
Umschlaggestaltung: Design Team München
Umschlagabbildung: IFA/TP/tpl
Druck: Elsnerdruck, Berlin
Verlagsnummer: 15029
KF · Herstellung: Sebastian Strohmaier
Made in Germany
ISBN 3-442-15029-9

1 3 5 7 9 10 8 6 4 2

Für Luiz Carlos Perreira,
meinen Patensohn, erschossen im Alter von
einundzwanzig Jahren am Dienstag, dem
14. Mai 1991, an der Kreuzung der Straßen
Santa Rodriguez und Maïa Lacerda
(Rio de Janeiro) vom Auftragsmörder
eines Kokain-Kartells

»Jeder von uns ist verantwortlich
für alles vor allen.«

FJODOR DOSTOJEWSKI

INHALT

VORWORT

Ein Gespenst geht um in Europa: das Gespenst des organisierten Verbrechens. Demokratische, freie Gesellschaften leben auf unserem Kontinent seit zweihundert Jahren. Heute ist ihre Existenz bedroht von den unheimlichen Herrschern der organisierten Kriminalität.

Die Kartelle des hochtechnologisierten, grenzüberschreitenden Verbrechens stellen das höchste Stadium und das Wesen selbst der kapitalistischen Produktionsweise dar. Sie profitieren in hohem Maße von der Immunschwäche der zeitgenössischen kapitalistischen Gesellschaft. Die Globalisierung der Finanzmärkte schwächt den Rechtsstaat, seine Souveränität, seine Ordnungsfunktion, seine Fähigkeit der Repression. Die neoliberale Ideologie legitimiert – schlimmer noch: »naturalisiert« – die Globalisierung der Märkte und das weltweite Wirken der »unsichtbaren Hand«. Diese heute anscheinend übermächtige Ideologie umspannt den Planeten. Sie diffamiert täglich die moralische Norm und das staatliche Gesetz. Sie lähmt den kollektiven Willen der Völker und beraubt den Menschen seines höchsten Gutes: der freien Verfügung über sein eigenes Schicksal.

Die großen Paten schreiten maskiert einher. Sie scheuen das Tageslicht. Ihre Welt ist die Dämmerung. Sie benutzen eine Vielzahl von Identitäten und führen dem Anschein nach ein höchst ehrbares, manchmal hoch angesehenes Leben. Selten begehen sie ein Verbrechen mit eigener Hand oder wenden sich direkt an das Heer von Soldaten, das sie befehligen. Sie herrschen über mächtige Schattenreiche. Sie sind geheimnisumwobene Rätsel.

Und dennoch existieren sie! Ihre Spuren bleiben nach der

Entfernung der Leichen auf dem blutbefleckten Boden zurück. Ihre Gegenwart spiegelt sich in den panischen Augen des Verdächtigen oder in der extremen Nervosität des Angeklagten vor Gericht, der sich weigert, die »höchste Gottheit« zu nennen.

Wie können wir uns ihnen nähern? Wie ihre Schritte abschätzen? Wie können wir ihre Ziele in Erfahrung bringen? Wie ihre Methoden, ihre Strategien erraten?

Meine Mitarbeiter und ich hatten weitgehend freien Zugang zu einer großen Zahl polizeilicher Quellen in Europa, in Asien (Pakistan) und in den Vereinigten Staaten. Wir konnten viele Lageberichte – insbesondere des deutschen Bundeskriminalamtes sowie der Landeskriminalämter, der Schweizer Bundespolizei, des französischen TRACFIN und der italienischen Guardia di finanza – einsehen.

Zahlreiche kompetente europäische Polizeibeamte und Staatsanwälte ließen uns an ihren Erfahrungen teilhaben, weihten uns in ihr beeindruckendes Wissen, ihre Befürchtungen und Hoffnungen ein.[1]

Regelmäßig werden von kriminologischen Fachzeitschriften, Strafrechtsspezialisten an den Universitäten und Anwaltsverbänden oder Polizeivereinigungen internationale Kolloquien abgehalten, die (auf Einladung hin) für die Öffentlichkeit zugänglich sind. Französische leitende Kommissare, Constables von Scotland Yard, Oberste der Carabinieri, Angehörige des FBI oder deutsche Kriminalbeamte und Staatsanwälte berichten dort mit oft erstaunlicher Offenheit über ihre schwierige Arbeit.

Die Einsicht in Prozeßunterlagen ist je nach Land unterschiedlich geregelt: In Frankreich, Deutschland, der Schweiz und Österreich mußten wir häufig auf dem Amtsweg Akteneinsicht beantragen. In Italien dagegen, wo der »procuratore pubblico« die Ermittlungen leitet und zugleich die

Anklage vor Gericht vertritt, genügte eine schriftliche Genehmigung des Gerichtsschreibers, um die Prozeßakten fotokopieren zu können.

Mein Abgeordnetenstatus hat mir nützliche Dienste geleistet. Das Europäische Parlament wie auch verschiedene nationale Parlamente geben häufig hochinteressante Untersuchungen und Analysen in Auftrag. Manche verfügen über spezielle Untersuchungsausschüsse mit kompetenten Experten, wie zum Beispiel die Anti-Mafia-Kommission der italienischen Abgeordnetenkammer. Die von diesen Ausschüssen veröffentlichten Dokumente sind oft außerordentlich ergiebig. Stellvertretend für viele mag der Bericht der Kommission der französischen Nationalversammlung vom Januar 1993 über die Mafia in Frankreich stehen.

Europaweite Kommunikationsorgane mit Computerarchiven – *Time Magazine*, die *Süddeutsche Zeitung*, *Der Spiegel*, *Le Monde*, *El Pais* und die *Times* in London – verfügen über reichhaltiges und interessantes Dokumentationsmaterial. Wir haben uns bei diesen Datennetzen abonniert und sie für unsere Zwecke genutzt.

Meine Mitarbeiter und ich sind nur bescheidene Soziologen und Juristen mit beschränktem Mut, keine großen und wagemutigen Vertreter des investigativen Journalismus.

Hätten wir die türkischen Buyuk-Baba, die Pathanenherrscher vom Khaiberpaß, die russischen Vor v zakone[2] interviewen sollen? Ihre Soldaten treffen, unsere Fragebogen in ihren Reihen verteilen sollen? Schlimmer noch: eine verdeckte Observierung im Milieu versuchen sollen? Ausgeschlossen! Schließlich wollten wir überleben.

Der erste, theoretische Teil unseres Buches untersucht die Zusammenhänge zwischen der Globalisierung der Märkte und dem Absterben des Nationalstaates einerseits und der Entwicklung der organisierten Kriminalität andererseits.

Der zweite und dritte Teil enthalten die empirischen Analysen der Entstehungsgeschichte und der Funktionsweise der Verbrecherkartelle, die in den Ruinen der kommunistischen Terrorstaaten des Ostens entstanden sind. Heute verkörpern die russischen, tschetschenischen, ukrainischen, rumänischen, polnischen u. a. Verbrechersyndikate die unmittelbarste und gefährlichste Bedrohung für die demokratischen Gesellschaften Westeuropas.

Am Beispiel der BCCI (Bank of Credit and Commerce International) von Agha Hasan Abedi wird im vierten Teil die Unterwanderung der internationalen Finanzwelt durch das organisierte Verbrechen erforscht. *Time Magazine* spricht von der »sleaziest bank of all« (der »widerwärtigsten Bank der Welt«).[3]

Im fünften Teil möchte ich auf die gerichtlichen und polizeilichen Maßnahmen eingehen, die meiner Ansicht nach am besten geeignet sind, das Überleben der demokratischen Gesellschaft in ihrem Krieg gegen das organisierte Verbrechen zu gewährleisten.

Wozu dieses Buch?

Eine Legende von Herakles, dem mythischen Helden der Griechen, gibt eine Antwort: Herakles hatte die Aufgabe übernommen, eine wilde Bestie, den »Löwen von Nemea«, aufzuspüren, zu überwältigen und zu töten. Beinahe hätte sein Abenteuer ein schlimmes Ende genommen … Herakles hatte seinen Feind gefunden, ohne ihn zu erkennen! Er hatte die Mähne des Tieres für seine eigenen Barthaare gehalten. Im letzten Augenblick wurde er der Gefahr inne und erwürgte das Ungeheuer.

Das Verhalten der demokratischen Gesellschaften gegenüber dem organisierten Verbrechen ist häufig von einem ähnlichen Unverstand geprägt: Die Gegenwart des Ungeheuers in ihrer Mitte scheint so vertraut, daß sie es nicht wahrnehmen. Sie schlafen weiter und streicheln dabei sacht ihren Feind.

Werden sie rechtzeitig erwachen?

Ich bezweifle es.

Dieses Buch will sie aufrütteln.

ERSTER TEIL

Die Banalität des Verbrechens

> »Das erste Zeichen des Sittenverfalls
> ist die Verbannung der Wahrheit.«
>
> MONTAIGNE, *Essais*

I. Die Mafiafürsten

Von Louis-Antoine de Saint-Just stammt der Satz: »Zwischen dem Volk und seinen Feinden gibt es nichts Gemeinsames ... nichts als das Schwert.«[1]

In den demokratischen Gesellschaften des Westens ist das Schwert stumpf geworden. Das organisierte Verbrechen ist mit Riesenschritten auf dem Vormarsch. Sein Sieg über die Völker steht unmittelbar bevor.

Eckhart Werthebach, Ex-Präsident des deutschen Bundesamtes für Verfassungsschutz, schreibt: »Die Gefahr für den Rechtsstaat liegt nicht in der kriminellen Handlung als solcher, sondern in der Möglichkeit, durch Kapital Einfluß auf gesellschaftliche Entscheidungs- und Entwicklungsprozesse zu nehmen, die sich einer demokratischen Kontrolle weitestgehend entziehen. Die vordergründigste Einflußnahme ist die Korrumpierung von Politikern oder anderer Entscheidungsträger in gesellschaftlich relevanten Positionen ... Durch ihre gigantische Finanzmacht gewinnt die organisierte Kriminalität heimlich zunehmend an Einfluß auf unser Wirtschaftsleben, die Gesellschaftsordnung und in Folge auf die öffentliche Verwaltung, die Justiz wie auf die Politik und kann schließlich deren Normen und Werte bestimmen.«[2]

Clark Clifford, ehemaliger Verteidigungsminister der Vereinigten Staaten, als Mitarbeiter einer multinationalen Großbank, die auf kriminelle Geldwäsche und internationalen Waffenhandel spezialisiert ist; Giulio Andreotti, siebenmal italienischer Premierminister, vierzehnmal Minister, der vom Staatsanwalt von Palermo der Zugehörigkeit zur Cosa Nostra beschuldigt wird[3]; Ernesto Samper, amtierender Präsident Kolumbiens, dem ein Einreisevisum in die Vereinigten Staaten verweigert wird aufgrund der Anschuldigung, er sei Agent der Drogenkartelle – das sind beunruhigende Fakten.

Es wäre jedoch ein Fehler, in der transkontinentalen Kriminalität nur die Symptome einer sozialen Pathologie zu sehen, Manifestationen von abweichendem Verhalten und Perversionen, die jede zivilisierte Gesellschaft in ihrem Kern in sich birgt. Hier geht es um etwas anderes und um mehr.

Woher kommt der Staat? Worauf gründet seine Macht? Was erfüllt eine Demokratie mit Leben? Was macht aus einer Ansammlung isolierter Individuen eine strukturierte, zivilisierte Gesellschaft, die den zentrifugalen Kräften Paroli zu bieten vermag?

Immanuel Kant gibt eine Antwort: Der Staat ist eine »Gemeinschaft unreiner Einzelwillen vereint unter einer gemeinsamen Regel«[4]. Unter unreinem Einzelwillen versteht er, daß jedem Menschen die schlimmsten Leidenschaften innewohnen, zerstörerische Kräfte, Eifersucht, Machttrieb. Aber in seltenen Momenten der Klarsicht verzichte der Mensch auf einen Teil seiner nicht limitierten, zerstörerischen Freiheit zugunsten des allgemeinen Willens und des öffentlichen Wohls. Mit seinen Mitmenschen begründet er die »gemeinsame Regel«: den Staat, das Gesetz. Diese Schöpfung steht unter dem Zeichen vollkommener Freiheit. Kant: »Weh aber dem Gesetzgeber, der eine auf ethische Zwecke gerichtete Verfassung durch Zwang bewirken wollte! Denn er würde

dadurch nicht allein gerade das Gegenteil der ethischen bewirken, sondern auch seine politische untergraben und un-
sicher machen.«[5]

Immanuel Kant glaubte an die Perfektibilität des Men-
schengeschlechts. Doch er wußte besser als jeder andere um
die extreme Anfälligkeit der allgemeinen Norm, des sozialen Netzes, das von unreinen Einzelwillen gewebt wird, um
den Abgrund, der unablässig auch die scheinbar unumstöß-
lichsten Institutionen bedroht.

Das Beunruhigende an der grenzüberschreitenden Kriminal-
lität in Europa ist nicht in erster Linie, daß sie die Institutionen, das Gesetz, den Staat angreift. Wäre es nichts weiter
als das, würde eine Verstärkung der repressiven Maßnahmen
der demokratischen Gesellschaft, ihrer Gerichte, ihrer Gesetze, ihrer Polizei genügen, um sie zu bezwingen.

Die tödliche Bedrohung durch das organisierte Verbrechen
liegt woanders. Durch die Verlockungen eines schnellen Gewinns, endemische Korruption, körperliche Bedrohung und
Erpressung schwächt es den unreinen Einzelwillen der Bürger. Der Rest folgt zwangsläufig: Eine Gesellschaft, die sich
nicht mehr aus eigenem Antrieb bewegt und deren Institutionen nicht mehr dem freien Willen der Individuen gehor-
chen, ist zum Untergang verurteilt. Kein Staat, kein Gesetz,
keine repressive Macht, wie entschlossen und unerbittlich
sie auch vorgehen mögen, kann sie noch schützen.

Woraus beziehen die Kartelle des organisierten Verbrechens
ihre beeindruckende Effizienz? Die Antwort darauf ist komplex: Die Kartelle des organisierten Verbrechens kombinie-
ren drei Organisationsformen, die sich bisher gegenseitig
ausgeschlossen haben.

Ein kriminelles Kartell ist zunächst einmal eine Wirt-
schafts- und Finanzorganisation kapitalistischen Typs, die
nach den gleichen Kriterien der Profitmaximierung, der ver-

tikalen Kontrolle und der Produktivität funktioniert wie jede beliebige normale und legale multinationale Industrie-, Handels- oder Bankgesellschaft. Zugleich aber ist das Verbrecherkartell eine militärische Hierarchie. Gewalt bildet die Basis jeder kriminellen Vereinigung. Eine (häufig) extreme Gewalt, die gänzlich im Dienste der Anhäufung von Reichtum, der territorialen Vorherrschaft und der Eroberung von Märkten steht.

Bisher bestand zwischen der Rationalität der kapitalistischen Akkumulation und der militärischen Struktur ein Widerspruch: Der Erfolg jeder multinationalen Gesellschaft (ob Industrie-, Handels- oder Bankunternehmen) beruht auf der persönlichen Initiative, dem freien Spiel der Kräfte im Rahmen anpassungsfähiger Strukturen, eingebunden in das Primat der Profitschöpfung eines jeden Mitarbeiters.

Eine militärische Struktur hingegen funktioniert nach autoritärem Muster. Die militärische Hierarchie definiert sich durch das Verhältnis Befehl–Gehorsam. Gehorsam gegenüber den Befehlen seiner Vorgesetzten und nicht Eigeninitiative stellt die oberste Pflicht des Soldaten dar.

Die dritte Organisationsform, auf die das kriminelle Kartell häufig zurückgreift, ist der Clan, die Organisation nach ethnischen Kriterien. Diese dritte Form, die ethnozentrische soziale Struktur, schließt beide bereits aufgeführten Gesellschaftsbildungen aus: die militärische Hierarchie und die kapitalistische Formation. Doch auch diesen Widerspruch überwindet das kriminelle Kartell und schafft daraus eine Symbiose.

Jede dieser drei Organisationsformen – die kapitalistische, die militärische und die ethnische – zeichnet sich durch eine spezifische Effizienz aus. Ich betone noch einmal: Im normalen, zivilen Leben schließen diese drei Systeme sich gegenseitig aus oder existieren autonom, parallel nebeneinander, ohne daß eine für die andere durchlässig wäre.

Durch die Kombination dieser drei Sozialformationen gelingt es dem kriminellen Kartell, die jeder einzelnen innewohnende Leistungsfähigkeit zu bündeln. Darin liegt die Wurzel für seinen Siegeszug und für die Resistenz, die es jedem Versuch einer polizeilichen Unterwanderung entgegensetzt.

Kant bezeichnet als das »radikal Böse« jene Macht, die den Gemeinwillen der Bürger wanken läßt und sie dazu führt, die gemeinsame Regel zu schwächen, zu pervertieren oder im schlimmsten Fall aufzuheben.[6]

Myriam Revault d'Allones, eine Kant-Exegetin, schreibt: »Es gibt die unvergeßliche Großartigkeit des historischen Zeichens, das die moralische Veranlagung der Menschheit enthüllt. Doch demgegenüber steht das radikal Böse als Neigung der menschlichen Natur, eine Neigung, die unausrottbar ist, der unermeßliche Abgrund einer Ur-Macht, die sich auf das Gute oder auf das Böse richten kann ...« Und etwas später: »Der Mensch ist formbar insofern, als er sich nicht von Natur aus unverrückbaren Zielen zuwendet ... Die Menschheit ist das, was wir daraus machen wollen.«[7]

In den meisten Mafiafürsten, die uns in diesem Buch begegnen werden, steckt etwas von Mephisto. Sie kennen intuitiv, aus Erfahrung den zwiespältigen, widersprüchlichen, seinem Wesen nach brüchigen Charakter all dieser unreinen Einzelwillen, die sie mit so todbringender Effizienz zu verführen suchen. Sie bearbeiten eine formbare Masse, und das wissen sie.

Nach Angaben des Innenministeriums der russischen Föderation kontrollieren heute rund 5700 Mafiabanden direkt oder indirekt mehr als siebzig Prozent des Finanzsektors des gesamten Riesenlandes sowie den Hauptteil der Erdöl-, Erdgas-, Erz-, Holz- und Diamantexporte. In Deutschland, Italien, der Türkei und den Vereinigten Staaten zerrüttet das organisierte Verbrechen ganze Sektoren des Marktes. Die Volkswirtschaften mehrerer schwarzafrikanischer Staaten sind vollkommen kriminalisiert.

Wie konnte es dazu kommen? Dafür gibt es vor allem zwei Gründe.

Der erste ist die Banalisierung der kriminellen Tat in unserem Jahrhundert.

In der Morgendämmerung des 13. Juli 1995 überfallen reguläre Truppen und serbische Milizen unter dem Kommando von Milosevic, Karadzic und Mladic das Tal und die Kleinstadt Srebrenica in Ostbosnien. Srebrenica ist eine Sicherheitszone der Vereinten Nationen. General Bernard Janvier weigert sich im Namen der Vereinten Nationen, den Aggressoren Widerstand entgegenzusetzen und sie zu bombardieren. Die holländischen Blauhelme vor Ort agieren mit willfähriger Gleichgültigkeit. Die Regierungen Europas hüllen sich in Schweigen. Die Serben treiben alle Männer zwischen fünfzehn und siebzig Jahren im Fußballstadion, auf öffentlichen Plätzen, auf unbebautem Gelände zusammen und schlachten sie anschließend systematisch, einen nach dem anderen ab, reißen ihnen die Augen aus, ermorden sie mit Axthieben, selten nur mit einer Kugel in den Kopf. Die Zahl der Getöteten beläuft sich auf achttausend. Der französische Historiker Jacques Julliard stellte daraufhin die Frage: »Muß Janvier vor Gericht gestellt werden?«[8] Die Antwort ist komplex. Indes, Janvier wird nie verurteilt werden, sowenig wie die meisten serbischen Mörder.

April–Juni 1994: In den Hügeln Ruandas, im Gebiet der Großen Seen in Zentralafrika, ermorden die Interahamwe unter der Führung von General Théoneste Bagosora und den Ministern des verstorbenen Präsidenten Juvénal Habyarimana – vorzugsweise mit der Machete – Hunderttausende von Tutsi-Bewohnern und Hutu-Oppositionellen.

Die Blauhelme vor Ort intervenieren nicht. Seitens der europäischen Regierungen herrscht Gleichgültigkeit. Wahrscheinliche Zahl der Opfer: zwischen 500 000 und 800 000.

Viele Millionen von Frauen, Männern und Kindern wurden zwischen 1975 und 1979 in Kambodscha, zwischen 1974 und 1989 in Äthiopien, zwischen 1969 und 1974 im Bombenhagel der Amerikaner in Vietnam, zwischen 1954 und 1962 unter der französischen Kolonialherrschaft in Algerien, drei Generationen lang in den sibirischen Gulags und sechs Jahre lang in den Vernichtungslagern der Nazis massakriert.

Buchenwald, Srebrenica, Kolyma, die Lager Kambodschas und die Kerker Äthiopiens sind zu Gradmessern des kriminellen Wahnsinns der Menschheit geworden. Doch Eichmann, Karadzic, Beria, Pol Pot, Mengistu und andere Massenmörder haben alle Maßstäbe außer Kraft gesetzt.

Jedes Verbrechen, jedes Massaker unterhalb dieser Schwelle erscheint infolgedessen zwangsläufig als geringfügiges Vergehen, als kleineres Übel, als letzten Endes hinnehmbares Delikt.

Heroin aus China und Nordkorea überschwemmt auf dem Umweg über Wladiwostok und anschließend Nigeria die Städte Amerikas und Europas und tötet jedes Jahr Zehntausende von Jugendlichen. Russische Banden, die ihre Konkurrenten umbringen und die Kinder widerstrebender Verkäufer entführen, reißen den Immobilienmarkt an der Côte d'Azur an sich. Ganze Segmente des Kleinhandels in Berlin werden von Erpresserbanden terrorisiert. Zehntausende junger Frauen werden wie Vieh verkauft, in ganz Europa zur Prostitution gezwungen.

Im Vergleich zu den Greueltaten der Nazis, der Roten Khmer, der Faschisten vom Balkan wirken all diese Verbrechen wie läßliche Sünden.

Infolgedessen rufen die alltäglichen Machenschaften der

Verbrecherkartelle in der öffentlichen Meinung der freien Gesellschaften nicht den entsetzten Abscheu, die mutige Entschlossenheit hervor, die zu ihrer Bekämpfung notwendig wären.

Der zweite Grund ist die Unsichtbarkeit des organisierten Verbrechens. Diese These mag angesichts der offenen Drogenszene, des Rotlichtmilieus, einiger spektakulärer Morde und des in den letzten Jahren gewachsenen medialen Interesses überraschen. Die Öffentlichkeit sieht – wenn überhaupt – aber nur die Spitze des Eisberges; diese ist schon erschreckend genug, doch gefährlicher für die demokratische Gesellschaft ist das, was verborgen bleibt. Selbst für die Experten der Strafverfolgungsbehörden läßt sich dieses Phänomen kaum fassen.

Die »Schlächter« – wie ein leitender französischer Kommissar sie nennt – treten kaum in Erscheinung. Ihre Verbrechen bleiben meist im dunkeln. Sie geben keine vollmundigen Presseerklärungen ab, in denen ethnische Säuberungen oder Vernichtungsschläge gegen wehrlose Dörfer angekündigt werden. Sie verzichten auf triumphierende Siegesmeldungen am Rande von Massengräbern. Die Killer des »Hochwürdigen Herrn«[9], die türkischen »Buyuk Baba« oder die kolumbianischen Auftragskiller töten vorzugsweise nachts. Geräuschlos und ohne vorhergehende Ankündigung. Fern jeder Kamera.

Das gleiche gilt für die Unterwanderung der wichtigsten Finanzmärkte der Welt durch kriminelle multinationale Banken (wie beispielsweise der Bank of Credit and Commerce International, BCCI): Dies vollzieht sich stillschweigend, im verborgenen, unbehelligt von jeder störenden Neugier.

Erschwerend kommt noch hinzu: Leute wie Toto Riina, genannt »die Bestie«, oberster Führer der Cosa Nostra auf beiden Seiten des Atlantik, Giovanni Brusca, genannt »das

Schwein«, die tschetschenischen Mafiafürsten oder die kriminellen Bojaren aus Moskau – sie alle verabscheuen Interviews. Eine Nahaufnahme ist ihnen ein Greuel. Schon ein schlichtes Foto kann den unvorsichtigen Reporter eine Nase, ein Ohr oder das Leben kosten.

Wer wollte unter diesen Umständen gründliche und gefährliche Nachforschungen über die Kartelle des organisierten Verbrechens führen? Alarm schlagen und die öffentliche Meinung dauerhaft mobilisieren? Darum bemühen sich leider nur wenige. Viele Journalisten vermarkten das Thema unter der täglichen Rubrik »Sex and Crime«, die der Bedrohung in keiner Weise gerecht wird, sondern vielmehr zur Abstumpfung und Gewöhnung beiträgt. Und auch die Instrumentalisierung des Schlagwortes vom Kampf gegen die organisierte Kriminalität für Wahlkampfzwecke durch viele Politiker ist der Sache nicht förderlich, sondern erweckt bei vielen Bürgern den Eindruck, organisierte Kriminalität sei eine Erfindung geschickter Wahlkampfstrategen.

II. Die Immunschwäche der Demokratie

Will eine Gesellschaft sich der Gewalt, der Erpressung, der täglichen Aggression der Kartelle widersetzen, so braucht sie *Werte*; nur solidarische, dem Allgemeinwohl verpflichtete Bürger mit komplementären, auf Gegenseitigkeit beruhenden Beziehungen, die gemeinsam die Demokratie verteidigen und nach sozialer Gerechtigkeit streben, widerstehen der Korruption und der von den Agenten der internationalen Kriminalität entfalteten Verführungskraft. Nur wer über die eigene Nasenspitze hinaussieht und sich einen historischen Horizont bewahrt, ist immun gegen die Verlockung des schnellen, illegalen und kriminellen Gewinns.

Doch die westlichen demokratischen Gesellschaften leiden angesichts des international organisierten Verbrechens unter einer unverkennbaren Immunschwäche. Was sind die Gründe dafür?

Der erste Grund ist die Globalisierung der Weltwirtschaft. Warum findet diese Globalisierung statt? Warum gerade jetzt? Darauf gibt es zwei Antworten.

1. Die Tendenz zur Monopolbildung und zur Internationalisierung des Kapitals sind der kapitalistischen Produktionsweise inhärent; ab einem bestimmten Entwicklungsstand der Produktivkräfte werden diese Tendenzen übermächtig und setzen sich zwangsläufig durch.

2. Die Globalisierung war blockiert, solange die Welt in zwei antagonistische Blöcke gespalten war: Ein militärisch mächtiges Reich im Osten beanspruchte (zu Unrecht) für sich, Vertreter aller Werktätigen zu sein. Die kapitalistischen Oligarchien des Westens fühlten sich verpflichtet, ein Minimum an sozialem Schutz, gewerkschaftlicher Freiheit, Tarifautonomie und demokratischer Kontrolle über ökonomische Zwänge zu bewahren. Es galt, die Wahlerfolge der Kommunisten im Westen zu verhindern.

Mit anderen Worten: Die sozialdemokratischen Parteien und Gewerkschaftszentralen Westeuropas funktionierten lange Zeit wie mittelalterliche Alchimisten. Sie verwandelten Blei in Gold. Aus der Urangst der Kapitalisten vor dem Kommunismus schlugen sie für sich Gewinn und Macht. Sie verwandelten die Kommunistenfurcht der herrschenden Klassen in wirtschaftlichen und sozialen Vorteil für ihre Klientel. In den Parlamenten und Regierungen der westlichen Welt errangen sie Prestige, Pfründe und politische Macht.

Das alles ist heute vorbei. Die kommunistischen Terrorregime des europäischen Ostens sind zusammengebrochen. Wer fürchtet sich noch vor kommunistischen Wahlerfolgen? Vor Generalstreik und Aufruhr? Einige stille Spinner der extremen Rechten vielleicht, sicher nicht die wirtschaftlich, politisch und ideologisch dominierenden Klassen der westeuropäischen Demokratien.

Mit dem Fall der Berliner Mauer, der anschließenden Auflösung der UdSSR und der rasanten Kriminalisierung des bürokratischen Apparats in China nahm die Globalisierung der kapitalistischen Wirtschaftsform ihren Aufschwung. Damit einher ging die Gefährdung von Arbeitsplätzen und der Abbau sozialer Sicherheiten. Die meisten sozialdemokratischen Parteien – von wenigen Ausnahmen abgesehen – verloren ihre Glaubwürdigkeit und mutierten zu opportunistischen Mittelstandsparteien. Einige unter ihnen – Beispiel: die stolze PSI (Partito Socialista Italiano) – liquidierten sich selbst. Die Sozialistische Internationale liegt am Boden. Die Gewerkschaften sind weitgehend entmachtet. Die kapitalistische Produktionsweise breitet sich über die ganze Welt aus, ohne irgendwo auf nennenswerte Gegenmacht zu stoßen.

In einem Brief redet Karl Marx von den »fremden Mächten«. Er meint damit das Finanz- und Industriekapital, das wie fremde Armeen ein Land besetzt. Wie fremde Aggressoren pervertiert, zerstört es den kollektiven, autonomen Willen, die menschgemachte Gesellschaft.

Die Profitmaximierung, die möglichst rasante Mehrwertakkumulation, die Monopolisierung der wirtschaftlichen Entscheidungsgewalt stehen in unüberwindbarem Gegensatz zu den tiefeigensten Ambitionen, den persönlichen Interessen der angegriffenen Menschen. Die Warenrationalität zerstört das Bewußtsein, sie entfremdet den Menschen und raubt ihm sein eigenes, frei gewähltes, kollektiv determiniertes Schicksal. Der Warendeterminismus erstickt die unvorhersehbare, für immer rätselhafte Freiheit des Individuums. Der Mensch wird auf seine Warenfunktionalität reduziert. Die »fremden Mächte« pervertieren das Bewußtsein, ersticken die Freiheit und zerstören die Länder, welche sie besetzen.

Was heißt Globalisierung? Kapital, Dienstleistungen und Produkte zirkulieren völlig frei. Jede Ware, jede Dienstleistung wird dort produziert, wo ihre Herstellungskosten am geringsten sind. Der ganze Planet wird so zu einem gigantischen Markt, auf dem Völker, soziale Klassen, Länder zueinander in Konkurrenz treten. Auf einem globalisierten Markt gehören die europäischen Länder mit ihren teuren sozialen Sicherungssystemen, ihrer gewerkschaftlichen Freiheit, ihren relativ hohen Löhnen schnell zu den Verlierern. Zukunftsangst, Arbeitslosigkeit, Verelendung breiten sich aus. Doch auf einem globalisierten Markt zahlen sich die Verluste der einen Seite – an Arbeitsplatzstabilität, Lohnniveau, sozialer Sicherheit, Kaufkraft – nicht automatisch für die andere aus. Die Situation einer Mutter aus Südkorea, die unterbezahlte Arbeit leistet, oder die eines indonesischen Proletariers, der sich für einen Hungerlohn in der Montagehalle einer Freizone in Djakarta abrackert, verbessert sich wohl kaum, wenn der Mechaniker in Lille oder der Textilarbeiter in St. Gallen in die Dauerarbeitslosigkeit fällt.

Die allmähliche Integration aller ehemals nationalen Volkswirtschaften, die von unterschiedlichen Mentalitäten, ihrem besonderen kulturellen Erbe, spezifischen Lebenspraktiken und Phantasien geprägt sind, in einen einzigen riesigen, weltumspannenden Markt ist ein komplexer Prozeß. Deutsche Volkswirtschaftler haben dafür einen treffenden Begriff geschaffen: »Killer-Kapitalismus«. Und so funktioniert der »Killer-Kapitalismus«:

1. Die Staaten der Dritten Welt führen einen erbitterten Kampf gegeneinander, um ausländische Industrie- und Dienstleistungsunternehmen als Investoren zu gewinnen. Um als Sieger aus diesem Kampf hervorzugehen, schrän-

ken sie die ohnehin schon geringen sozialen Sicherheiten, die gewerkschaftlichen Freiheiten, die Tarifautonomie der einheimischen Lohnabhängigen von sich aus noch weiter ein.

2. Besonders in Europa verlagern Dienstleistungs-, Industrie- und Verwaltungsunternehmen ihre Produktionsstätten und seit einigen Jahren auch ihre Laboratorien und Forschungseinrichtungen immer mehr ins Ausland. Ein perverser Umkehrschluß verleitet die europäischen Staaten dazu, den Arbeitgebern immer noch mehr Konzessionen zu machen und den fortschreitenden Abbau der sozialen Sicherheiten (bei Entlassungen etc.) zuzulassen, kurz den autochthonen Arbeitsmarkt zu destabilisieren, ihn zu »flexibilisieren«.

3. Die arbeitenden Menschen aller Länder treten in Konkurrenz zueinander. Jeder ist gezwungen, sich einen Arbeitsplatz zu sichern, ein Einkommen für seine Familie zu gewährleisten. Diese Situation führt zu einer Entsolidarisierung zwischen den verschiedenen Kategorien von Arbeitenden, zur Schwächung des Kampfgeists, zum Tod des Gewerkschaftsgedankens, kurzum zur schmachvollen, oft verzweifelten Einwilligung des Arbeitenden in die Zerstörung seiner eigenen Würde.

4. Innerhalb der europäischen Demokratien tut sich ein Abgrund auf: Diejenigen, die einen Arbeitsplatz haben, versuchen mit allen Mitteln, ihn zu behalten, und kämpfen gegen die, die keine feste und regelmäßige Arbeit mehr haben – und wahrscheinlich nie wieder haben werden. Insbesondere zwischen den Arbeitnehmern des öffentlichen und des privaten Sektors verschärfen sich die psychologischen und politischen Gegensätze.

5. Die schlimmste Folge der gnadenlosen Konkurrenz zwischen den Arbeitnehmern ist der Aufbruch eines neuen Rassismus mitten in Europa. Die einheimischen Arbeiter

beginnen die zugewanderten zu hassen. Bei den letzten Präsidentschaftswahlen im Mai 1995 in Frankreich erhielt der rassistische, xenophobe Kandidat Jean-Marie Le Pen rund 15 Prozent aller Stimmen.

1990 gab es in den westlichen Industriestaaten 25 Millionen Langzeitarbeitslose.[10] 1996 waren es 37 Millionen. Hinzu kommt die Unsicherheit von Arbeitsplätzen: 1997 hat nur einer von drei Arbeitern in Großbritannien einen festen Arbeitsplatz mit Vollzeitbeschäftigung. Millionen Menschen sind arbeitslos in der Bundesrepublik. Rund 30 Prozent aller bundesdeutschen Betriebe bezahlen Löhne, die unter dem gewerkschaftlich fixierten Mindestlohn liegen. In den USA mußten die sogenannten abhängigen Arbeitskräfte (mit Ausnahme leitender Angestellter), die 80 Prozent der aktiven Bevölkerung ausmachen, zwischen 1973 und 1996 einen Verlust von 14 Prozent ihrer Kaufkraft hinnehmen. 1997 ist einer von acht Franzosen in arbeitsfähigem Alter arbeitslos. In Frankreich sind heute 12,6 Prozent der aktiven Bevölkerung von Arbeitslosigkeit betroffen. Einer von drei Franzosen hat nur einen unsicheren, zeitlich befristeten Arbeitsplatz.

Der Bericht über die »menschliche Entwicklung« des UNDP (United Nations Development Program) 1997 ist erschreckend: 1,3 Milliarden Menschen der Dritten Welt leben mit weniger als einem Dollar pro Tag; 500 Millionen unter ihnen sterben vor dem vierzigsten Lebensjahr.

In den Industrieländern vegetieren 100 Millionen Menschen unter der Armutsgrenze. 37 Millionen besitzen zum Überleben bloß ihre Arbeitslosenrente (die in den meisten Staaten zeitlich beschränkt und tendenziell sinkend ist). 15 Prozent aller Kinder der Industrieländer in schulpflichtigem Alter gehen nicht zur Schule. Frankreich zählt Zehntausende von Obdachlosen, London über 40000. In den Vereinigten Staaten verfügen 47 Millionen Menschen (die meisten davon den untersten Schichten zugehörig) über keine Krankenversicherung.[11]

1997 beherrschen 37000 multinationale Gesellschaften europäischen, amerikanischen und japanischen Ursprungs – die zusammen 170000 Niederlassungen im Ausland besitzen – die Weltwirtschaft. Auf fünf fortgeschrittene kapitalistische Länder (die Vereinigten Staaten, Japan, Frankreich, Deutschland und Großbritannien) verteilen sich 172 der 200 größten transnationalen Gesellschaften. Ihre Umsätze stiegen zwischen 1982 und 1992 von 3000 auf 5900 Milliarden Dollar und ihr Anteil am weltweiten Bruttosozialprodukt von 24,2 auf 26,8 Prozent. Keine gesellschaftliche oder politische Kraft ist heute noch in der Lage, sich ihrer Herrschaft zu widersetzen. Sie schaffen eine Welt der sozialen Willkür, der Ungerechtigkeit und des wirtschaftlichen Elends für die Mehrheit der Menschen.

Noch ein weiteres Phänomen ist in Betracht zu ziehen: der radikale Bruch zwischen der realen und der virtuellen Ökonomie. Früher drückte das Geld den Wert der Dinge aus. Es war das Zahlungsmittel für Waren, Dienstleistungen und andere vom Menschen produzierte Güter. Heute ist das nicht mehr so. In dem Dschungel, in dem wir leben, zirkulieren astronomische Summen, die buchstäblich in nichts mehr ihre Entsprechung finden. Eine Art Schizophrenie hat sich der Welt bemächtigt. Das Finanzkapital ist autonom geworden. Milliarden von Dollars treiben ankerlos, in absoluter Freiheit, um die Welt.[12]

Die Revolution des Fernsprechwesens, die Datenübertragung zwischen Spekulanten mit Lichtgeschwindigkeit (300000 Kilometer pro Sekunde), die numerische Darstellung von Texten, Klängen und Bildern, die extreme Verkleinerung der Rechner und die Ausbreitung der Informatik machen jede Kontrolle dieses frei flottierenden Kapitals –

1000 Milliarden Dollar täglich – praktisch unmöglich. Kein Staat, so mächtig er auch sein mag, kein Gesetz und kein Parlament kann gegen ein derartiges Phänomen ankämpfen.

1997 erreichen die sogenannten »Derivatpapiere« einen Wert von mehr als 1700 Milliarden Dollar. Alles kann heute Gegenstand einer Spekulation über »Derivate« werden: Ich schließe einen Vertrag über den Kauf einer Ladung Öl, einer Geldmenge, einer Weizenernte etc. für einen Festpreis zu einem bestimmten Zeitpunkt ab. Wenn der Preis an der Börse zum vorher fixierten Zeitpunkt unter dem meinen liegt, verliere ich. Im umgekehrten Fall mache ich Gewinn.

Der Wahnsinn dabei ist: An den meisten Börsen der Welt genügen drei oder fünf Prozent Eigenkapital, um mit sogenannten Derivatprodukten zu spekulieren. Der Rest ist Kredit. Nun kann man auch mit Derivaten anderer Derivate spekulieren und so weiter. Daraus resultiert eine extrem anfällige, unendliche Kreditpyramide, die immer weiter anschwillt und in den Himmel wächst.

Die jungen Genies, die mit Hilfe ihrer vom Computer errechneten mathematischen Modelle versuchen, die Bewegungen des Markts zu antizipieren, den Zufall unter ihre Kontrolle zu bringen und die Risiken zu verringern, arbeiten wie Formel-1-Piloten. Sie müssen in Sekundenbruchteilen reagieren. Jede falsche Entscheidung kann eine Katastrophe auslösen: Die wichtigsten Börsen der Welt sind rund um die Uhr geöffnet. Wenn Tokio schließt, öffnen Frankfurt, London und Paris, und wenn die europäischen »traders« ins Bett fallen, wird der Krieg in New York weitergeführt. Die Traders sind die Quintessenz des Finanzkapitalismus: Sie werden beherrscht von einer aberwitzigen, irrsinnigen Gier nach Macht, Ansehen, Profit und dem unermüdlichen Willen, den Konkurrenten zu vernichten. Mit Amphetaminen halten sie sich wach. Sie machen aus Luft Gold.

Praktisch in allen großen multinationalen Banken der Welt verdienen diese jungen Genies das Doppelte oder Dreifache des Bankpräsidenten. Sie kassieren Gratifikationen und astronomische Gewinnbeteiligungen. Sie sind die Krösusse unserer Zeit. Ihr Wahnsinn lohnt sich.[13]

Aber die Folgen sind manchmal katastrophal.

Im März 1995 brachte ein achtundzwanzig Jahre alter Engländer mit Milchgesicht und fiebrigem Gehirn seinen Vorgesetzten innerhalb von achtundvierzig Stunden den bescheidenen Verlust von einer Milliarde Dollar bei. Nick Leeson war einer der Trader der Baring-Bank London an der Börse von Singapur. Seine Spezialität waren Finanzderivate japanischer Wertpapiere. Leeson hatte allerdings weder das Erdbeben von Kobe noch den darauf folgenden Zusammenbruch des japanischen Aktienmarkts vorhergesehen. Eitler als ein Hahn weigerte er sich, seinen Fehler einzugestehen. Er fälschte die Unterlagen. Nun schmachtet er für die nächsten sechs Jahre in einem elenden Kerker in Singapur. Seine Bank aber, die 1762 gegründete, älteste und angesehenste unter Englands Privatbanken, ging im Sturm unter. Weitere Beispiele gefällig? Ihre Liste ist lang: Im April 1994 wird die mächtige Deutsche Metallgesellschaft durch Spekulationen mit zwischengeschalteten Derivaten um 1,4 Milliarden Dollar erleichtert. In den Vereinigten Staaten verlieren Orange County und andere öffentliche Körperschaften Kaliforniens durch Spekulationen mit Derivaten Hunderte von Millionen Dollar. Sie stehen jetzt unter staatlicher Zwangsverwaltung.

Ein Alptraum verfolgt die Verantwortlichen der staatlichen Zentralbanken: daß das kapitalistische System selbst eines Morgens davongefegt wird von einer Kettenreaktion, vom sukzessiven Zusammenbruch der Kreditpyramiden, ausgelöst durch unglücklich agierende oder kriminelle »traders«!

Anfang August 1996 gibt die Regierung von Washington eine Reihe höchst erfreulicher Neuigkeiten bekannt: Die Arbeitslosigkeit sinkt deutlich, die amerikanische Wirtschaft nimmt ihren Wachstumskurs wieder auf, die industrielle Produktivität steigt, der private Konsum desgleichen, die Exporte nehmen zu. Wie reagiert die Börse an der Wall Street darauf? Mit Panik! Die wichtigsten Industrietitel fallen. Denn für die Spekulanten grenzt die Schaffung von Hunderttausenden neuer Arbeitsplätze an eine Horrorvorstellung, ebenso wie die Zunahme des Binnenkonsums. Beide bedeuten eine mögliche Steigerung der Inflationsrate und damit eine wahrscheinliche Erhöhung der Zinssätze.

In unseren westlichen Demokratien mit ihrem allgemeinen geheimen Wahlrecht wählen wir regelmäßig Abgeordnete oder Präsidenten. Niemals aber wählen wir eine bestimmte Politik. Unser individuelles und kollektives Schicksal wird bestimmt von den Börsen von Chicago, Tokio, Paris und Frankfurt, denn längst sind wir eines Großteils unserer realen Bürgerrechte beraubt, unfähig, auf die konkreten wirtschaftlichen Bedingungen unserer Existenz Einfluß zu nehmen, und demgemäß unserer Eigenschaft als historische Wesen weitgehend beraubt.

Den Zentralbanken der bedeutendsten Staaten des Globus stehen heute als Regulationsmechanismen des Finanzmarktes nur zwei Waffen zur Verfügung: die Festlegung des Wechselkurses und der Zinssätze. Waffen, die vollkommen unzureichend sind, wie der Kurssturz an der Wall Street im August 1996 zeigt. Die Welt wird regiert von den dunklen Ängsten, Intuitionen, Wünschen, »Gewißheiten«, der Spielbesessenheit und der Profitgier der Börsenhändler.

Jeder öffentlichen Kontrolle entzogen, schwillt die Spekulationsblase immer weiter an. Die virtuelle Ökonomie verdrängt die Realökonomie.

Die Globalisierung der Märkte produziert ihre eigene Ideologie, die neoliberale Ideologie. Da die Bewegung, die diese Ideologie aus der Taufe gehoben hat, potentiell allmächtig ist, präsentiert sie sich als Einheitsdenken, als Endzeit-Ideologie. Sie legitimiert die Globalisierung und die Autonomisierung des Kapitals. Sie setzt ihren Triumphzug der Verschleuderung der öffentlichen Güter unter dem Deckmantel von Schlagwörtern wie »Privatisierung«, »Flexibilisierung«, »Deregularisierung« und »Strukturbereinigung« fort.

Welch edle Ideologie! Sie operiert mit dem Begriff »Freiheit«. Wer würde da nicht zum Gefolgsmann werden? Wer wäre nicht begeistert von den glücklichen Perspektiven, die sie eröffnet? Hinweg mit den Barrieren, den Grenzen zwischen Völkern, Ländern und Menschen! Tod dem Zwang! Totale Freiheit für alle, Chancengleichheit und Hoffnung auf Glück für jeden. Freie Bahn dem Starken!

Tatsächlich verwüstet die neoliberale Ideologie die westlichen Gesellschaften. Sie ist der geschworene Feind des Staates und der gemeinsamen Norm, wie sie Kant definiert. Sie verteufelt das Gesetz und verherrlicht die schrankenlose Freiheit des Individuums. Eine Freiheit, die Ungerechtigkeit, Ungleichheit und Armut in den Industriegesellschaften des Nordens hervorbringt und im Süden, in der Dritten Welt, das Elend verschlimmert.

Was wird aus der sozialen Gerechtigkeit, der Freiheit, der wechselseitigen Abhängigkeit der Menschen? Aus dem universellen Band zwischen den Völkern, dem Gemeinwohl, der aus freien Stücken angenommenen Ordnung, dem Gesetz, das befreit, dem durch Unterwerfung unter die gemeinsame Norm transformierten »unreinen Einzelwillen«?

Schnee von gestern! Archaisches Gestammel, das den jungen und leistungsorientierten Managern unserer multinationalen Banken und globalisierten Unternehmen, den Spezialisten in Derivaten aller Art nur ein mildes Lächeln entlockt.

Der unbarmherzigste Despotismus ist derjenige, der die Gestaltung der Beziehungen zwischen Individuen und Völkern dem freien Spiel der Kräfte des Marktes überläßt.

Jean-Jacques Rousseau, im »Contrat social«, faßt meine Ansicht zusammen: »Entre le faible et le fort c'est la liberté qui opprime et c'est la loi qui libère.« (»Zwischen dem Schwachen und dem Starken ist es die Freiheit, die unterdrückt, und das Gesetz, das befreit.«)

Eine Überzeugung hatte sich gefestigt unter den Menschen Europas seit der Französischen Revolution: Die verfassungsmäßig garantierte, kollektive, freie und demokratische Meinungsbildung ist im Stande, sämtliche gesellschaftlichen Probleme zu meistern.

Ein einziges historisches Subjekt: das Volk. Zusammengesetzt aus freien Menschen, agierend in kontradiktorischer, permanenter Diskussion. Eine einzige Legitimität: jene, die dem Gesellschaftsvertrag (dem »contrat social«) entspringt.

Im Juli 1794 stand in Paris der siebenundzwanzigjährige Saint-Just vor den Kommissaren des Wohlfahrtsausschusses, die ihn wenig später zum Tode verurteilen sollten. Seine Verteidigungsrede schloß er mit folgenden Worten: »Ich verachte den Staub, aus dem ich gemacht bin und der zu Euch spricht. Ihr könnt mich verurteilen und diesen Staub zum Schweigen bringen. Aber niemals werdet Ihr das freie Leben mir nehmen, das ich mir erkämpft habe unter den Sternen und im Angesicht der Jahrhunderte.« (Wörtlich: »Je méprise la poussière qui me compose et qui vous parle: on pourra me persécuter et faire taire cette poussière. Mais je défie qu'on m'arrache cette vie indépendante que je me suis donnée dans les siècles et sous les cieux.«)

Saint-Justs mächtige Stimme formuliert die Grundprinzipien der Aufklärung: der Mensch als einziges Subjekt seiner Geschichte, der Triumph der Vernunft über das Chaos des

Marktes und der Zufälligkeit, die eigenverantwortliche Organisation der Gesellschaft nach den Prinzipien der sozialen Gerechtigkeit, der wechselseitigen Beziehung und der Wechselseitigkeit zwischen den Menschen und den Völkern. Dieser Weltsicht droht heute der Untergang. »Alle Geschichte ist [nunmehr] Warengeschichte«, schreibt Max Horkheimer in seinem letzten Werk.[14]

Mit dem Zerfall des Staates, der Erosion der kollektiven Norm, der Diffamierung des Gesetzes, dem Triumph der schrankenlosen Freiheit und der Allmacht des Starken gegenüber dem Schwachen zerbricht eine Hoffnung, welche die westliche Zivilisation seit zweihundert Jahren getragen und belebt hat.

Die neoliberale Ideologie führt sich selbst ad absurdum. Was ist eine Ideologie? Ein Symbolsystem, das die Welt zu erklären, das Handeln der Akteure zu legitimieren und die Gruppenteilnehmer (deren Kollektivbewußtsein die Ideologie strukturiert) zu mobilisieren sucht. Die neoliberale Ideologie hebt sich selber auf. Sie negiert sich selbst als Ideologie. Warum? Weil die Neoliberalen ihr Handeln jenseits ideologischer Interpretationen ansiedeln. Sie reden von der »Natur« der Wirtschaft. Zeitgenössische Globalkapitalisten geben vor, bloß Naturgesetze umzusetzen und nie und niemals nach ideologischen Vorgaben zu handeln.

Haben Sie schon einmal mit einem Genfer Privatbankier über die Zustände in der Dritten Welt diskutiert? Über die unterernährten Kinder von Kinshasa, ihre vom Kwachiorkor (eine durch Eiweiß- und Vitaminmangel verursachte Kinderkrankheit) aufgeblähten Bäuche und ihr verfärbtes, rötliches Haar? Über die über dreißigjährige Plünderung der kongolesischen Wirtschaft durch den Halunken Mobutu? Der Bankier wird Ihnen in Ihrer Revolte beipflichten. So viel Elend bedrückt auch ihn.

Wirft man ihm dann aber vor, die Fluchtgelder aus dem Kongo, die Plünderungsprofite Mobutus über Jahrzehnte hinweg in Empfang genommen und in Genfer Bankenkellern gehortet zu haben, sagt der Mann (seltener die Frau): Ja, was soll ich denn tun? Die Kapitalflüsse Süd–Nord sind nun einmal stärker als die Kapitalflüsse Nord–Süd. Das liegt in der Natur solcher Kapitalbewegungen. Dagegen ist nichts zu machen. Schuld daran bin ich nicht. Ich kann diese Kapitalflüsse bloß beobachten, messen und mich ihrer Gesetzmäßigkeit unterwerfen.

Kurz gesagt: Der Mensch als handelndes, realitätsschaffendes Subjekt verschwindet. Wirtschaftliche Vorgänge werden »naturalisiert«. Die Kreisläufe des Kapitals? Die globale Verteilung des Reichtums? Die aufeinanderfolgenden technologischen Revolutionen und Veränderungen der Produktionsweisen? Man kann sie beobachten, doch man kann ihren Verlauf nicht ändern. Denn all das entspringt der »Natur« der Ökonomie. Wie der Astronom, der die Bewegungen der Sterne, die wechselnden Dimensionen der Magnetfelder, Entstehung und Untergang der Galaxien beobachtet, mißt und analysiert, so betrachtet, kommentiert und prognostiziert der neoliberale Bankier die komplizierten Bewegungen des Kapitals und der Güter. Auf wirtschaftlicher, sozialer oder politischer Ebene eingreifen? Wo denken Sie hin! Eine solche Intervention würde die freie Entfaltung der ökonomischen Kräfte behindern, sie schlimmstenfalls blockieren. Diese Naturalisierung der Ökonomie ist der letzte Trick der neoliberalen Ideologie.

Die Naturalisierung der wirtschaftlichen (sozialen, politischen) Abläufe durch die neoliberale Ideologie zieht zahlreiche, meist recht katastrophale Folgen nach sich. Insbesondere jene der Geburt der sogenannten »Identitär-Bewegungen«. Was ist darunter zu verstehen? Alle Sozialformationen, deren Mitglieder sich ausschließlich durch gewisse gemeinsame objektive Eigenschaften (der Religion, der ethnischen Abstammung etc.) definieren.

Ich halte alle solche Identitär-Bewegungen, seien es nun die Muselmanischen Brüder Ägyptens, die algerische Front Islamique du Salut, die Partei SDS (Serpska Demokratsa Stranka) der bosnischen Serben, die Bewegung des verstorbenen Rabbi Mayer Kahane, die katholisch-integristischen Bewegungen Ecône und Opus Dei für äußerst gefährlich. Ihre Soziogenese jedoch läßt sich nachvollziehen. Im technologisch durchorganisierten Weltmarkt wird der Mensch auf seine Warenfunktion reduziert. Er wird zur bloßen Reaktivzelle im computerisierten Produktionsprozeß. In seinem tiefsten Innern wehrt er sich dagegen. Mit den paar Resten seiner zerstörten historischen, kulturellen, singulären Identität bastelt er sich ein neues Über-Ich. Eine zwangsweise objektiv bestimmte, gruppenspezifische, fraktionierte Kollektividentität entsteht. Sie wird zu seinem Fluchtort. Dem Ort der Reaktion und des Widerstandes gegen eine unverständlich, unannehmbar gewordene Welt. Die zeitgenössischen Identitär-Bewegungen des Mittleren Ostens, des Balkans, des Maghrebs und anderswo sind in der Regel rassistisch gefärbt. Sie stellen das genaue Gegenteil dar zur Nation, zur Republik, zur Demokratie, wo sich die Individuen verschiedenster kultureller Provenienz zusammenfinden und gemeinsam vertraglich ihre Kollektivexistenz aufbauen.

Mein französischer Kollege Alain Touraine gebraucht ein eindrückliches Bild: »Zwischen dem globalisierten Planetarmarkt und der Myriade von Identitär-Bewegungen, die an seinen Rändern entsteht, tut sich ein großes schwarzes Loch auf. In dieses Loch fallen der Gesellschaftsvertrag, die Nation, der Staat, die öffentliche Moral, die demokratischen Grundwerte, die intersubjektiven Beziehungen, kurz: die Gesellschaft.«[15]

Was folgt aus all dem? Ein rapides Schwinden der Abwehr-kräfte, die eine zivilisierte Gesellschaft dem grenzüber-schreitenden organisierten Verbrechen entgegenzusetzen im Stande ist.

Ich möchte ein bezeichnendes Beispiel anführen: Der Wirt-schaftsredakteur der Zeitschrift *Facts* in Zürich stellte die moralischen Überzeugungen, die professionelle Ethik zehn der angesehensten Anwaltskanzleien Zürichs auf die Probe. Er wählte seine Gesprächspartner willkürlich aus dem *Who is who* der Geschäftsanwälte aus, das jährlich vom Martin-dale-Hubbel-Verlag in New York herausgegeben wird.

Im Zimmer 309 des Hotels Eden au Lac am Ufer des Zür-cher Sees nimmt der Journalist eine fiktive Identität an: Ale-xej Scholomickij, tschechischer Geschäftsmann und Vertre-ter der »Trading and Consulting«-Gesellschaft in Prag. Er ruft eine Kanzlei nach der anderen an und bittet um einen dringenden Termin noch am gleichen Tag. Seinen Ge-sprächspartnern erzählt er folgende Geschichte: Ein Unter-nehmen in Tscheljabinsk (Rußland) will Osmium – eine hochgiftige Substanz – an eine tschechische Firma in Ostrava verkaufen, ohne daß die russischen Behörden davon er-fahren, denn der Handel mit Osmium ist in Rußland ver-boten.

In neun der zehn Kanzleien wird der falsche Schmuggler sofort empfangen. Niemand überprüft ernstlich seine Per-sonalpapiere. Der Händler besitzt auch keinen Herkunfts-nachweis des Osmiums, so daß die Anwälte annehmen müs-sen, daß es sich um Diebesgut handelt. Der Händler erbittet die Hilfe der Anwälte für die erste Phase der Transaktion: Ein Kilo Osmium muß sofort für 5,1 Millionen Dollar ge-gen Barzahlung transferiert werden.

Kein Problem! Die vortrefflichen Zürcher Anwälte sind zu allem bereit! Und sie wissen auch wie: Die meisten schla-gen die Gründung einer Offshore-Gesellschaft auf den Cayman Islands vor, eine sichere Methode, um Geld zu waschen und die Spuren der Transaktion zu verwischen. Ein Anwalt schlägt Liechtenstein vor. Ein anderer hingegen tritt für eine noch einfachere Lösung ein: Die Geldsummen laufen über das eigene Bankkonto der Zürcher Kanzlei. Der Anwalt ist redselig: Hätte der Kunde Plutonium zu verkaufen, würde er statt dessen Dubai vorschlagen, wo er über diskrete und effiziente Geschäftspartner verfügt. Ein dritter Anwalt hat kein Vertrauen zu den Cayman Islands; für den Handel mit Osmium rät er zu Panama.

Alle kontaktierten Kanzleien verlangen ihre gewöhnlichen Tarife, zwischen 350 und 500 Schweizer Franken pro Stunde. Der Journalist und falsche tschechische Schmuggler zieht daraus den Schluß, daß es sich für sie um eine ganz und gar banale Angelegenheit handelt, wie sie häufig von Kanzleien gehandhabt wird. Ein Anwalt verlangt einen Vorschuß von 10000 Dollar. Ein anderer beansprucht ein Prozent der transferierten Summe. Ein letzter fordert eine Risikoprämie von 50000 Dollar.[16]

III. Das organisierte Verbrechen als höchstes Stadium des Kapitalismus

Nebukadnezar II., König von Babylon, der den Aufstand Judäas niederwarf, Jerusalem zerstörte und die überlebenden Juden verschleppen ließ, träumte diesen Traum: »Ein viertes Königreich endlich wird hart wie Eisen sein; Eisen zerschlägt und zermalmt ja alles; und wie Eisen alles zerschmettert, so wird dieses Reich alle anderen zerschlagen und zerschmettern. Die Füße waren, wie du gesehen hast, teils aus Tonerde, teils aus Eisen; das bedeutet: Das Reich wird geteilt sein; es wird aber etwas von der Härte des Eisens haben, darum hast du das Eisen mit Ton vermischt gesehen.

Daß aber die Füße teils aus Eisen, teils aus Ton waren, bedeutet: Zum Teil wird das Reich hart sein, zum Teil brüchig. Wenn du das Eisen mit Ton vermischt gesehen hast, so heißt das: Sie werden sich zwar durch Heirat miteinander verbinden; doch das eine wird nicht am anderen haften, wie sich Eisen nicht mit Ton verbindet.«[17]

Der Kapitalismus findet im organisierten Verbrechen zu sich selbst. Genauer gesagt: Das organisierte Verbrechen bildet die höchste Entwicklungsstufe der kapitalistischen Produktionsweise und Ideologie. Es ist die Essenz des Kapitalismus. Auf das Reich des Tons folgt das Reich des Eisens.

Das organisierte Verbrechen funktioniert in nahezu perfekter Undurchschaubarkeit und Illegalität. Es verwirklicht die »maximale Maximierung« des Profits. Es akkumuliert seinen Mehrwert in atemberaubender Geschwindigkeit. Es betreibt eine für seine Aktivitäten optimale Kartellbildung: In den Territorien, die die Verbrecherorganisationen untereinander aufgeteilt haben, setzen sie zu ihrem Nutzen die Herrschaft von Monopolen durch. Mehr noch: Sie schaffen Oligopole. Die türkischen »Buyuk Baba«, die Direktoren der BCCI, die russischen Verbrecherfürsten entziehen sich vollkommen der Kontrolle der Öffentlichkeit, des Staats, seiner Gesetze. Ihre sagenhaften Reichtümer entgehen der Steuer. Sie brauchen weder juristische Sanktionen noch die Kontrollkommissionen der Börsen zu fürchten. Der Gesellschaftsvertrag ist ein unbekannter Begriff für sie. Wie Raubtiere in der Savanne bewegen sie sich in totaler Freiheit zwischen Staaten und Kontinenten. Ihre Gelder passieren ungehindert die Cybergrenzen des Planeten. Welcher Kapitalist träumt in seinem Innersten nicht von einer solchen Freiheit, einer solchen Akkumulationsgeschwindigkeit, einer solchen Undurchschaubarkeit und von einem solchen Profit?

Aus welchem Grund widersteht das kapitalistische Reich – das Reich auf tönernen Füßen – denn heute noch und trotz allem dem Reich aus Eisen des organisierten Verbrechens?

Die deutschen und französischen Manager eines multinationalen oder transkontinentalen Unternehmens, der Genfer Privatbankier, der amerikanische oder englische Spekulant, alle diejenigen, die die Finanzmärkte oder ganze Stadtviertel beherrschen, sind Menschen aus Fleisch und Blut. Sie sind einmal Kinder und Jugendliche gewesen.

Wie alle Menschen sind sie das Produkt einer komplexen, familiär, regional, national geprägten Sozialisation. Sie haben bestimmte Werte. Ihre kulturelle Herkunft hat sie geprägt. Indes trifft auf sie wie auf alle Bewohner dieses Planeten zu, daß ihre Theorie immer der Praxis hinterherhinkt. Oder, wie es Régis Debray formuliert: »Die Menschen sind nicht das, wofür sie sich halten.«[18] Ihre mentalen Strukturen entwickeln sich weit langsamer als das materielle Instrumentarium, dessen sie sich tagtäglich bedienen.

Der britische Historiker Eric John Hobsbawm zeigt – für eine umschriebene Phase der Entwicklung des industriellen Kapitalismus im England des 19. Jahrhunderts – überzeugend diese Phasenverschiebung zwischen sozialer Matrix und kapitalistischer Praxis auf.[19]

Die kapitalistische Produktionsweise ist im Rahmen von Gesellschaften entstanden, die noch tief von ihrem christlichen, jüdischen, theistischen oder einfach humanistischen Erbe geprägt waren, und hat darin ihren Aufschwung genommen. In diesen Gesellschaften gelten Werte wie Anstand, Gerechtigkeit, Achtung vor dem anderen, Ehrlichkeit, Schutz des Lebens. Sie tolerieren weder die ungestrafte Ermordung noch die Vernichtung des Schwachen. Sie verabscheuen die Sünde.

Spuren dieses komplexen Erbes finden sich in unterschiedlichem Maß auch im hintersten Winkel des Bewußtseins oder Unterbewußtseins des Bankiers, des Managers eines transkontinentalen Unternehmens oder des Börsenspekulanten. Es bremst sie in ihren Handlungen und zensiert ständig ihre Träume.

Aber das ist nur die eine Seite. Zwar begegnen der Genfer Bankier, der französische Manager, der Börsenspekulant in der Londoner City einem Ayoub Afridi, dem Herren des Khaiberpasses und der Straße des Heroins, Agha Hasan Abedi, dem Gründer der Bank of Credit and Commerce International, Toto Riina, dem obersten Paten der »Kommission« der sizilianischen Mafia, oder dem Prokonsul der russischen »Diebe im Gesetz« in den Vereinigten Staaten mit spontanem Abscheu. Zugleich aber beneiden sie sie insgeheim um ihre Freiheit, die Höhe ihrer Profite, das wahnwitzige Tempo ihrer Geldanhäufung. Sie empfinden ihnen gegenüber einen brennenden und ununterdrückbaren Neid.

So breitet sich eine geheime und uneingestandene Komplizenschaft zwischen beiden Reichen aus. Und zwar häufig ohne daß die Kapitalisten sich dessen wahrhaft bewußt würden. Infolgedessen schwindet ihre Immunität gegen die Verlockungen der Herrscher des Verbrechens.

Nun hängt aber die Wirksamkeit aller Regulierungsmaßnahmen der Finanzmärkte, der Investitionsmärkte, der Börsenoperationen etc. letzten Endes von der Bereitschaft zu Selbstkontrolle und Kooperation der Akteure ab. Und eben an dieser Selbstkontrolle und Kooperation mangelt es heute. Der deutsche Kriminaloberrat Schwerdtfeger faßt meine These so zusammen: »Das organisierte Verbrechen ist verschärfter Kapitalismus.«[20]

IV. Was ist organisierte Kriminalität?

Hören wir dazu die Fachleute des Schweizerischen Nationalfonds für wissenschaftliche Forschung: »Ein organisiertes (transkontinentales) Verbrechen liegt dann vor, wenn eine Organisation, deren Arbeitsweise der eines internationalen Unternehmens ähnelt, eine sehr strikte Arbeitsteilung aufweist, über hermetisch abgeschlossene, methodisch und dauerhaft angelegte Strukturen verfügt und danach strebt, durch Gesetzesübertretungen wie auch durch Teilnahme am legalen Wirtschaftskreislauf größtmöglichen Profit zu erzielen. Zu diesem Zweck setzt die Organisation Gewalt und Einschüchterung ein und versucht, Einfluß auf Politik und Wirtschaft zu nehmen. Im allgemeinen weist sie eine stark hierarchische Struktur auf und verfügt über wirkungsvolle Mechanismen, um ihre internen Regeln durchzusetzen. Zudem sind ihre Protagonisten in hohem Maße austauschbar.«[21]

Noch knapper fällt die Charakterisierung der Vereinten Nationen aus. Die Expertengruppe, die mit der Ausarbeitung jenes »weltweiten Aktionsplans gegen die organisierte transnationale Kriminalität« beauftragt wurde, der auf der Konferenz von Neapel[22] beschlossen wurde, führt folgende Merkmale auf: »Organisation der Gruppen mit kriminellen Zielen; hierarchische Verbindungen oder persönliche Beziehungen, die bestimmten Individuen die Führung der Gruppe ermöglichen; Gewaltanwendung, Einschüchterung und Korruption; Geldwäsche illegaler Gewinne.«

Die im Jahr 1920 von James D. Rockefeller gegründete Bibliothek des Palais des Nations in Genf ist die mit Abstand größte sozialwissenschaftliche Bibliothek in Europa. Ihr Zentralcomputer hat zum Begriff der »organisierten transnationalen Kriminalität« nicht weniger als siebenundzwanzig unterschiedliche Definitionen zu bieten.

Keine internationale Verbrecherorganisation fällt vom Himmel. Jede Verbrecherorganisation besitzt eine eigene Entstehungsgeschichte, ihre eigenen »Werte«, Verhaltensformen, die ihr eine Struktur geben.

Selbstverständlich können wir hier nicht die Soziogenese eines jeden in diesem Buch erwähnten Verbrecherkartells rekonstruieren. Begnügen wir uns mit einem einzigen Beispiel: jenem der sizilianischen Mafia.

Abgeleitet vom Arabischen, erscheint der Ausdruck Mafia zum erstenmal in Sizilien gegen Ende des 16. Jahrhunderts. Er bedeutet »Voraussicht«, »Mut«, »Selbstsicherheit«, aber auch »Arroganz«.

Die Sozialstruktur der sizilianischen Agrargesellschaft, stammend aus der Normannenzeit, wurde 1812 durch ein Dekret des Königs von Neapel umgestürzt: Der König versuchte, die Zentrifugalkräfte eines Reiches, das so verschiedene Zivilisationen wie jene Siziliens, der Campagna, der beiden Kalabrien, Apuliens, der Basilicata umschloß, zu brechen, die regionalen und lokalen Feudalprivilegien zu schwächen und – insbesondere in Sizilien – die Macht der Prinzen zu vernichten. Die Feudalherren widerstanden dem Dekret. Sie mobilisierten ihnen persönlich ergebene Untertanen (die »Uomini di honore«) und gründeten geheime Widerstandsorganisationen. Diese Geheimgesellschaften wurden sowohl von der königlich-neapoletanischen Gerichtsbarkeit wie von den »Ehrenmännern« selbst als »Mafia« bezeichnet. Aber Italiens Geschichte ist komplex, widersprüchlich. 1865 wird das neapoletanische Königreich zerschlagen. Die ganze italienische Halbinsel und die dazugehörigen Inseln werden unter der Dynastie der Savoyer zwangsweise vereinigt. Sämtliche spanischen und französischen Dynastien, welche im Verlauf der Jahrhunderte auf dem Thron von Neapel einander ablösten, waren von den Bewohnern Süditaliens stets als »autochthone« Dynastien betrachtet worden. Der Fremde ist der Eroberer aus dem Norden, der Soldat aus Piemont.

Die Mafia verändert sich: Aus einer Geheimgesellschaft im Dienste der Prinzen und der Lokalfürsten wird eine antipiemontesische, antiitalienische Widerstandsorganisation. Die Mafia erringt patriotische Ehren, eine politische Glaubwürdigkeit. Wenigstens in Sizilien. 1893 stehen über 100 000 sizilianische Bauern gegen Rom auf und verjagen die Beamten des Königs. In den offiziellen römischen Dokumenten taucht zum erstenmal der Name »Mafia« auf.

Neue Mutationen finden statt am Ende des 19. und zu Beginn des 20. Jahrhunderts: Das wirtschaftliche und soziale Elend zwingt Tausende sizilianischer, napoletanischer, kalabresischer Familien zur Emigration nach Übersee. Auf den Schiffen reist die Mafia. Sie wird zur transkontinentalen Gesellschaftsformation.

Die Mafia widersetzt sich dem Gesetz des Gastlandes. Insbesondere in den Großstädten der Ostküste der Vereinigten Staaten wird die Mafia zur Selbstschutzorganisation der vielfach ausgebeuteten, diskriminierten Einwanderer.

Fortan gibt es zwei Mafias. Eine »neue« und eine »alte«. Die »neue« prosperiert jenseits des Atlantik. Die »alte« verstärkt ihren Einfluß auf die langsam sich wandelnden Agrargesellschaften Süditaliens.[23]

1943: Die Mafia erhält ihre internationale Legitimität. Die amerikanischen Soldaten, Flieger und Matrosen bereiten ihre Landung auf der von Deutschen besetzten und befestigten Insel Sizilien vor. Das Office for Strategic Services (OSS, der von William Donovan auf Befehl Roosevelts geschaffene Geheimdienst) bemüht sich, hinter den deutschen Linien eine fünfte Kolonne auf die Beine zu stellen. Ihre Mitglieder sollen die Invasionstruppen mit Vorausinformationen über die feindlichen Stellungen versorgen, als Kundschafter dienen und Sabotageakte verüben. Donovan nimmt mit Lucky

Luciano und anderen Paten der Ostküstenmafia Kontakt auf. Das Resultat: Dank der genauen Ausspähung der deutschen Garnisonen und Stellungen durch die sizilianischen »Uomini di honore«, dank der von ihnen erstellten (und übermittelten) genauen Landkarten wird die Invasion zu einem vollen Erfolg. Die Invasionstruppen werden offiziell willkommen geheißen von einem kleinen, dürren Männchen, Don Calogero Vizzini, dem obersten Paten der sizilianischen Mafia. Dem amerikanischen Generalstab übergibt Vizzini eine Namenliste von »Ehrenmännern«. Das amerikanische Oberkommando ernennt diese Leute zu Bürgermeistern der befreiten sizilianischen Städte und Dörfer. Don Calogero selbst erhält den Titel eines »Ehren-Oberst« der amerikanischen Streitkräfte.

Während der Ersten Italienischen Republik genießt die Mafia eine erstaunliche Immunität. Als überzeugte Antikommunisten und effiziente Wahlhelfer sind die Mafiapaten Süditaliens für die in Rom herrschende Democrazia Cristiana wichtige Alliierte. Christdemokraten beherrschten die meisten Regierungen von 1945 bis 1992. Alexander Stille, langjähriger *New York Times*-Korrespondent in Rom, redet von einer »subtilen Teilung der Macht« in Süditalien.[24]

Geprägt vom amerikanischen Kapitalismus ändern die Mafiafürsten der Nachkriegsgeneration konsequent ihre Strategie und Taktik: Anstatt der Kontrolle über die Ländereien und die menschliche Arbeitskraft, streben sie jetzt jene über die neuen Märkte an. Die Märkte, die sie besonders interessieren, sind der urbane Immobilienmarkt, der transkontinentale Drogen- und Waffenhandel, das Import-Export-Geschäft, der Subventionsbetrug, die Bank.

Im Juli 1997 verkündet der Erste Staatsanwalt von Palermo die Zerschlagung eines Verbrecherrings, der über Jahrzehnte beinahe sämtliche öffentlichen Ausschreibungen der Stadt dominiert hatte. Der Ring funktionierte unter der Leitung von Toto Riina (der 1993 verhaftet wurde und dann zu lebenslänglicher Haft verurteilt worden ist). Sein Mann vor Ort: Angelo Siino. Er koordinierte die Machenschaften zwischen den korrupten Beamten der Stadtverwaltung von Palermo und den norditalienischen Baugiganten. Die Mafia kontrollierte sämtliche bedeutenden Baustellen: das Velodrome, das Spital Petraghlia, die Universität, das Busdepot... und den Neubau des Justizpalastes.

Heute ist die italienische Mafia eine der bedeutendsten Finanzmächte des Planeten. Ihr jährliches Geschäftsvolumen übersteigt 50 Milliarden Dollar, ihr Immobilien- und Industrievermögen 100 Milliarden Dollar.[25] Jedoch: Die italienische Mafia ist keineswegs ein homogenes Gebilde, sondern ein kompliziertes Geflecht von lokalen und regionalen Beziehungssträngen, von biologischen Familien und konjunkturellen Assoziationen, die sich untereinander bekämpfen, zeitweise verbinden, zusammenarbeiten oder konkurrieren.

Vier große mafiose Kulturkreise sind auszumachen: Die sizilianische Cosa Nostra ist die mächtigste Mafiaorganisation des Landes. Regiert wird sie von einer Cupola, einem obersten Geheimrat, dem alle bedeutsamen Clanchefs angehören. Sie umfaßt 1997 rund 180 verschiedene Familienverbände, 5500 »Ehrenmänner« und 3500 Soldaten (affiliierte Hilfskräfte). Die Camorra arbeitet in Neapel und seinem fruchtbaren Hinterland. Sie zählt rund 7000 Mitglieder, die in rund 145 Familienverbänden organisiert sind. In Apulien, an der Adriaküste, in den Bergen des Benevent und der Basilicata herrscht die Sacra Corona Unita mit ungefähr 1000 »Ehrenmännern«; sie entstand im 19. Jahrhundert, gegründet von flüchtigen Dissidenten der neapoletanischen Camorra und der sizilianischen Cosa Nostra. Die beiden Kalabrien (die von der tyrrhenischen Küste im Westen zur ionischen im Osten reichen) sind jener Teil des ehemaligen Königreichs von Neapel, später des vereinigten Italien, der am längsten in Autarkie verharrt hatte. In ihre wunderschönen, wilden Gebirgsmassive flüchteten sich im Verlauf der Jahrhunderte sephardische Juden, von den Ottomanen verfolgte Albaner und Griechen, waldensische Protestanten aus dem Piemont und versprengte Sarazenen. Viele der bitterarmen Bergbauern lebten jahrhundertelang von der gewaltsamen Erhebung von Wegzöllen und gelegentlicher Plünderung der Reisenden, die sich vom Norden in den Süden oder vom Süden in den Norden begaben. Aus dieser Tradition erwuchs die N'dranghetta. Sie zählt heute rund 80 Familienverbände und etwas über 5000 Mitglieder.

Der Name »Mafia« hat sich inzwischen universalisiert. In den Republiken, die aus den Ruinen der verblichenen Sowjetunion entstanden sind, nennen sich die Verbrecherbanden selbst »Mafyia« und ihre Soldaten »Mafiosniki«.

Im internationalen Polizeivokabular ist heute der Ausdruck Mafia synonym – überall auf der Welt – für organisierte Kriminalität. Um sich davon zu überzeugen, genügt es, die erstaunliche CD-Rom, genannt »Krim-Dok«[26], zu konsultieren, die 1997 mehr als 100000 Einträge, welche von den Polizeiorganen der 177 Mitgliedsstaaten der Interpol stammen, auflistet.

Unter den verschiedenen Mafiagruppierungen der Welt herrscht ein erbitterter Konkurrenzkampf. Wiederkehrende Kriege zwischen Mafiabanden mit unterschiedlichem geographischen, sozialen, nationalen oder kulturellen Hintergrund hinterlassen alljährlich Hunderte von Toten. Doch es gibt auch Fälle von Zusammenarbeit. Diese Zusammenarbeit bleibt immer punktuell und störanfällig. Oder, wie Robert Putman es ausdrückt: »Im besten Fall Joint-ventures.«[27] Es kommt dann zu einer vorübergehenden, instabilen Kooperation auf beschränkte Zeit.

Was die von Putman erwähnten »Joint-ventures« betrifft,

so muß man dabei differenzieren: Große kriminelle Kartelle russischer, italienischer, kaukasischer, kolumbianischer, nordamerikanischer, chinesischer oder japanischer Provenienz beherrschen heute ganze Wirtschaftssektoren, in denen kriminelles Kapital akkumuliert wird. Diese kriminellen multinationalen Organisationen schließen untereinander Verträge über punktuelle Zusammenarbeit, unterzeichnen Konventionen über die befristete Aufteilung von Märkten, leisten sich gegenseitig logistische Hilfestellung. Zwischen diesen großen Kartellen und den traditionellen lokalen kriminellen Banden dagegen – kurz: zwischen dem transkontinentalen organisierten Verbrechen und dem »Milieu« im engeren Sinn – gibt es weder Vereinbarungen noch Teilung. Wenn ein multinationales Kartell beschließt, einen Wirtschaftssektor, einen speziellen Markt an sich zu reißen, eine bestimmte Region unter seine Kontrolle zu bringen, schalten seine Soldaten die einheimischen Kleinkriminellen mit der Kalaschnikow aus.

Ein Beispiel dazu: die Übernahme des Dauphiné (Gebiet in Südostfrankreich) Anfang der neunziger Jahre durch die sizilianische Cosa Nostra. Delikte wie Versicherungsschwindel, Geldautomatenbetrug, Schutzgelderpressungen von Geschäftsleuten, insbesondere in der Gastronomie, lagen traditionell in der Hand eines übersichtlich strukturierten und insgesamt relativ friedlichen Grenobler Milieus. Der Beschluß der Cosa Nostra machte dem ein Ende: Die einheimischen Verbrecher, die sich weigerten, ihr Terrain freizugeben, wurden einer nach dem anderen ermordet. Die Methode war immer die gleiche: zwei Motorradfahrer mit Kapuze und Helm. Einer fährt, der andere tötet. Schnell und zuverlässig. Mitten auf der Straße. Daß die Morde in aller Öffentlichkeit stattfanden, läßt sich wohl damit erklären, daß so der Einschüchterungseffekt am größten war.

Allein innerhalb von sechs Monaten (zwischen Dezember

1995 und Mai 1996) mußten sechs Kriminelle aus Grenoble ins Gras beißen. Der letzte war ein zweiunddreißig Jahre alter Mann, exekutiert mit zwei Schrotladungen auf einem öffentlichen Parkplatz am 17. Mai 1996. Zuvor wurden zwei einflußreiche örtliche Bandenchefs ermordet: Jean-Pierre Zolotas und Antonio Sapone. Andere Opfer hatten keine Einträge im Vorstrafenregister.[28]

Ein junger Mann ist heute der einzige Zeuge der SRPJ (der Kriminalpolizei) in Lyon: Bewegungsunfähig auf einem Krankenhausbett, mit durchlöcherter Lunge, abgeschnittener Zunge, zerschmettertem Kiefer, gebrochenen Beckenknochen und Schultern versucht er, seine Antworten auf die Fragen der Polizisten mit seinen letzten gesunden Fingern auf einer speziell für ihn umgebauten Maschine zu tippen.

Nur am Rande will ich das gewaltige Spektrum der Wirtschaftskriminalität erwähnen. Interpol schätzt, daß den Staaten Westeuropas alljährlich durch Wirtschaftskriminalität ein Schaden von über 500 Milliarden Dollar entsteht.

Frankfurt am Main ist neben London der bedeutendste Finanzplatz des Kontinents. Die dort begangenen Verbrechen fallen unter anderem auch in den Zuständigkeitsbereich des Landeskriminalamts Hessen. Kriminaloberrat Krieg, Leiter der Abteilung für Wirtschaftskriminalität des Landeskriminalamts, stellt fest: »Im Bereich der Wirtschaftskriminalität ist die Identität des Täters in 99 Prozent der Fälle klar, wenn die Strafverfolgungsbehörden erst einmal Kenntnis von der Tat erlangt haben. Letzteres ist aber das Problem: Wenn ein Kassierer, ein Abteilungsleiter oder ein Direktor einer Bank als Betrüger entlarvt werden, so wird dieses Verhalten in der Regel – selbst bei unteren Chargen wie dem Kassierer – nur durch interne Maßnahmen (arbeitsrechtlich, etwa durch Kündigung) sanktioniert und nicht den Strafverfolgungsbehörden angezeigt. Im Bereich der Wirtschaftskriminalität ziehen die geschädigten Unternehmen es immer vor, den guten Namen des Unternehmens zu retten und das Vertrauen zu bewahren, das die Öffentlichkeit darein setzt.«[29]

Wo genau verläuft die Grenze zwischen dem transkontinentalen, organisierten Verbrechen und der Wirtschaftskriminalität?

Winfried Hassemer, Strafrechtsprofessor in Frankfurt am Main und als Strafrechtstheoretiker eine internationale Autorität, zieht folgende Grenzen: Die organisierte transkontinentale Kriminalität charakterisiert sich durch ihre Fähigkeit, den Justizapparat (und in geringerem Maß den politischen Apparat) zu terrorisieren, zu lähmen und eventuell zu korrumpieren.[30] Wirtschaftskriminelle verfügen nicht über derartige Kompetenzen. Mit anderen Worten: Nur Verbrecherkartelle, die mächtig genug sind, um Regierungen, Parlamente, Polizeiverwaltungen und Justizapparate unter Druck zu setzen, sind imstande, den Arm zu lähmen, der sie bestrafen sollte. Sie erkämpfen sich eine tatsächliche Immunität. Sie schaffen eine Gegengesellschaft, die stark genug ist, um mit dem Rechtsstaat zu verhandeln. Verhandlungsobjekt ist immer die Straffreiheit. Hassemer verwendet den Begriff »rechtsfreier Raum«. Internationale Verbrecherkartelle genießen heute mitten in Europa rechtsfreie Räume. Dank der Undurchsichtigkeit und perfekten Tarnung ihrer Strukturen, dank manchmal auch diskreter Verhandlungen mit Regierungs- und Polizeibehörden.

Hassemers Ansatz läßt sich problemlos auf Rußland, Kolumbien, eventuell auch auf Italien anwenden. Auf die Verhältnisse in Deutschland, Frankreich oder die Schweiz trifft er nur beschränkt zu.

Zurück zur (allerdings fließenden) Grenze zwischen organisiertem Verbrechen und Wirtschaftskriminalität. Folgende Merkmale können bei der Abgrenzung von organisiertem Verbrechen und Wirtschaftskriminalität behilflich sein:[31]

Die Mafiafürsten erwerben bereits ihr Grundkapital auf illegale Weise und vermehren es auch so; sie greifen auf kriminelle Strategien zurück, um Profit daraus zu schlagen und es zu vervielfachen. Der Wirtschaftskriminelle geht in der Regel anders vor: Er hat sein Grundkapital – seinen Industriebetrieb, sein Geschäft, seine Bank, seinen Grund und Boden – oftmals gekauft, geerbt oder auf vollkommen legale Weise erworben. Wenn er jedoch im Lauf der Zeit mit Hindernissen konfrontiert wird, wenn eine Krise sein Kapital zu vernichten oder seine Gewinne zu schmälern droht, dann nimmt er seine Zuflucht zu kriminellen Methoden.

Zur Illustration erwähne ich zwei antinomische Fälle: K. A., genannt »Der Meister«, dem wir später ausführlich begegnen werden, herrscht über eines der mächtigsten Mafiakartelle der Welt und befiehlt eine Armee von »Reketiri«. Sein gesamtes riesiges Kapital ist kriminellen Ursprungs. Das Gegenbeispiel: Ein bekannter Zürcher Anwalt gründete völlig legal eine Investitionsgesellschaft. Ihr Ziel: Finanzbeteiligungen aller Art in aller Herren Länder. Fehlinvestitionen wurden getätigt. Die Gesellschaft geriet an den Rand des Ruins. Der Anwalt beschloß, das Gesellschaftskapital zu erhöhen. Jedoch: Er veröffentlichte wissentlich einen falschen Prospekt, der die Neuanleger über den wahren Stand der Gesellschaftsfinanzen täuschte. Das Zürcher Obergericht verurteilte ihn wegen Betrugs. Der Zürcher Jurist praktizierte Wirtschaftskriminalität. K. A. dagegen betreibt ein Kartell des organisierten Verbrechens.

In die gleiche Richtung geht eine von Kriminaloberrat

Krieg und dem Frankfurter Professor Hans See vertretene These. Nach ihnen läßt sich Wirtschaftskriminalität von organisierter Kriminalität nur dadurch abgrenzen, daß erstere den Gesetzesbruch als Nebeneinnahme, letztere als Hauptprofitquelle nutzt. Von welchem Prozentsatz krimineller Gewinne an die Wirtschaftskriminalität dann qualitativ umschlägt in organisierte Kriminalität, ist eine brisante politische Frage, die nicht zuverlässig beantwortet werden kann.

Die professionellen Killer im Dienst russischer Verbrecherkartelle gehen mit ihren Aktenkoffern, ausgestattet mit modernsten Waffen, in den Hotelpalästen von New York, Paris, Moskau und Frankfurt ungehindert ein und aus. Sie morden, vergiften, massakrieren jeden – ohne Ansehen der Nationalität, des Alters, der gesellschaftlichen Stellung oder Funktion –, auf den ihre Herren sie ansetzen. Die Gewalt, die sie ausüben, dient dazu, Kapital zu erwerben, vor der Konkurrenz zu schützen, es zu akkumulieren, in Umlauf zu bringen oder zu verbergen.

João Lelo, ein braunhaariger Riese in den Fünfzigern, der den Tod von Hunderten von Gelegenheitsarbeitern und Bauerngewerkschaftern auf dem Gewissen hat (sofern man von einem solchen sprechen kann), ist ein Pistolero in den Diensten der Latifundienbesitzer von Rondonopolis, einer Stadt im Mato Grosso (Brasilien).

Am 3. Dezember 1995 begeht er einen fatalen Fehler. Nach einem Volksfest steigt er in Begleitung zweier Dorfschönheiten in sein Auto, einen roten Toyota mit Vierradantrieb. Er schickt seine fünf Leibwächter nach Hause. Der Tag bricht an im Mato Grosso. Ein Unbekannter – lange Haare, Bluejeans – nähert sich dem Auto und exekutiert João durch sechs Kugeln aus einer Waffe mit Schalldämpfer.

Dem russischen Berufskiller und João Lelo sind die gleichen professionellen Fähigkeiten, die gleiche kriminelle Energie, die gleiche persönliche Grausamkeit zu eigen. Doch der erste agiert im Dienst und Namen der mächtigen Kartelle des transnationalen organisierten Verbrechens, der andere im Dienst der Latifundienbesitzer, deren Besitzrechte – in manchen Fällen – seit den Tagen João II., des Königs von Portugal, im 17. Jahrhundert verbürgt sind.

Ich betone: Ich halte die Wirtschaftskriminalität keinesfalls für ein unbedeutendes Phänomen. Sie richtet schreckliche Verwüstungen in den Volkswirtschaften Westeuropas an und schädigt jeden einzelnen von uns beträchtlich. Die Wirtschaftskriminalität, deren Auswirkungen noch immer von vielen verkannt werden und die leider noch zuwenig erforscht worden ist, bereitet zudem den Boden für eine weitere Schwächung unseres sozialen Immunsystems und damit für die organisierte Kriminalität. Schließlich sind die Übergänge zwischen beiden Kriminalitätsformen, da auch die organisierte Kriminalität auf die Unterwanderung der legalen Wirtschaft gerichtet ist, fließend. Nicht auszudenken sind schließlich die Folgen, wenn sich diese Formen der Kriminalität dauerhaft verbinden sollten.

Dieses Buch befaßt sich jedoch ausschließlich mit dem grenzüberschreitenden organisierten Verbrechen. Dessen Verständnis, Demaskierung und Bekämpfung ist unser oberstes Ziel.

V. Töten, um zu herrschen

Als Ende Mai 1453 das osmanische Heer Mohammed II., dessen erklärtes Ziel die Vernichtung der byzantinischen Christenheit war, vor den Mauern Konstantinopels stand, ergingen die theologischen Anhänger von Gustiniani und die Verfechter der Theorie von Notaras sich weiterhin in ihren fruchtlosen Diskussionen. Kaiser Konstantin XI. ließ die Ikonen auf die zerschossenen Mauern tragen, damit die Kräfte des Antichristen vor dem Zauber der Bilder zurückwichen.[32]

Heute belagern die Herrscher des Verbrechens unsere demokratischen Gesellschaften. Wenn ich die komplizierten Resolutionen der Vereinten Nationen, die Protokolle der endlosen Debatten des Europäischen Parlaments oder die Schlußakten der Kolloquien wieder lese, die Richter, Polizeibeamte und Dozenten regelmäßig der internationalen organisierten Kriminalität widmen, kann ich mich des Eindrucks nicht erwehren, daß unsere Behörden Konstantin XI. nacheifern: Der brutalen Gewalt des Aggressors versuchen sie die Macht des Wortes entgegenzusetzen. Sie organisieren Kolloquien und erstellen Berichte.

Solche Berichte und Kolloquien sind außerordentlich wichtig, da sie es erlauben, Informationen und Erfahrungen auszutauschen und Strategien für den Kampf zu entwickeln. Sie können aber den Kampf nicht ersetzen. Sollten unsere Regierungen wirklich glauben, daß – wie Victor Hugo schreibt – das Wort den Erdball niederhält und ihn sich unterwirft (»Le mot tient le globe sous ses pieds. Il l'asservit.«), so unterliegen sie einem gravierenden, möglicherweise fatalen Irrtum. Die Herrscher des Verbrechens argumentieren nicht, reden nicht, verhandeln nicht: Sie töten.

Die Ausübung von Gewalt ist ein inhärenter Wesenszug aller Kartelle der organisierten Kriminalität. Die Gewalt wird ausgeübt durch unabhängige Einheiten mit einer speziellen Ausrüstung und Ausbildung für diese Aufgabe. Diese Einheiten unterstehen meist direkt den obersten Führern der Organisation.

Sie erfüllen eine Vielzahl von Aufgaben: Erstens sorgen sie für die physische Sicherheit der verschiedenen Akteure der Organisation. Zweitens wahren sie die Disziplin im Innern der Organisation, indem sie Verräter oder schlicht Verdächtige exekutieren. Und schließlich werden die Sicherheitseinheiten mit der systematischen Eliminierung der Konkurrenz in einem bestimmten Wirtschaftssektor beauftragt, sobald die für Planung und Marketing zuständigen Verantwortlichen ein neues Aktionsfeld ausgemacht haben. Einer der Hauptgründe für die oft astronomischen Gewinne der Kartelle liegt darin, daß sie in dem Sektor, in dem sie operieren, eine Monopolstellung innehaben. Diese Monopolstellung wird meist durch brutalste Gewalt erkämpft.

Interpol veröffentlicht jedes Jahr, basierend auf der Zusammenstellung nationaler Daten, eine Statistik der Mordfälle und vorsätzlichen Tötungen. Sie ermöglicht die zahlenmäßige Erfassung der kriminellen Gewalt in jedem Land. Aufgrund der Tatsache, daß die Statistik auch Tötungsdelikte erfaßt, die nicht auf das Konto des organisierten Verbrechens gehen, wie zum Beispiel Verbrechen aus Leidenschaft, »normale« Raubmorde usw., kann diesen Daten allerdings im Hinblick auf organisierte Kriminalität nur ein Indizcharakter zukommen.

Danach ist Kolumbien heute das gewaltsamste Land der Welt im Friedenszustand. Interpol registriert 1996 25 723 Morde und vorsätzliche Tötungen bei einer Gesamtbevölkerung von 36 Millionen Einwohnern. Mord rangiert als Todesursache in Kolumbien an erster Stelle, noch vor allen bekannten Krankheiten und Verkehrsunfällen. Die Sterberate durch einen gewaltsamen Tod in Kolumbien liegt im Jahr 1996 bei 77,4 Opfer auf 100 000 Einwohner.

In den Vereinigten Staaten gab es 1996 etwas über 25 000 Opfer durch Gewaltverbrechen. Im selben Jahr wurden in China – einem Land mit über 1,2 Milliarden Einwohnern – 16 682 Menschen ermordet.

Die kolumbianischen Killer sind meist blutjunge Männer ohne jegliche Schulbildung, vor denen ein Leben in Elend und Dauerarbeitslosigkeit liegt. Sie verdingen sich als Killer, um ihre Familien zu unterstützen. Viele von ihnen sind glühende Katholiken: Vor einem Mord gehen sie in die Kirche, beten zu ihrem Lieblingsheiligen und entzünden eine Kerze vor seiner Statue, um den Erfolg ihres Unternehmens zu erbitten.

Genauere Daten über die Gewalttätigkeit organisierter Krimineller liegen zu Rußland vor. Dort stieg die offiziell ermittelte Zahl von Auftragsmorden von 1992 bis 1994 um 550 Prozent. Unter den Opfern waren vor allem Anführer rivalisierender krimineller Gruppen und Geschäftsleute, die der Mafia im Wege standen.[33]

Innerhalb der Kartelle der organisierten transkontinentalen Kriminalität stellt die Gewalt den vorrangigen Beförderungsfaktor dar. Sie gewährleistet die vertikale soziale Mobilität. Es sind die persönlichen Qualitäten des »Soldaten«, seine Intelligenz, seine Verschlagenheit, seine Selbstbeherrschung, vor allem aber seine Brutalität und seine Kaltblütigkeit, die über seinen Aufstieg entscheiden.

Nehmen wir beispielsweise den Fall von Giovanni Brusca, genannt »das Schwein«, dem Nachfolger Toto Riinas an der Spitze der »Cupola« der Cosa Nostra. Er wurde 1964 in einer Mafiafamilie in San Giuseppe Jato geboren, einem Gebirgsdorf auf halbem Weg zwischen Palermo und Corleone. Er verdankt seinen schnellen Aufstieg an die Spitze einigen besonders gelungenen Gewalttaten: Der 23. Mai 1992 ist ein strahlender Tag. Drei gepanzerte Wagen mit dem berühmten Mafiajäger und Direktor der Strafrechtsabteilung im römischen Justizministerium Giovanni Falcone, seiner Frau und seinen Leibwächtern rasen mit hundertsechzig Stundenkilometern über die Autobahn Messina–Palermo. Plötzlich drückt Brusca auf einen Hebel: Weiter unten auf der Autobahn jagt eine gewaltige Explosion den Konvoi in die

Luft, zerfetzt Falcone, seine Frau und drei junge Polizisten.

Zwei Monate später besucht der Staatsanwalt Paolo Borsellino, Kollege und Freund Falcones, in einem gepanzerten Wagen, umgeben von Leibwächtern, seine Mutter in Palermo. Sein Konvoi wird von einer Bombe in die Luft gesprengt. Und wieder gibt es keine Überlebenden.

Beim Attentat gegen Falcone und seine Begleiter war Brusca ein Komplize zur Hand gegangen: Santino Di Matteo. Nach seiner Verhaftung beschloß Santino, mit der Polizei zusammenzuarbeiten. Brusca läßt Santinos Sohn Giuseppe, elf Jahre alt, entführen, erwürgt ihn eigenhändig und wirft den kleinen Körper anschließend in ein Säurebad.

Im Mai 1993 verurteilt Papst Johannes Paul II. die organisierte Kriminalität, ihre Morde und die Cosa Nostra. Zur Vergeltung befiehlt Brusca den Bombenanschlag auf die Basilika San Giovanni in Laterano vor den Toren Roms, eines der schönsten Denkmäler der Christenheit.

Diese »Heldentaten« verhalfen dem Mörder zu einer brillanten Karriere: mit neunundzwanzig Jahren wurde er oberster Chef der Cosa Nostra.[34]

VI. Das Gesetz des Clans

Der Ethnozentrismus spielt eine entscheidende Rolle in der Strukturierung krimineller Organisationen. Um dies zu begreifen, genügt es, den Ausführungen französischer, österreichischer, deutscher, schweizerischer Polizeibeamten zuzuhören, die sich mit kasachischen, tschetschenischen, singhalesischen oder Kosovo-Banden auseinandersetzen müssen. Ermittler und Polizisten leiden unter der gleichen Frustration: Ein ethnisch strukturiertes Kartell zu durchleuchten kommt einer Sisyphusarbeit gleich.

Man kann die Funktionsweise, die tödliche Effektivität der meisten Kartelle nur begreifen, wenn man ihre ethnische Komponente berücksichtigt.

Zwischenbemerkung: Jeglichen rassistischen Unterton lehne ich selbstverständlich kategorisch ab. Die Existenz ethnozentrisch strukturierter Verbrecherkartelle ist nicht das einzige Problem zeitgenössischer Strafverfolgung in Europa. Denn zahlreiche internationale Verbrecherorganisationen sind auch multiethnisch strukturiert. Trotzdem: Für die Justiz und Polizei Westeuropas stellen die ethnozentrischen Verbrecherorganisationen heute die weitaus gefährlichsten Gegner dar.

Betrachten wir einige der Probleme, vor welche diese ethnozentrischen Kartelle die Behörden stellen. Paul Valéry sagt: »Les faits ne pènètrent pas le monde où habitent les croyances« (»In die Welt des Glaubens dringen keine Tatsachen vor«). Jedes kollektive Bewußtsein, das auf der ethnischen Identität basiert, ist eine Glaubensgemeinschaft von großer Homogenität.

Die ethnische Identität, die sich zusammensetzt aus einer gemeinsamen Sicht der Geschichte, einem gemeinsam bewohnten Territorium, einer gemeinsamen Sprache und weitläufigen, stabilen und homogenen Verwandtschaftsbeziehungen, erscheint auf den ersten Blick wie eine *objektive* Gegebenheit. Bei näherem Hinsehen indes hat die ethnische Identität vor allem mit kollektiver Subjektivität zu tun. Das Gefühl der Zugehörigkeit zu einer Gruppe, die sich selbst über einen gemeinsamen Vorfahren (und sei er nur ein Mythos), ein unverwechselbares kollektives Schicksal, sogenannte Blutsbande, definiert, speist sich in erster Linie aus einer Ansammlung von Glaubenssätzen. Glaubenssätze, die notgedrungen irrational, apodiktisch, dogmatisch sind. Die Ethnie, der ich mich zugehörig fühle, ist in meinen Augen allen anderen überlegen; sie hat eine einzigartige historische

Mission zu erfüllen und verkörpert Werte, die nur auf sie allein zutreffen.

Nichts treibt die Menschen machtvoller und drängender an als ein Glaube, nichts verblendet sie mehr. In seinen Einflußbereich dringen keine Tatsachen vor. Phantasien, Träume, Ängste, apodiktische Behauptungen besetzen das Bewußtsein. Aus diesem Grund sind gesellschaftliche Gebilde, deren Bindestoff die ethnische Zugehörigkeit ist, so machtvoll, drängend und praktisch unzerstörbar.

Zur Veranschaulichung dieser Tatsache möchte ich drei zeitgenössische Fälle aus drei unterschiedlichen Kulturzonen auswählen.

Das erste Beispiel betrifft die hocheffiziente, streng ethnozentrisch strukturierte Organisation von Ayoub Afridi. Er ist der Herrscher eines Pathanenclans, der seit mehr als zwei Jahrtausenden in den Bergen über dem Khaiberpaß lebt. Diese Straße verbindet Zentralasien mit dem südlichen Asien. Sie stellt eine der wichtigsten strategischen Achsen des Planeten dar: Schon Alexander der Große, die römischen Legionen, die byzantinischen Kaiser, die Khans der Mongolen und die Regimenter der Königin Victoria sind darüber gezogen. Wer aber immer die als Khaiberpaß bekannte, enge, achtzehn Kilometer lange Paßstraße kontrolliert, die den Hindukusch mit der fruchtbaren Ebene des Indus und den südlichen Tälern des Himalaja verbindet, ist ein mächtiger Mann. Die pakistanische Regierung hält Afridi für den Herrscher über einige der ausgedehntesten Heroin- und Waffenschmuggelringe Asiens. Der Funktionsmodus der Traditionsgesellschaft der Pathanen vermischt in überraschender Form ethnische Normativität und kapitalistische Rationalität. In diesem hermetischen Universum fand im Dezember 1995 ein Erdbeben statt. Wir erleben die Inszenierung eines Theatercoups. Der allmächtige Clan der Afridi gibt den Sturz seines Führers bekannt. Es handelt sich um eine erstaunliche und in mancher Hinsicht verwirrende Geschichte.

Eines eisigen Morgens Mitte Dezember berufen die beiden Neffen und nächsten Vertrauten des »Sahib«, Hadji Babu Khan Afridi und Noor Alam Afridi, in ihrem festungsartigen Palast im Universitätsviertel von Peshawar eine internationale Pressekonferenz ein. Umgeben von den drei kleinen Söhnen Ayoubs und den wichtigsten männlichen Angehörigen des Clans geben sie bekannt, daß Ayoub sich den amerikanischen Behörden gestellt hat.

Die Modalitäten dieser Selbstauslieferung – wie Babu sie schildert – sprechen Bände: Der erkrankte Ayoub hatte sich zuerst in Bagdad, dann in Teheran in ärztliche Behandlung begeben. Nach seiner Genesung kehrte er in seine Festung im Tal von Tirah, im Herzen des Stammesgebiets der Afridi im Gebiet des Khaiberpasses, zurück. Von dort überquerte er in Begleitung einiger Getreuer zu Fuß die verschneiten Berge, um ins Tal von Nangarhar in Afghanistan zu gelangen. Nachdem ihm der afghanische Premierminister Rabbani freies Geleit zugesichert hatte, trat er per Lastwagen die Reise nach Kabul an.

Am 11. Dezember besteigt Ayoub ein Frachtflugzeug, das ihn nach Dubai, in die Hauptstadt des Emirats Abu Dhabi, bringt. Mit einem afghanischen Paß versehen, erhält er ein Visum für Amerika und nimmt ein Linienflugzeug nach New York.

Babu gibt bekannt, daß der Stamm eine New Yorker Anwaltskanzlei mit der Verteidigung des »Sahib« beauftragt hat. Er fügt hinzu, daß Ayoub vor seinem Aufbruch vor einem *Jirga* (dem Ältestenrat des Stamms) erschienen ist und daß dieser ihn von jeder Schuld freigesprochen und seine Unschuld anerkannt hat.

Babu schließt mit den Worten: »Wir wissen nicht, was in den Vereinigten Staaten mit ihm geschehen wird. Alles, was wir wissen, ist, daß Hadji Sahib unschuldig ist und der Welt beweisen wird, daß er nichts Unrechtes getan hat.«[35]

Ende Dezember 1995 verkündet das Gericht des östlichen Distrikts von Brooklyn in New York, daß gegen den seit 1988 mit internationalem Haftbefehl gesuchten Angeklagten Mohammed Ayoub Afridi wegen Drogenhandel, Betrug, Geldwäsche von Gewinnen aus Drogenhandel, Verletzung von Zollbestimmungen, Schmuggel und Dokumentenfälschung Anklage erhoben werden wird.

Die Erklärung für diese merkwürdige Selbstauslieferung dürfte in Pakistan zu suchen sein. Dort nämlich tobte 1995 ein gnadenloser Krieg zwischen dem Clan der Afridi und dem gefürchteten General Nasirullah Babar, dem Innenminister und starken Mann der damaligen Regierung von Benazir Bhutto. Nasirullah Babar hatte dem Clan der Afridi einen Kampf bis aufs Messer geschworen. 1993 war das Abgeordnetenmandat des »Sahib« aufgehoben worden. Den anderen Clanangehörigen wurde die Wahlzulassung als Kandidaten verweigert. Nachdem die dem Innenministerium unterstellte Anti-Narcotic Force (ANF) Anklage erhoben hatte, hatte ein eigens in Peshawar gebildetes Sondergericht die Beschlagnahmung aller Besitztümer Ayoubs und siebzehn weiterer Clanmitglieder angeordnet. Alle waren aufgrund des »Anti-Smuggling Act« von 1977 verurteilt worden.

Wahrscheinlich liegt der Schlüssel zur Lösung des Rätsels in einem Satz von Innenminister Nasirullah Babar: »Diese Stammesführer schätzen es nicht, eingesperrt zu werden.«[36]

Dem »Sahib« standen zwei Möglichkeiten offen: Er konnte entweder das Risiko eingehen, in mehr oder minder naher Zukunft durch die Kommandos Nasirullah Babars gefangengenommen und in Lahore, Karatschi oder Islamabad inhaftiert zu werden, um dort im Gefängnis auf seine absehbare Ermordung zu warten, oder er konnte sich den amerikanischen Behörden ausliefern und sich in New York einem ordentlichen Gerichtsverfahren stellen. In weiser Voraussicht hatte Mohammed Ayoub Afridi sich für die zweite Variante entschieden. Im Moment der Fertigstellung dieses Buches ist im Fall Afridi kein endgültiges Gerichtsurteil ergangen.

Und nun ein Beispiel aus dem Mittleren Osten: der syrische »Geschäftsmann« Monzer Al-Kassar.

Dienstag morgen, 19. Dezember 1995, im Justizpalast von Genf, in einem ehemaligen Krankenhaus des 18. Jahrhunderts im Herzen der Altstadt gelegen. Die Wände des Saals der Ersten Strafkammer sind mit hellem Eichenholz getäfelt. Die calvinistische Republik verabscheut Zierat. Einzige Ausnahme: Ein aus dunklem Holz geschnitztes Genfer Wappenschild erhebt sich über dem Haupt des Präsidenten. Das Wappen stellt einen in der Mitte geteilten Kreis dar. Links sieht man die Hälfte eines schwarzen Adlers auf rotem Grund, das Symbol des Heiligen Römischen Reichs Deutscher Nation; rechts ist auf gelbem Hintergrund ein Petrusschlüssel abgebildet, das Zeichen der ehemals bischöflichen Macht. Über dem Kreis steht in schwarzen Buchstaben das Leitmotiv der calvinistischen Revolution zu lesen: *Post Tenebras Lux.*

Auf der Anklagebank sitzt ein eleganter Mann mittlerer Größe, von dunkler Hautfarbe und vollem, ergrautem Lockenschopf. Er hat kleine, glühend schwarze Augen. Mit nachsichtigem Lächeln verfolgt er das Plädoyer des Staatsanwalts Laurent Kasper-Ansermet.

Monzer Al-Kassar ist von einer Spezialwache umgeben: Bewaffnete Männer halten im Vorzimmer und auf den Fluren Wache. Ihm ist vom Gericht sicheres Geleit garantiert worden. Die Anklageschrift beträgt dreiunddreißig Seiten und redet von der Verbindung mit dem internationalen Terrorismus, von Urkundenfälschung, Handel mit Drogen und Waffen, der Mitgliedschaft in einer kriminellen Vereinigung, der Geldwäsche sowie der Verletzung des Waffenembargos gegen die kriegführenden Parteien in Bosnien. Der Staatsanwalt fordert die Beschlagnahmung von 6,2 Millionen Dollar, die von Monzer Al-Kassar auf Genfer Privatbanken hinterlegt wurden.

Vor einem spanischen Gericht wurde Al-Kassar beschuldigt, die Waffen für die Terroristen geliefert zu haben, die für die Entführung des Kreuzfahrtschiffs Achille Lauro und die Ermordung einer jüdischen Geisel verantwortlich waren. Wegen Mangels an Beweisen entgeht er der Verurteilung. 1992 ordnet die spanische Justiz die Sperrung seiner Konten an, ist anschließend jedoch zur Widerrufung ihrer Anordnung gezwungen.

Al-Kassar residiert gewöhnlich in seinem mit Stil eingerichteten Anwesen »Palacio Mifadil« in Marbella, wo er von einer privaten Miliz geschützt wird.

Die wichtigsten Polizeibehörden Europas und Amerikas sind hinter ihm her. Vergeblich. Al-Kassar scheint unantastbar zu sein. Er verdankt seine juristische Immunität, sein astronomisches Vermögen und seine beträchtliche politische Macht seiner ethnischen Zugehörigkeit. Regelmäßig gebietet die diplomatische Vernunft verschiedener Regierungen – die finanzielle, kommerzielle oder militärische Beziehungen zum Mittleren Orient unterhalten – in letzter Minute dem Arm der Justiz Einhalt.[37]

Obwohl sunnitischer Herkunft gilt Al-Kassar als Alawit, als Verwandter durch Einheirat in diesen Stamm, der seit undenklichen Zeiten die Bergketten zwischen dem Mittelmeer und Lattakia bewohnt. Er gehört zum Clan von Hafez und Rifaat Al-Assad.

Praktisch alle Gefolgsleute Al-Kassars sind Alawiten. Wie

bei den Drusen weist ihr Glaube einen starken schiitischen Einfluß auf. Eine geheime Hierarchie regiert die Gemeinschaft. Die Alawiten sprechen den Stammesdialekt, der in dem Gebirgszug am Meer heimisch und für die entsprechenden Abhördienste (des FBI, der CIA und anderer) unverständlich ist. Ein esoterischer Code und eine ebensolche Weltanschauung prägen ihr Weltbild. Die Verwandtschaftsbeziehungen sind kompliziert und durch einen Ehrenkodex geschützt, in dem Treue, Verschwiegenheit, Solidarität innerhalb des Stamms als höchste Werte gelten.

Der alawitische Glaube lebt vom Geheimnis: »Kitman« und »Taqiya« bezeichnen die zwei Pflichten, die ein Kind lernt, sobald es sich in Gesellschaft zu bewegen beginnt: »Kitman« (das Geheime) und »Taqiya« (die »Verschleierung«) werden es vor dem Fremden, dem Feind, dem Sunniten schützen, der die fruchtbaren Ebenen bewohnt und in regelmäßigen Abständen Überfälle auf das Gebirge unternimmt. Wie die Schiiten so verehren auch die Alawiten Ali, den Schwiegersohn des Propheten. Alawit bedeutet »Anhänger Alis«, »der, der Ali gehört«. Die Alawiten haben eine lange Leidensgeschichte hinter sich: Seit dem 14. Jahrhundert setzt eine Fatwa Ibn Taymiyas sie den Heiden gleich. Damit war die Jagd auf die Alawiten eröffnet. Die Osmanen verfolgten sie und entführten ihre Töchter, um sie als Hausklavinnen ihren Großgrundbesitzern zur Verfügung zu stellen.

Unter dem französischen Mandat verkehrte sich die Situation: Massenhaft engagierten sich Alawiten in den »Troupes spéciales du Levant«, der einheimischen Speerspitze der Kolonialarmee. Zum erstenmal in der Geschichte Syriens begegnete man den Alawiten mit Respekt, ja Furcht. Aber um welchen Preis! Seit der Befreiung ließen die aufeinanderfolgenden Regierungen von Damaskus die Alawiten teuer für ihre Kollaboration mit der Kolonialmacht bezahlen. Bis zum 17. November 1970, an dem einer der ihren, der junge Luftwaffengeneral Hafez Al-Assad (Hafez »der Löwe«), die sunnitische Regierung stürzte und seine Stammesbrüder an den Schaltstellen der Macht im Staat installierte. Seitdem regieren die Alawiten über Syrien, und Monzer Al-Kassar ist einer ihrer wichtigsten Finanziers.

Das dritte Beispiel bilden die tschetschenischen Kartelle. Die Tschetschenen, ein Volk von rund zwei Millionen Menschen, leben in einem kleinen Land, halb so groß wie die Schweiz. Im Süden begrenzen die Höhenzüge des Großen Kaukasus fruchtbare Ebenen und Hügel. Ein stolzes Volk, bekannt für sein militärisches Geschick und seine hermetisch verschlossenen Clanstrukturen. Über Generationen hinweg verloren die russischen Invasoren dort Tausende von Männern. Chamil, der oberste Scheich der Tschetschenen, stellte sich erst 1859.

In den tschetschenischen Clans herrscht ein strenger Ehrenkodex. Wenn ein Clan einer kriminellen Organisation einen Mann zur Verfügung gestellt hat und dieser Mann im Kampf stirbt (oder im Gefängnis verschwindet), ersetzt der Clanchef ihn sofort durch seinen nächstältesten Sohn.

Im Afrika der Großen Seen war es bei den Tutsikönigen – Ruandas, Burundis, Ankoles – Brauch, für die niederen Arbeiten Batwa einzusetzen, Pygmäenjäger des zentralen Hochlandwalds. Genauso war es bei den russischen Herrschern über das Verbrechen: Sie rekrutierten ihre Killer häufig bei den Tschetschenen.

Doch seit dem Untergang der Sowjetunion haben die Tschetschenen sich emanzipiert. Auf dem Gorki Prospekt in Moskau kann man heute die weißen, gepanzerten Merceswagen der tschetschenischen Clanchefs sehen, gefolgt von den Toyotas mit Vierradantrieb ihrer Leibwächter.

Ihre Paten kontrollieren heute ganze Viertel in Moskau,

besonders im südlichen Teil rund um den Südhafen, der ihnen als Sprungbrett nach Europa dient. In diese Bezirke dringt kein anderer »Mafyosniki« und noch viel weniger ein Polizist ein.

Bei der Auswertung der vom Innenministerium der russischen Föderation veröffentlichten Unterlagen ist allerdings Vorsicht geboten. Nach der derzeitigen russischen Verfassung ist die Republik Tschetschenien formell Bestandteil der Russischen Föderation. Seit 1993 jedoch stand das tschetschenische Volk mehrheitlich hinter der vom damaligen Präsidenten Djokar Dudajew ausgerufenen Unabhängigkeit. 1994 zerstörte die russische Armee die Hauptstadt Grosny und eine große Zahl anderer Städte und Dörfer der kleinen muslimischen Kaukasusrepublik unter dem Vorwand, die territoriale Integrität der Föderation zu verteidigen.

Seitdem wird der russisch-tschetschenische Konflikt von einem lärmigen Propagandakrieg begleitet. Vom russischen Innenministerium werden die Tschetschenen aller Sünden dieser Erde bezichtigt. Viel russische Übertreibung ist im Spiel.

Dennoch weisen die tschetschenischen Kartelle einige Merkmale auf, die sie besonders gefährlich machen: Die tief verwurzelte Clanstruktur dieses Kaukasusvolks begünstigt eine extreme Abschottung nach außen und eine große Homogenität nach innen. Zwischen den Killern der verschiedenen Kartelle herrscht Solidarität. Die Angehörigen eines jeden Kartells tragen am Körper spezifische rituelle Tätowierungen: einen kaukasischen Raubvogel, zwei gekreuzte Schwerter, einen Schädel mit leeren Augenhöhlen und andere Totemsymbole.[38] Eine ansehnliche Zahl in Deutschland verhafteter Tschetschenen haben Amulette oder Gris-gris bei sich, die ihre tiefe Verwurzelung in einer uralten Kultur zeigen, die von den Vorschriften und Überzeugungen des Islam noch kaum berührt ist.

Der Clan, die Basiseinheit der tschetschenischen Gesellschaft, wird »tep« genannt. Er funktioniert nach dem Gesetz des Bluts, genannt »miest«. Dieses verpflichtet jeden Clanangehörigen, jeden zu töten, der den Tod eines anderen Clanmitglieds verschuldet hat. Der wahre Name eines Mannes ist nur den Angehörigen seines Clans bekannt. Außerhalb dieses Clans – und noch mehr außerhalb Tschetscheniens – benutzt er einen beliebigen weitverbreiteten Namen der tschetschenischen Sprache. Mit entsprechend gefälschten Papieren in der Hand. Daher die extreme Frustration der französischen, englischen, deutschen usw. Polizeibehörden, die sich regelmäßig mit Dutzenden von Verdächtigen mit Namen wie Abdullahab, Shamhan, Jandarbijew, Djokar oder Zelimkan konfrontiert sehen.

Im jahrhundertealten Kampf gegen die russischen Unterdrücker haben die Tschetschenen eine außergewöhnliche militärische Begabung und einen ungewöhnlichen Kampfgeist entwickelt. Besonders bei Auseinandersetzungen mit russischen Banden kennen die tschetschenischen Anführer keine Gnade. Ihre Killer arbeiten mit vollendeter Professionalität: Ein siebenundzwanzig Jahre alter russischer »Geschäftsmann«, der in einer Villa in Grunewald bei Berlin lebte, wurde 1995 aus beträchtlicher Entfernung und mit einem einzigen Schuß inmitten seiner Leibwächter umgebracht.

Auch wenn ein Gegner nur terrorisiert und nicht getötet werden soll, stellen die Tschetschenen ihre Präzision unter Beweis: Im Hotel Majestic in Berlin wurde einem »Geschäftsmann« der Hals mit Dolchstichen zerfetzt, ohne daß seine Halsschlagader durchtrennt worden wäre.

Zwischen den Kartellen unterschiedlichen ethnischen Ursprungs herrscht ein hochgradiger Rassismus. Ein Beispiel: Im Herbst 1995 wurde im Hotel Marriot, im Herzen Wiens, ein Gipfeltreffen der bedeutendsten russischen Paten abgehalten, die in Rußland selbst oder im Ausland operieren. Die Zusammenkunft wurde von den Agenten der österreichischen EDOK (Ermittlung und Dokumentation) »beobachtet«[39]. Etwa zwanzig Paten mit Beratern und Leibwächtern nahmen daran teil. Ein wichtiger Punkt auf der Tagesordnung war die Frage, wie man die russischen Städte »säubern«, wie man die »Schwarzen« ausschalten könnte. Die russischen Mafiosi bezeichnen alle aus dem Kaukasus stammenden Mafiasoldaten als »Schwarze«. Schließlich wurde die physische Eliminierung aller kaukasischen Mafiosi in jeder Stadt mit russischer Bevölkerungsmehrheit beschlossen.[40]

VII. Raubtiere

Die allermeisten Lageberichte der europäischen Polizeibehörden, die das organisierte Verbrechen betreffen, schildern die Mafiakartelle als hochkomplexe soziale Strukturen, deren Aufbau und Strategie von großer Rationalität, eiskalter Planung und bedeutender Führungskompetenz zeugen. Diese Hypothese stimmt nur zum Teil und übersieht, daß das Phänomen der organisierten Kriminalität auch durch Irrationalität geprägt ist.

Bei der Lektüre der polizeilichen Lageberichte (»Analyses de Synthèse« im französischen Polizeijargon) ist deshalb Vorsicht geboten. Pierre Bourdieu erklärt, warum: »Die sozialen Realitäten sind immer rätselhaft und unter ihrer scheinbaren Eindeutigkeit schwer zu entschlüsseln.«[41] Die Realität ist beinahe immer unrein. Man muß dem »Schein der Eindeutigkeit« mit Mißtrauen begegnen.

Die vom richtungweisenden Werk Jean Piagets inspirierte Genfer Sozialpsychologische Schule zeigt uns den Weg, den wir einschlagen müssen. Ich beziehe mich hier vor allem auf die Arbeiten Pierre Mössingers und insbesondere auf sein Buch »Irrationalité individuelle et ordre social«[42]. Die Beziehungen Befehl–Gehorsam, die Schichtenbildung, Ideologien, die ein kriminelles Kartell strukturieren, werden auch von irrationalen Realitäten bestimmt, die sich bewußter Begrifflichkeit entziehen.

Wie wir sehen werden, läuft die individuelle Irrationalität der Chefs wie der Akteure auf der zweiten, dritten und vierten Ebene beständig den rational konzipierten Strategien zuwider.

Das Universum der transkontinentalen organisierten Kriminalität ähnelt einem Dschungel. Unter seinem schützenden Dach schleichen im Unterholz wilde Tiere umher. Unversöhnlicher Haß entzweit eine Vielzahl ihrer Anführer ebenso wie ausführende Organe niederen Rangs. Das einzig respektierte Gesetz ist die Vendetta. Kein gegebenes Wort, kein unterzeichneter Vertrag hat die geringste Aussicht auf Bestand. Eine Vielzahl diskreter Eliminierungen, öffentlicher Morde oder Verstümmelungen, die das Alltagsgeschäft der Kartelle bilden, lassen sich nur durch Haß, leidenschaftliche Liebe, Eitelkeit, Rachsucht oder einen maßlosen Machtwahn erklären.

Machtwahn: 1993 fand in Mailand ein Gipfeltreffen der italienischen Mafiapaten statt. Die »Capi« mußten sich der Erkenntnis beugen, daß die Bombenattentate gegen Staatsanwälte, Richter, Polizisten und hohe Beamte, bei denen immer mehrere Menschen gleichzeitig ums Leben gekommen oder verstümmelt worden waren, nicht zu den erwarteten Ergebnissen geführt hatten. Der Staat hatte nicht klein beigegeben: Die gesetzliche Regelung bezüglich der »pentiti« war noch immer in Kraft, viele Oberhäupter der großen Familien der Cosa Nostra saßen noch immer in den Hochsicherheitsgefängnissen.[43]

Daraufhin beschlossen die Mafiabosse, die Werke und

Symbole der tausendjährigen italienischen Kultur und Identität aufs Korn zu nehmen. Ein Kommando nahm sich die Uffizien in Florenz vor. Ein ganzer Flügel der Galerie der Uffizien mit Gemälden aus der Renaissance von unschätzbarem Wert wurde durch die Bomben vernichtet. Andere Bomben zerstörten eine ganze Etage im Museum für Moderne Kunst in Mailand.

Am 15. August 1996 schließlich enthüllt Gabriele Chelazzi, Staatsanwalt von Florenz, daß in einer Höhle in der Toskana hundertfünfzig Kilogramm hochexplosiven Sprengstoffs versteckt worden sind. Sie sollten zur Sprengung des Schiefen Turms von Pisa dienen. In ihrem uferlosen Machtwahn glaubten die Mafiafürsten, sie könnten sich mit diesen fürchterlichen Anschlägen auf das italienische und Weltkulturgut ein ganzes Volk, eine ganze Republik gefügig machen.

Haß: Wilde, die von Kindheit an zum Töten erzogen wurden – nichts anderes sind die so unzutreffend als »Ehrenmänner« bezeichneten Mafiosi. Kein Geringerer als Calefore Ganci, seit 1980 »Ehrenmann« einer der mächtigsten Familien von Palermo, hat dies gestanden. Sein Vater, beide Großväter und alle seine Brüder gehören dem organisierten Verbrechen an.

Mehr als zehn Jahre lang stand Ganci an der Spitze eines Killerkommandos.

Im August 1996 schließlich geschah das Wunder: Nach mehreren Jahren Haft im Gefängnis Ucciardone in Palermo erklärte er sich zu einem vollständigen Geständnis bereit. Ein faszinierendes Geständnis: Es zeigt, wie ein fünfzehnjähriger Junge aus einer Mafiafamilie von Kindheit an von der bürgerlichen Welt mit ihren Verhaltensweisen abgeschnitten wird. Nachdem er die maßgeblichen Mafia-Werte – blinder Gehorsam gegenüber dem Capo, hemmungslose Gewalt und Verschlagenheit – verinnerlicht hat, gleicht er einem zum Töten abgerichteten Hund. Die Zeitung *La Repubblica* veröffentlichte sein Geständnis unter dem Titel: »Io e i mei fratelli: nati per uccidere« (»Ich und meine Brüder: geboren, um zu töten«).[44]

Eitelkeit: Das Verhalten der zeitgenössischen Bojaren der internationalen Verbrecherkartelle gleicht jenem der jüdischen Prinzessin Herodias, Tochter des Aristobule und Enkelin von Herodes dem Großen. Die Prinzessin war die Mätresse ihres Schwagers, des Königs. Ihr Lebenswandel wurde heftig kritisiert, insbesondere von Johannes dem Täufer. Herodias hatte eine Tochter: die wunderschöne Salome. Ihre Schönheit begeisterte den König. Eines Tages, als Salome am Hofe tanzte, versprach ihr der König, jeden ihrer Wünsche zu erfüllen. Auf Anraten ihrer Mutter forderte Salome den Kopf des Täufers. Dieser wurde ihr wenig später vom König auf einem Silbertablett gereicht. Herodias ertrug nicht das freie Wort, den kritischen Blick des Propheten. Sie glaubte, sich die Freiheit des kritischen Gedankens mit Gewalt unterwerfen zu können.

Zahlreiche Herrscher der internationalen Verbrecherkartelle handeln ebenso. Besonders in Rußland.

Es gibt in Rußland eine ganze Reihe entschlossener, fähiger und mutiger Journalisten. Die Presse ist vollkommen frei. Doch aufgrund der Quasiallmacht der Mafiafürsten einerseits und der Anämie der demokratischen Institutionen andererseits ist der Einfluß der Journalisten nur gering. Im Gegensatz zu dem, was gelegentlich im Westen geschieht, hat in Rußland noch keine einzige Enthüllung durch die Presse den Machenschaften eines Kartells des organisierten Verbrechens das Handwerk gelegt.

Dabei reagieren die Bosse schon auf die geringste Kritik mit unerhörter Gewalt. Sobald sie sich in ihrer Eitelkeit verletzt fühlen, haben sie nur noch die Bestrafung des Vorwitzigen im Kopf. Selten nur vergeuden sie ihre Zeit mit der Forderung nach einer Gegendarstellung, einem Leserbrief oder gar einem Verleumdungsprozeß. Sie töten.

David Satter leitet in New York das Internationale Komitee zum Schutz der Journalisten. Er führt Buch über die Morde an Journalisten in Rußland.[45]

Dabei fällt auf: In den meisten Fällen gingen die Täter vollkommen unbehelligt vor, oft inmitten von Passanten, Nachbarn oder der Familie des Opfers.

Zwischen 1994 und 1996 wurden nicht weniger als 63 Journalisten – Männer und Frauen – durch die Kartelle exekutiert, darunter auch Auslandskorrespondenten (Felix Solojow, Natalja Aljanika) und der Direktor des Staatsfernsehens Wladislaw Listjew.

Die blutige Spur zieht sich 1997 weiter. Ein Beispiel: Wadim Birikow, vierundsechzig Jahre alt, stellvertretender Chefredakteur der Zeitschrift *Delowije Ludi* ist einer der einflußreichsten, ehrlichsten Wirtschaftsjournalisten Rußlands. Seine Leiche wird am 25. Februar 1997 in der Garage seines Hauses gefunden, die Hände mit Handschellen auf den Rücken gefesselt, eine Kugel im Kopf. Sein Auto ist verschwunden. Die Mörder sind unerkannt entkommen.[46]

Wie die Tyrannen der Antike sind auch die Herrscher des Verbrechens Sklaven ihrer Begierden. Sie tun anderen Gewalt an und sind blind für sich selbst. Ihre Macht gründet auf dem Terror, den sie verbreiten, ihr Reichtum auf Raub, und wenn sie den Arm erheben, dann nur, um zu töten.

Diese nachtschwarzen Ungeheuer kontrollieren heute bereits einen beträchtlichen Teil der Wirtschaft – und im Osten auch der Politik – der europäischen Länder.

Ich erinnere mich an eine Sommernacht auf der Piazza Navona in Rom, in Gesellschaft von Pino Arlacchi.[47]

Arlacchi kam soeben aus dem Kino, wo er sich das letzte Hollywood-Epos über die Paten angesehen hatte. Er war vollkommen außer sich: »Diese Regisseure sind Schwachköpfe, dem Krieg gegen die Mafia leisten sie einen ganz schlechten Dienst. Sie täuschen sich. Und sie täuschen das Publikum. Schlimmer noch: Sie glorifizieren die Paten. Sie zeigen sie als gute Familienväter, liebevolle Ehemänner, treue Freunde. Die Kinofritzen überschütten die Bosse mit Lob: Sie zeigen sie als verantwortungsvolle Unternehmer … Ehrenmänner, die Corleonesi? Das ist ja zum Lachen! Das sind eiskalte Monster ohne jegliche menschliche Regung, getrieben von archaischen Leidenschaften und absolut primitiven Machtgelüsten. Sie sind Feinde der Menschheit, Raubtiere.«

ZWEITER TEIL

Die Wölfe der östlichen Steppen

> »Ein guter Mensch sein?
> Ja, wer wär's nicht gern?
> Doch leider sind auf diesem Sterne eben
> die Mittel kärglich, und der Mensch ist roh.
> Wer möchte nicht in Fried' und Eintracht leben?
> Doch die Verhältnisse sie sind nicht so.«

BERTOLT BRECHT, *Die Dreigroschenoper*

I. Der Meister

Keine Verbrecherorganisation der Welt gleicht jenen Mafia-banden, die in den Ruinen der ehemaligen Sowjetunion entstanden sind. Ihr sozialer Ursprung, ihr hoher Grad der Akzeptanz durch die Bevölkerung, ihre beinahe symbiotischen Beziehungen zur Staatsmacht stellen schwierige methodische Probleme. Ihr Ursprung: Die Vor v zakone, die älteste heute aktive Verbrecherorganisation Rußlands datiert aus dem letzten Jahrzehnt des 19. Jahrhunderts und erlebte eine erste Blütezeit in den Jahren der zaristischen Dekadenz (1905–1917). Der bolschewistische Terrorapparat zerschlug weitestgehend die Verbrecherkartelle. Ihre traditionellen Aktivitäten: Schutzgelderpressung, Frauenhandel, bewaffneter Angriff gegen das Eigentum, Vorteilserschleichung durch Beamtenkorruption etc. galten insbesondere während der stalinistischen Diktatur als Angriffe auf den Sowjetstaat, auf das Volksvermögen, kurz: als konterrevolutionäre Handlungen. Auf ihnen stand die Todesstrafe.

Stalin starb am 5. März 1953 durch einen Gehirnschlag. Erst fast unmerklich, dann immer deutlicher zerfiel der sowjetische Repressionsapparat. Während der Herrschaftsepoche von Leonid Breschnew (1964–1982) grassierte in fast allen Wirtschaftssektoren und auch im Staatsapparat eine immer wilder wütende Korruption.

Immer mächtigere, immer effizienter organisierte Mafiabanden entstanden. Sie schlossen zeitliche Allianzen mit Regionalsekretären der Partei, mit Direktoren von Industriekombinaten, Kolchosen und Handelsunternehmen. Einer durch Warenmangel und Lebensmittelknappheit geplagten Bevölkerung leisteten sie tatsächliche Hilfe: Sie organisierten den schwarzen Markt für Konsumgüter. Den Industriedirektoren halfen sie dank einer immer besser organisierten Parallelwirtschaft über die Engpässe in der Lieferung von Ersatzteilen und Rohstoffen hinweg.

Michail Gorbatschow wurde Generalsekretär der KP der UdSSR im März 1985. Kurz darauf proklamierte er die Perestroika und die Glasnost, zwei Parolen, die schematisch mit »Politik der Transparenz« und mit »Demokratisierung« übersetzt werden können.

Eine große Hoffnung entstand in der Bevölkerung: Das Riesenland würde sich nun dem Westen öffnen, der Gemeinschaft freier Nationen anschließen, teilhaben am modernen Entwicklungsprozeß zivilisierter Staaten, atmen, aufleben ... Jedoch: Anstatt des solidarischen, hilfsbereiten Westens – der dank seiner Investitionen, seiner Kooperation einem gerechteren, demokratischen, dem westlichen Wohlstandsleben sich annähernden Rußland den Weg ebnen sollte – erlebten die Russen den Einbruch des westlichen Killerkapitalismus.

Im August 1991 zerfiel die Sowjetunion. Die unglaubliche Vitalität der Mafiabanden hatte nunmehr freie Bahn. Die Verbrecherbojaren sind plötzlich überall. Sie kontrollieren

weitgehend den obrigkeitlich verordneten Privatisierungs-
prozeß. Sie profitieren als erste von der chaotisch erfolgen-
den Umwandlung der Kommandowirtschaft in eine nor-
menarme Marktwirtschaft. Und vor allem: Sie widerstehen
der westlichen Aggression. In den frühen neunziger Jahren fühlen sich der russische Bürger, die Bürgerin der wild
wütenden Marktwirtschaft, angeheizt vor allem von den ausländischen Kapitalisten, hilflos ausgeliefert. Praktisch sämtliche vormalige Institutionen des sozialen Schutzes – der garantierte Arbeitsplatz, die Rentenfürsorge, die Kaufkraft,
die Minimalversorgung durch Konsumgüter, vor allem auch
die Tiefstpreise für Wohnung, Schulung und Gesundheits-
fürsorge – brechen zusammen. Die Bürger sind verunsi-
chert, teilweise verzweifelt. Der Absturz ins soziale Elend
wird für viele zum Schicksal.

So überraschend das für westliche Ohren tönen mag: In
dieser Situation erscheinen die Mafiafürsten vielen Russen
als eine »eiserne Garde«, als die Vorhut der Verteidigung der
russischen Wirtschaft, des russischen Nationalreichtums,
des russischen Bodens gegen die westliche Aggression. Ein
kalter, verzweifelter Nihilismus erfüllt die Herzen. Auf ihre
perverse Art verteidigen die kriminellen Bojaren tatsächlich
die Würde der russischen Nation. Als einzige verfügen sie
über die Organisation, den gewalttätigen Zynismus, das Kapital, die Waffen, um den Plünderern aus Westeuropa und
Nordamerika zu widerstehen. Ein ausländischer Bankier,
der in Moskau umgebracht wird, erscheint vielen als Opfer
russischer Notwehr.

Youri Afanassiev, Rektor der neugegründeten Universität
für Sozialwissenschaften der Russischen Föderation, Ehren-
doktor der Universität Genf und Soziologe von internationalem Ruf, analysiert die Stadien der fortschreitenden
sozialen Akzeptanz der Mafiafürsten durch die russische
Öffentlichkeit. Unter Breschnew helfen sie dank ihrer Or-

ganisation eines funktionierenden schwarzen Marktes die Engpässe in der Konsumgüterzufuhr zu beheben. In der Industrie, den Agrarkombinaten sind Verbrecherkartelle aktiv bei der Lieferung von Rohstoffen, Düngemitteln und bei der Produkteverwertung. Sie sind zwar illegal, werden aber trotzdem toleriert, weil benötigt. Der Grad der Akzeptanz steigt mit dem Heraufkommen der Perestroika und der ersten Invasion des ausländischen Kapitals: Die Mafiafürsten bekämpfen effizient die fremden Investoren, die vielen als Plünderer der russischen Wirtschaftssubstanz erscheinen. Die zweite Präsidentschaft Jelzins läutet eine dritte Phase ein. 1997 gehörten die kommunistische Kommandowirtschaft und die dazugehörige Normativität einer fernen Vorgeschichte an. Sie ist fast völlig aus dem Kollektivgedächtnis verschwunden. Sie ist so vergessen wie das Neolithikum. Eine völlig neue Generation meist sehr junger Männer und Frauen – viele kaum mehr als fünfundzwanzig Jahre alt – betritt den kapitalistischen Dschungel: Viele sind an den besten Managementschulen ausgebildet, energisch, vital, bar jeglicher ethisch-moralischen Erbschaft. Ihr Gott ist der Dollar. Ihr Projekt: die Akkumulation, der Profit. Ihr Credo: unmittelbarer Lebensgenuß von höchstmöglicher Intensität, um jeden Preis. Ihre Vitalität ist eindrucksvoll. Ebenso ihre geistige Mobilität und Intelligenz. Unter ihnen rekrutieren die Mafiafürsten ihre brillantesten Kader.

Die Kartelle der russischen (tschetschenischen, ukrainischen etc.) organisierten Kriminalität sind sich ständig wandelnde Sozialformationen mit großer Attraktivität für immer neue Bevölkerungssegmente: demobilisierte, sozial abgestürzte Exmilitärs schließen sich als Berufskiller den Mafiafürsten an. Junge, ehrgeizige Wirtschaftsmanager mit hoher instrumenteller Intelligenz stellen sich ihnen zur Verfügung; selbst hohe Beamte, Generale, Leiter großer Kombinate, hohe Polizisten wählen im Verlauf des Privatisierungsprozesses die Allianz mit der organisierten Kriminalität. Afanassiev sagt zu Recht: »Die Strukturen der Verbrecherkartelle sind mobil, ihre Grenzen für Soziologen kaum empirisch erfaßbar.«*

Insbesondere an der Universität für Sozialwissenschaften der Russischen Föderation ist gegenwärtig eine Reihe wichtiger Forschungsprogramme im Gang. Deren Ziel ist es, die neuen Systeme der Autointerpretation, die Kommandostruktur, die soziale Schichtung der neuen Verbrecherorganisationen zu ergründen.

Dieser zweite Teil unseres Buches kann keine Antwort auf die Rätsel liefern, welche der plötzliche Einbruch des multinationalen Monopolkapitalismus in eine totalitäre Gesellschaftsstruktur aufgibt. Unser Anspruch ist wesentlich bescheidener: Wir möchten aufzeigen, wie die Wölfe der östlichen Steppen die freiheitliche Rechtsordnung, die soziale Marktwirtschaft der europäischen Staaten bedrohen.

Die russischen Banden gehören zu den gefährlichsten, mächtigsten und effizientesten kriminellen Organisationen, die heute unseren Planeten verwüsten. Hervorgegangen aus den Trümmern des ehemaligen Sowjetreichs, dessen Undurchsichtigkeit, Gewalttätigkeit und Verlogenheit sie verewigt, stellt die russische Mafia eine unmittelbare Bedrohung der demokratischen Gesellschaften Westeuropas und Nordamerikas dar.

Eine ihrer beunruhigendsten und geheimnisvollsten Gestalten heißt K. A. Intelligent, gerissen und grausam, übt er eine rätselhafte Macht über andere aus.

Er regiert als unumschränkter Herrscher über ein in stän-

---

* Ich verdanke meinen Gesprächen mit Afanassiev (auch der Lektüre der vier in französisch erschienenen Bände seines Werkes) wichtige Einsichten.

diger Veränderung begriffenes Bandenchaos. Er ist der Pate der Paten. Der Meister.

Wo kam dieser Mann her und wie verlief seine Karriere?

22. Juni 1941: Ein heißer, strahlender Sommertag lag über den Wäldern, Feldern und Dörfern des westlichen Weißrußland. Flugzeuge erschienen von Westen kommend am Himmel, und binnen weniger Minuten verschwanden die ersten sowjetischen Dörfer in den Flammen. Sie begruben Hunderte von Frauen, Kindern und Bauern unter ihren Trümmern. Hitlers Angriffskrieg gegen die Sowjetunion hatte begonnen.

Ein paar Wochen später standen die deutschen Panzer dreißig Kilometer vor Moskau. Eine aus drei Panzern bestehende Patrouille, die auf der Leningradskaja-Chaussee vorrückte, drang sogar bis in die Vororte ein. Fünfzehn Kilometer vor dem Roten Platz wurde sie zerstört. Dem Reisenden heute, der vom Flughafen Cheremetievo kommend ins Zentrum fährt, ruft ein Denkmal, bestehend aus gekreuzten und verrosteten Eisenstangen, dieses Ereignis in Erinnerung.

Der Winter 1941/42 war besonders hart, immer wieder sanken die Temperaturen auf dreißig Grad minus. Monatelang bestrichen die deutschen Geschütze mit großer Reichweite praktisch Tag und Nacht die westlichen Vororte Moskaus. Die Familie K. A.s – Mutter und vier Kinder – wohnte in der Nähe des Südhafens. Sie verlor in einer einzigen Nacht ihre Wohnung, ihre Ersparnisse und ihren gesamten armseligen Besitz. Von nun an hauste sie in den Ruinen oder suchte in den Gängen der Metro Zuflucht, wenn die Sirenen – und das geschah häufig – das Herannahen deutscher Bomber ankündigten. Sie ernährte sich von Schwarzbrot und Kartoffeln, die das Kommissariat des Viertels verteilte. K. war das jüngste von vier Kindern.

Seine Kindheit ist gezeichnet von den extremen Entbehrungen des Kriegs, der nächtlichen Angst vor den Bomben. Alle seine Angehörigen kommen ums Leben, das Kind wächst inmitten von Ruinen auf. Allein. Es wird zu einem Wolf, den kein Leid in die Knie zwingen kann. Hart, erbarmungslos, geduldig, gerissen.

Ein Mann vollendete schließlich seine Erziehung: V. G., genannt »der Mongole«, Besitzer eines Boxklubs, wie es sie in Unmengen in Moskau gibt.

In seiner Jugend erhält K. A. einen Beinamen: »Robin Hood«. Die Bande, die er mit zwanzig auf die Beine stellt und mit unerbittlicher Hand lenkt, spezialisiert sich auf Erpressung. Bekleidet mit der Uniform der Moskauer Miliz (wie die Polizei dort heißt), entführen ihre Mitglieder Millionäre der kommunistischen Nomenklatura, Schwarzmarktspekulanten und andere korrupte Gestalten und befördern sie in einen der vielen Wälder in der Umgebung Moskaus. Dort werden sie gefoltert, bis sie die Überschreibung ihres Besitzes an die Bande unterzeichnen oder ein Freund das Lösegeld aufbringt.

Im Jahr 1975 nimmt seine Bande übertrainierter Boxer einen schwerreichen griechischen Kunstsammler, der in Moskau wohnt, aufs Korn. Zuerst brechen sie in seine Datscha auf dem Land ein, anschließend rauben sie seine Wohnung aus. Sie nehmen seine Kunstwerke mit, darunter einige von unschätzbarem Wert. Doch im Gegensatz zu den in die Wälder verschleppten, korrupten Apparatschiks, alarmiert das Opfer seine Freunde vom KGB.

Die Bande wird gefaßt, K. A. zu fünf Jahren Gefängnis verurteilt.

Er wird zunächst in der Butyrka inhaftiert, dann im Gefängnis von Magadan. In genau diesen Einrichtungen sitzen einige der angesehensten Bosse der Moskauer Unterwelt ein. Sie führen ein ungestörtes Regiment, indem sie die Wärter terrorisieren und ungehindert mit der Außenwelt kommunizieren.

Auch V. G. ist dort in Haft. Er hält seine schützende Hand über seinen Exschüler. K. A. knüpft nützliche Beziehungen, lernt seine Lektion. Nach fünf Jahren Haft verläßt er Magadan als waschechter Pate.

Sofort nach seiner Entlassung fordert und bekommt er seinen Anteil an der Macht und dem Reichtum im organisierten Verbrechen Moskaus und stürzt sich in eine Vielzahl von Unternehmen: Banken, Erpressung, Spielkasinos, Frauenhandel. Doch sein Regiment ist nur von kurzer Dauer. Schon 1982 stürzt er zum zweitenmal. Die sowjetische Justiz verurteilt ihn zu vierzehn Jahren Gefängnis wegen Nötigung und gewaltsamer Bedrohung. 1991 wird er freigelassen. Er wird unter die »Vor v zakone« aufgenommen (wörtlich: »die Diebe im Gesetz«).

Die »Vor v zakone« sind eine mysteriöse Organisation. Sie praktiziert Initiationsrituale, besitzt eine streng pyramidale Struktur und agiert wie eine Art Dachorganisation für alle kriminellen Banden auf russischem Boden. Sie schlichtet die Konflikte zwischen den Mafiafürsten, erteilt Rat und gibt Kredite.[1]

In einer Herbstnacht 1991 setzt K. A. zum Höhenflug seiner internationalen Karriere an. In einer Datscha in der Nähe Moskaus halten die bedeutendsten Bojaren der russischen, organisierten Kriminalität Rat.[2] Sie ernennen K. A. zu ihrem Statthalter in Nordamerika.

Dieser Entscheid entsprach einer dringenden Notwendigkeit: Eine beachtliche Anzahl russischer (eurasischer, kaukasischer u. a.) Banden operierten bereits auf amerikanischem Boden – chaotisch und in völliger Anarchie. Mehrere davon lagen in offenem Krieg untereinander. Keine territoriale Aufteilung wurde mehr respektiert. Kurzum: Die kriminelle kapitalistische Akkumulation war in Gefahr.

Dem FBI waren damals fünf große kriminelle Dachorganisationen sowjetischen Ursprungs bekannt, die sich in mehr als 220 operative Banden mit Stützpunkten in siebzehn amerikanischen Großstädten aufteilten und die sich untereinander bekämpften.[3]

Seit dem Ende der siebziger Jahre hatte sich die Regierung Breschnjew unter dem Druck der Weltöffentlichkeit gezwungen gesehen, die Emigration einer großen Anzahl sowjetischer Bürger jüdischer Herkunft zuzulassen. Die geheimen Kartelle des organisierten Verbrechens hatten die Gelegenheit beim Schopfe gepackt: Mit Hilfe gefälschter Geburtsurkunden hatten sie scharenweise den Strom der Emigranten infiltriert. Das FBI hat außerdem den Verdacht, daß das Regime Breschnews absichtlich Ausreisegenehmigungen für Hunderte von Kriminellen erteilt hat, die während der Verbüßung ihrer Strafe im Gulag endgültig verroht waren. Ende der siebziger Jahre bevölkerten mehr als 40000 Emigranten sowjetischer Herkunft, echte oder falsche Juden, Brighton Beach, besser bekannt unter dem Namen »Little Odessa«.

Steve Handelmann prägte einen anschaulichen Begriff zur Bezeichnung der sowjetischen Paten, die in die Vereinigten Staaten strömten: »Comrades criminals«.[4] Unter den russischen Bandenchefs, die von da an nicht nur ihre emigrierten Landsleute terrorisierten, sondern auch einheimische Kaufleute, Industrielle und Bankiers, stach eine Gestalt besonders hervor: Evseï Agron. Der Mann war 1975 am Kennedy Airport angekommen, nachdem er zehn Jahre wegen Mordes im Gulag verbracht hatte. Aber eines Tages im Mai 1985 trat Agron unvorsichtigerweise auf den Balkon seiner Wohnung in Brooklyn. Er wurde von einem Scharfschützen mit Zielfernrohr exekutiert.

B. Y., sein wichtigster Berater und selbst ebenfalls russischer Emigrant, trat seine Nachfolge an. Er dehnte das Reich aus und knüpfte erste Verbindungen zu einigen korrupten Lokalpolitikern. Beschützt von einer wahren Armee junger Verbrecher überlebte er die zahlreichen Auseinandersetzungen mit seinen neuen Verbündeten. Bedauerlicherweise unterlief ihm dann jedoch ein für einen Mann seines Kalibers unverzeihlicher Fehler: Er benutzte eine falsche Kreditkarte und ging der Polizei ins Netz. Nach seiner Verurteilung 1989 verschwand er hinter Gittern. Dann begann der Bandenkrieg.

Im Frühling 1992 trifft der »Meister« auf dem John-F.-Kennedy-Flughafen von New York ein. Er sorgt für Ordnung im Chaos russischer (tschetschenischer, ukrainischer, kasachischer usw.) Banden, die auf amerikanischem Boden tätig sind. Assistiert von seiner Leibgarde, die mehrere Dutzend erfahrene Killer umfaßt, geht er mit beeindruckender Schnelligkeit und Erbarmungslosigkeit ans Werk: In einer Vielzahl amerikanischer Städte zeugen widerspenstige »Reketiri« (russische Verballhornung des englischen Begriffs »racketeer«, Schutzgelderpresser) mit ausgestochenen Augen, in Hotelzimmern erhängt, von Lastwägen zerquetscht oder mit dem Messer abgestochen von seiner Gegenwart.

Im Dschungel der amerikanischen Megapolen verändert der Meister vollkommen seine Lebensweise, seine Art zu wohnen, sich zu bewegen und sich zu kleiden. Schluß mit dem glanzvollen Leben eines Nabob. Schluß mit den riesigen Mercedes-Limousinen mit getönten Scheiben, gefolgt von Toyota-Geländewagen voller Leibwächter. Vorbei die rauschenden Feste, die lärmenden Nächte, die Ströme von Champagner, der eßlöffelweise verschlungene Kaviar und die hohen Einsätze am Spieltisch unter den aufgerissenen Augen der Gaffer. Von nun an wechselt er ständig seine Tarnung und seine Identität. Er operiert beinahe vollkommen im Untergrund, wechselt praktisch jede Woche die Stadt und die Wohnung und ähnelt in seiner Vorsicht dem Wolf der russischen Steppen. Er vermeidet jede Zurschaustellung. Er hat wieder zu einem spartanischen Leben zurückgefunden. Wie in seiner Kindheit in den Ruinen der südlichen Vororte Moskaus bewegt er sich in den amerikanischen Metropolen vorzugsweise zu Fuß oder mit der Metro, geht nur nachts aus, vertraut keiner Menschenseele. Lange Zeit weiß das FBI nichts von seiner Existenz.

Dennoch verfügt er über beträchtliche Macht. Renate Lesnik und Hélène Blanc schildern sie folgendermaßen: »Seine vier tragbaren Telefone mit Satellitenverbindung funktionieren Tag und Nacht, vierundzwanzig Stunden am Tag; manchmal spricht er – immer auf russisch, aber immer auch im Jargon der Bruderschaft – mit bis zu vierzehnLändern. Ein rascher Anruf von ihm genügt … und eine Moskauer Privatbank gibt im Handumdrehen einen Kredit von mehreren Millionen Dollar frei, während zuvor monatelange Verhandlungen zu keinem Ergebnis geführt hatten …

Es genügt, daß er in New York in den Hörer knurrt, um jeden x-beliebigen Streit zwischen Clans in ganz Rußland oder anderswo auf der Welt zu schlichten. In Antwerpen, Tel Aviv, London, Monte Carlo erstarren beim bloßen Klang seiner Stimme die hochrangigsten Gesprächspartner.

Ein sibirischer Geschäftsmann, der ein Walzwerk nach Südafrika verkauft hatte, bat ihn demütig, die Hälfte des Gewinns anzunehmen: ein kleines Geschenk in der Höhe von drei Millionen Dollar. Jeder [russische] Geschäftsmann, der mit einer amerikanischen Firma zusammenarbeiten will, holt zuerst seine Meinung ein. Sollte der Geschäftsmann dies ›vergessen‹, wären seine Pläne zum scheitern verurteilt.«[5]

K. A. ist ein heißblütiger Mensch mit überschäumender Lebenslust und einem offenbar unstillbaren sexuellen Appetit. Die Frauen werden schließlich sein Untergang sein. Im Morgengrauen eines heißen Sommertages, Mitte der neunziger Jahre, stürmt ein Elitekommando der New Yorker Polizei eine Maisonettewohnung in Brighton Beach. Nur mit einem Slip bekleidet, wird K. A. im Flur überwältigt. Er war ein paar Minuten zu lange bei einer seiner Mätressen geblieben.

Januar 1997: Die New Yorker Justiz verurteilt den Meister zu neun Jahren und sieben Monaten Haft. Wegen Erpressung und ... Heiratsbetrug.

II. Der Tod in Paris

Sergej Majarov ist ein junger, gutaussehender, großer Mann mit dunkler Haut und pechschwarzen Haaren, die in seltsamem Gegensatz zu seinen hellblauen, fast durchsichtigen Augen stehen. Er ist sechsunddreißig Jahre alt. Er ist Multimillionär. Sein offizieller Beruf ist Filmproduzent. In der Tiefgarage seines Pariser Domizils reihen sich Luxuslimousinen aneinander. Majarov ist Stammgast im Maxim's in Paris. Ein sympathischer, eleganter Charmeur von sagenhafter Vitalität. Die Frauen lieben ihn. Zwischen 1990 und 1994 spielt sich sein Leben in der Hauptsache zwischen seiner Maisonettewohnung an der Avenue Marceau in Paris, von deren Terrasse man einen unverbauten Blick auf den Eiffelturm hat, und einem Genfer Hotelpalast am Quai du Mont-Blanc ab, in dem er die »Präsidentensuite« gemietet hat.

Am 22. November 1994 sitzt er friedlich im Salon seiner Wohnung in der Avenue Marceau. Neben ihm eine schöne junge Frau, Mannequin von Beruf und polnischer Nationalität. Sein Leibwächter befindet sich im Vorzimmer.

Die Killer handeln mit außerordentlicher Kaltblütigkeit und Professionalität. Ein Anruf vom Haustelefon im Erdgeschoß des Gebäudes läßt Majarov ins Vorzimmer gehen. Seine Silhouette erscheint hinter der Glastür. Das Glas ist dick und kugelsicher. Die ersten großkalibrigen Kugeln prallen ab. Die Tür hält stand. Doch als wahre Killer beschießen die Mörder nicht die ganze Tür. Sie konzentrieren sich auf einen winzigen Fleck. Der Panzer zersplittert. Die zweite Salve durch das Loch streckt das Opfer nieder.

Die ganze Operation hat sich in Sekundenbruchteilen abgespielt. Der Leibwächter hatte nicht einmal Zeit, seine Waffe zu ziehen. Majarov blieb keine Zeit, sich zu Boden zu werfen.

Die Waffen der Killer waren mit Schalldämpfern versehen. Die Polizisten fanden später eine Maschinenpistole CZ, tschechischer Herkunft, die bevorzugte Waffe der russischen Banden. Die Killer verließen das Gebäude in aller Ruhe und tauchten im nächtlichen Paris unter.

Majarov, der aus einer Künstler- und Intellektuellenfamilie der russischen Diaspora in Georgien stammte, hatte die Sowjetunion 1980 verlassen, um zu seinem Vater, einem Pianisten, nach Wien zu ziehen. Kurz darauf war er in Frankreich aufgetaucht.

Er hatte sich auf den Handel mit Rohstoffen spezialisiert. Zusammen mit einem Freund aus Kindertagen namens O. M. hatte er ein Geschäft getätigt, das eine Provision von 1,5 Millionen Dollar einbrachte. Die Summe war auf einem Schweizer Nummernkonto hinterlegt worden. Doch dann brach ein Streit zwischen beiden aus: Majarov hatte die Teilungsmodalitäten angefochten.

Schließlich rief er ein Schweizer Gericht an, das den Streitfall klären sollte. O. M. seinerseits war in Israel verschwunden.

Eine Zwischenbemerkung: In Europa gesuchte Paten verschwinden häufig in Israel. Das soll nicht bedeuten, daß dieses Land ein Eldorado für die Herren des organisierten Verbrechens ist. Die Wölfe der russischen Steppen benutzen Israel aus einem anderen Grund: Jeder neue Immigrant kann dort schon nach wenigen Monaten einen Paß beantragen.

Anschließend kann er das Land verlassen, wann immer es ihm beliebt, ohne daß der Paß für ungültig erklärt würde. Ein israelischer Paß ist das ideale Entreebillett nach Westeuropa. Viele Nichtjuden aus den Trümmern des alten Sowjetreichs nutzen das aus: Ein paar Dollar genügen in Rußland und in den anderen ehemals sowjetischen Republiken, um eine Beglaubigung zu kaufen, die die jüdische Abstammung ihres Besitzers bestätigt. Die israelischen Rabbinate, die theoretisch in Zweifelsfällen entscheiden, sind hoffnungslos überfordert. Wenn alles schiefläuft, kann der russische (ukrainische, litauische etc.) Mafioso sich noch immer für ungefähr hundert Dollar in Tel Aviv zwei Zeugen beschaffen, die per Ehrenwort versichern, daß der Antragsteller in Rußland als »frommer Jude« bekannt war.[6]

Mitte Dezember 1994 führt die von einem Spitzel alarmierte französische Polizei eine Razzia in einem Luxushotel an der Rue Scribe in Paris durch. Sie erwischt ein Kommando aus vier Russen: den Chef und drei Muskelprotze. In ihren ordnungsgemäßen Papieren steht als Berufsbezeichnung viermal »Arbeiter«. Doch die vier »Arbeiter« hatten an den vorhergehenden Tagen für mehrere zehntausend Dollar Einkäufe in den Geschäften an den Champs-Elysées getätigt und dabei mit der Kreditkarte eines Instituts in Nicosia bezahlt.

Die vier Männer werden verhört und vorläufig festgenommen. Sie stoßen Drohungen gegen die französischen Kriminalbeamten aus. Doch die gesetzlichen Grundlagen für ihre Inhaftierung sind nicht ausreichend. Die Beamten müssen sie nach Roissy bringen, wo sie ausgewiesen und in ein Flugzeug nach Moskau gesteckt werden.

Fünfzehn Tage später wird ein russischer Finanzier in Brüssel unter exakt den gleichen Umständen ermordet wie Sergej Majarov.

Die französischen und belgischen Kriminalbeamten sind überzeugt, daß die Killer, die am 22. November mit vollendeter Kunstfertigkeit Majarov in seiner Wohnung an der Avenue Marceau töteten, dieselben waren wie die, die im Dezember auf exakt die gleiche Weise den russischen Finanzier in Brüssel exekutierten: die vier russischen »Arbeiter«, die Mitte Dezember im Hotel Scribe verhaftet und mangels Beweisen nach Moskau ausgewiesen worden waren.

Die Ermittler haben folgende Hypothese: Ein Teil der Provision (oder die Gesamtsumme) für den – legal – von Majarov und O. M. ausgehandelten Vertrag war für die Vor v zakone bestimmt. Diese hatten die Geduld verloren und wenig Vertrauen in die Schweizer Justiz. Nach O. M.s Verschwinden in Israel hatten sie von Majarov die Auszahlung der Provision verlangt. Da dieser nicht spurte, wurde er exekutiert.[7] Sergej Majarov ruht heute nahe der russischen Kirche in der Rue Daru in Paris.

III. Das Blutgeld

In Frankreich sind in erster Linie die Renseignements généraux (der zivile Inland-Nachrichtendienst), die Kriminalpolizei und der TRACFIN[8], eine hochqualifizierte Abteilung, die mehreren Ministerien zugleich untersteht und insbesondere mit der Aufklärung der Geldwäschekreisläufe betraut ist, für die Bekämpfung der grenzüberschreitenden organisierten Kriminalität zuständig.

In einem von den Renseignements généraux herausgegebenen zusammenfassenden Bericht vom 29. März 1996 mit dem Titel: »Organisierte Kriminalität aus Ländern des Ostens« werden die neuesten Tatsachen und Zahlen analysiert, die von allen erwähnten Diensten zusammengetragen wurden: Seit Beginn der neunziger Jahre geht der Vormarsch eurasischer Banden in Frankreich in der Tat Hand in Hand mit einem beeindruckenden Wachstum der sogenannten »mafiosen« Investitionen. Die Banque de France gibt allein für das Geschäftsjahr 1996 Geldtransfers in Höhe von 55 Milliarden französischen Franc an, die aus den Republiken der ehemaligen UdSSR stammen. Der größte Teil davon ist »zweifelhaften« oder schlicht »kriminellen« Ursprungs.

Im Bericht der Renseignements généraux wird versucht, die Schichtung der kriminellen Organisationen aus dem Osten zu durchleuchten:

• Ganz unten auf der Leiter stehen die Banden von Schutzgelderpressern, die sich auf Aktivitäten wie Erpressung, Schutzgeldforderungen aller Art, erzwungenen »Schutz« von Geschäftsleuten und Arbeitern aus Osteuropa, von Bordellen und Heroinhandel beschränken.

• Zweite Ebene: das grenzüberschreitende organisierte Verbrechen im eigentlichen Sinne, das kriminelle Geschäfte in großem Maßstab abwickelt, sei es auf eigene Rechnung oder im Rahmen von »Joint-ventures«, in Zusammenarbeit mit Kartellen anderer Kontinente. Diese Organisationen haben ihren Stützpunkt vorzugsweise in Paris oder an der Côte d'Azur.

• Dritte Ebene: Finanziers russischer, usbekischer, kasachischer, tschetschenischer, moldawischer, polnischer usw. Herkunft, die in Frankreich eine vollkommen legale Existenz führen, in keinen Bandenkrieg verwickelt sind, sondern die Vermögensverwaltungen, Banken, Immobilientrusts und Investitionskreisläufe aller Art leiten und in der französischen Wirtschaft die kriminellen Profite der in der Ex-UdSSR oder andernorts aktiven Kartelle wieder in Umlauf bringen. Ihre Aufgabe besteht ausschließlich darin, die Profite aus den Verbrechen weißzuwaschen, sie gewinnbringend in Immobilien, an der Börse oder in jedem anderen lukrativen Unternehmen Frankreichs anzulegen. Sie sind gewissermaßen Vermögensverwalter, deren Aufgabe es ist, eine geeignete Struktur für das Einfließen des Kapitals aus dem Osten zu schaffen.

• Ganz oben an der Spitze der Leiter stehen Geschäftsleute, die von Frankreich aus und im Dienste der Kartelle oftmals gigantische Summen in Finanzspekulationen, Export-Import-Geschäfte oder »Joint-ventures« auf der ganzen Welt bewegen.

Beispiele dafür sind die unzähligen Transaktionen mit Waffen und Nuklearmaterial aus den Lagern der ehemaligen Roten Armee; der Verkauf von 150 Lastwagen russischer Herkunft an die Republik Kongo-Brazzaville; die Ausbeutung von Steinbrüchen in Abchasien, die von Büros an der Champs-Elysées aus organisiert wird.

Ich bewundere die Arbeit der Inspektoren, Kommissare und Beamten des TRACFIN und der Renseignements généraux: Ihnen ist es dank unermüdlicher Sisyphusarbeit gelungen, hochkomplizierte Geldkreisläufe aufzudecken.

Ein Beispiel: Unter dem Vorwand einer multinationalen Transaktion, bei der es offiziell um Teppiche ging, wurde eine Summe kriminellen Ursprungs von 200 Millionen französischen Francs in Gibraltar investiert, anschließend nach Dublin transferiert, um am Ende in eine bekannte Pariser Bank zurückzufließen. Der TRACFIN konnte auch den Weg bedeutender krimineller Geldmengen rekonstruieren, die von einer Pariser Bankfiliale über Belgien und London in die Vereinigten Staaten überwiesen wurden. Andere mit russischen Kartellen verknüpfte Finanzgesellschaften, die ihren Sitz in Halifax, Liechtenstein, Luxemburg, Rotterdam und Tortola auf den Virgin Islands haben, finanzierten in Frankreich Immobilienkäufe oder Bauaufträge in der Höhe von Dutzenden von Millionen französischer Francs.

Frankreich ist mit Sicherheit das Land in Europa, in dem

die öffentliche Meinung am wenigsten für die Bedrohung durch die Mafia sensibilisiert ist. Die Ignoranz und Gleichgültigkeit, mit der die Franzosen der Bedrohung durch das organisierte Verbrechen begegnen, sind wahrhaft bestürzend. Im Gegensatz dazu verfügt Frankreich allerdings über eine außerordentlich kompetente Beamtenschaft und über zahlreiche Institutionen im Kampf gegen das organisierte Verbrechen, die genaue und permanente Kontrollen durchführen.

Dennoch steht man nach der Lektüre des oben erwähnten Berichts der Renseignements généraux vor der Frage: Wie war eine so weitgehende, schnelle Unterwanderung des Finanzplatzes Paris und anderer Städte überhaupt möglich?

Die Erklärung dürfte in der besonderen Strategie liegen, nach der die östlichen Kartelle vorgehen: Sie setzen sich offensichtlich vollkommen über die üblichen Marktpreise hinweg. Für ein Objekt ihrer Begierde werfen sie Summen in die Waagschale, die in keinem vernünftigen Verhältnis zu den in Frankreich üblichen Preisen stehen.

So erwarb beispielsweise ein russischer »Geschäftsmann« für 25 Millionen französische Franc eine Wohnung an der Avenue Foch, die nach dem Marktpreis von 1995 kaum die Hälfte wert ist. Oder eine russische Gesellschaft erstand in der Avenue Mandel im 16. Arrondissement für 32 Millionen Franc ein relativ bescheidenes Haus und ließ es für weitere zehn Millionen umbauen.

Aus dem Bericht geht eine massive Konzentration mafiöser Investitionen in Monaco, Antibes, Nizza, Fréjus und Villefranche-sur-Mer hervor. Ein weiterer Schwerpunkt liegt – wie auch die Schweizer Behörden bestätigen[9] – in den Departements Niederrhein, Ain und Hochsavoyen. Die Nähe der Finanzplätze Basel und Genf liefert eine plausible Erklärung für die Wahl dieser Standorte.

Doch so bewundernswert, geduldig und intelligent die französischen Fahnder auch vorgehen mögen, meist gelingt es ihnen nicht – insbesondere auch wegen der fehlenden russischen Rechtshilfe –, die Kartelle zu zerschlagen.

Die Brigade gegen das Bandenunwesen (BRB) in Paris konnte folgenden Fall aufklären: Am 24. Februar 1994 wird ein schwedischer Staatsbürger am hellichten Tag bei einem Spaziergang auf den Champs-Elysées von einem russischen Verbrecherkommando entführt. Das Opfer ist ein Offizier der schwedischen Handelsmarine russischer Herkunft. Er macht Geschäfte in St. Petersburg, die ihn höchstwahrscheinlich in Konflikt mit einer oder mehreren der örtlichen Banden gebracht haben. Am 8. März 1995 verhaften die Beamten der BRB neun mutmaßliche Urheber der Entführung. Es kommt zu einem Tumult, Schüsse fallen, ein Beamter wird durch Kugeln verletzt. Die Delinquenten wurden ausgewiesen.

Dieser Fall ermöglicht den französischen Behörden, die eng mit deutschen Ermittlungsbehörden zusammenarbeiten, eine interessante Entdeckung, nämlich daß es in Europa regelrechte Dienstleistungsunternehmen gibt, die Freiheitsberaubung, Schuldeneintreibung, Entführung, »Bestrafung« und Einschüchterung säumiger Zahler übernehmen. Diese Unternehmen arbeiten nur im Auftrag Dritter.

Gegen die russischen »Unternehmer« sind die französischen Behörden meist ziemlich hilflos. Hier einige Beispiele:

G. J. wurde in Buchara geboren. Er ist ein attraktiver, energischer Mann mittleren Alters. Nach dem Sturz der Sowjetunion läßt er sich in Deutschland nieder und führt in Berlin das Leben eines wohlhabenden Geschäftsmannes. Im März 1993 wird er aufgrund einer richterlichen Anordnung, die auf Unterlagen des FBI basiert, aus Deutschland ausgewiesen.

Einen Monat später nimmt er seinen Wohnsitz in Paris. Er mietet eine Wohnung im 16. Arrondissement, ruft mehrere Handelsgesellschaften ins Leben und investiert massiv in Luxusrestaurants.

Die französischen Ermittler entdecken seine deutsche Vergangenheit. Er hatte in Berlin Antiquitätenhändler aus der jüdischen Diaspora mit Freiheitsberaubung, Entführung und gelegentlich auch Folter traktiert.

G. J. streitet alles entrüstet ab. Sein Einkommen? 150 000 französische Franc im Monat. Es stammt angeblich aus einer »Rente in Rußland«. Was macht er in Paris? Er ist »Tourist«. Er weist zwei Pässe vor. Einen russischen, einen israelischen. Keiner ist gültig. Nach seiner vorläufigen Festnahme sitzt er am Quai des Orfèvres ein und bietet den Ermittlern kaltblütig die Stirn. Am Ende müssen die französischen Kriminalbeamten, die nicht das geringste gegen ihn in der Hand haben, ihn laufen lassen. Er wird nach Roissy gebracht und in ein Flugzeug Richtung Moskau verfrachtet.

Auch Y. S., Mitte Vierzig, ebenfalls ein bedeutender »Geschäftsmann«, kommt ungestraft davon. Als Sohn eines Ex-Offiziers der Spezialeinheiten des KGB verfügt er über höchst nützliche Beziehungen in Moskau. Über seine Konten bei verschiedenen französischen Banken laufen regelmäßig gigantische Devisenbeträge zweifelhafter Herkunft, die den TRACFIN auf den Plan rufen. Als die Beamten des BRB das russische Kommando verhaften, auf dessen Konto die Entführung und Freiheitsberaubung des schwedischen Offiziers geht, führt die Spur bis zu Y. S. Er operiert ganz offensichtlich an der Spitze eines straff durchorganisierten multinationalen Kartells: Ein beträchtlicher Teil der Überweisungen, deren Empfänger er ist, läuft über die Bankkonten einer Filmverleihfirma, die ihre Büros an den Champs-Elysées hat.

Der Mann ist Gegenstand eines gegen ihn geführten Verfahrens der Strafverfolgungsbehörden der Russischen Föderation. Die Hauptanklage in den an die französischen Richter übermittelten Unterlagen lautet auf »Unterschlagung von Staatsgeldern mit Hilfe gefälschter Gutschriftanzeigen«. Aber Moskau verlangt keine Auslieferung. Nach seiner vorübergehenden Festnahme in Paris wird Y. S. wieder auf freien Fuß gesetzt.

Letztes Beispiel: L. D., ein kräftiger Mann von mittlerer Größe, ist immer elegant gekleidet. Trotz seines sehr jungen Alters scheint er über reichhaltige finanzielle Mittel zu verfügen. Er hat ein Faible für Literatur. Die Côte d'Azur hat es ihm angetan.

In seinem Lebensstil imitiert er jenen der zaristischen Hocharistokratie vor 1914 bis zur Karikatur. Er logiert zunächst in den Präsidentensuiten diverser Palasthotels in Nizza und bezieht dann seine eigene Luxuswohnung mit Terrasse. Für seine nächtlichen Ausflüge in die Spielkasinos der Küste, wo er regelmäßig beachtliche Summen setzt, benutzt er abwechselnd einen gepanzerten Mercedes und einen Bentley.

Seine legalen Geschäfte macht er mit Immobilien. Doch er wird von der Staatsanwaltschaft in Moskau gesucht: Den Behörden der Russischen Föderation zufolge steht er an der Spitze einer kriminellen Organisation, die sich auf Freiheitsberaubung und Entführung widerspenstiger Schuldner spezialisiert hat.

An einem heißen Augusttag nehmen ihn Beamte der Kriminalpolizei in Nizza auf einen Tip hin fest. Umgeben von seinen Leibwächtern nippt er in Badehose an einem Pastis auf der Terrasse seines Domizils. Ausweiskontrolle. Er weist einen ukrainischen Paß vor. Der Paß ist mit einem unbefristeten deutschen Visum versehen. Dieses Visum hat ihm, dem Schengener Abkommen sei Dank, das Tor nach Frankreich geöffnet. Der Paß ist gefälscht.

Die Beamten verhaften ihn wegen Vorlage einer gefälschten Aufenthaltsgenehmigung. Der Russe protestiert: Er behauptet, gebürtiger Ukrainer und Bürger dieser Republik zu sein. Die französischen Beamten bleiben unnachgiebig; er wird festgenommen und in der »Sammelstelle für Ausländer ohne gültige Papiere« untergebracht. Das Verwaltungsgericht von Nizza ordnet seine Ausweisung an.

Auf französischem Boden fallen russische »Geschäftsleute« zuweilen durch unorthodoxe Methoden auf. Hier ein Beispiel:

Juni 1994: Drei russische Verbrecher entführen auf dem Schulweg die minderjährige Tochter eines Unternehmers im Departement Var. Der Unternehmer aus dem Var geht in Moskau völlig legalen Geschäften nach. Eine geschäftliche Auseinandersetzung um eine stornierte Lieferung bringt ihn in Konflikt mit einer Moskauer Firma.

Die Moskauer Firma ist der Ansicht, daß der französische Unternehmer ihr eine Entschädigungssumme von drei Millionen Francs schuldet. Das französische Unternehmen bestreitet dies, daraufhin entführen die Russen die Tochter des Chefs.

Die Russen lassen dem Vater des Mädchens eine Nachricht zukommen: Wenn die geforderten drei Millionen Schadensersatz nicht binnen drei Tagen überwiesen werden, wird dem Mädchen ein Arm abgehackt. Bevor die Moskauer Gangster ihr Vorhaben in die Tat umsetzen können, werden sie von den Gendarmen der Brigade von Le Muy (Var) verhaftet.

IV. Anomie

Die heutige russische Gesellschaft, welche die zeitgenössischen Mafiafürsten hervorgebracht hat, bietet das faszinierende Bild der Anomie, der fast völligen Gesetzlosigkeit. Anomie ist ein Schlüsselbegriff in der Soziologie Emile Durkheims.[10] Er bezeichnet eine Situation, in der das soziale Netz zerrissen ist, in der keine überindividuelle Norm der Aggressivität der Individuen oder Gruppen Grenzen setzt, in der die wenigen noch bestehenden staatlichen Institutionen nur noch Randbezirke des Gemeinschaftslebens kontrollieren. Es gibt nur noch wenige rational organisierte und durch Gesetz normierte intersubjektive Beziehungen, keine totalisierenden gesellschaftlichen Institutionen, keine strukturierten Herrschaftsbeziehungen, keine stabilen Schichtbildungen. Auch der Überbau – die öffentliche Moral, die Theorie der Legitimität der politischen Macht usw. – ist weitgehend zerstört.

Ein Chaos aus Interessenkonflikten und gegensätzlichen Bedürfnissen beherrscht das soziale Feld, ein wilder Kapitalismus, dessen Auswüchse von keiner normierten Macht, keinem Staat, keiner Verwaltung mehr geformt, kanalisiert, eingegrenzt werden. Die legale Gesellschaft ist auf ein Minimum reduziert, an den Rand der gesellschaftlichen Ereignishaftigkeit verbannt.

Im Hinblick auf sein Territorium, seine potentielle Wirtschaftskraft, die außerordentlichen Reichtümer seines Bodens, seine strategisch günstige Lage auf zwei Kontinenten und sein immer noch vorhandenes Nukleararsenal ist Rußland zweifellos eine Weltmacht. Als solche wird es auch – in der UNO, auf dem Balkan und anderswo – von den Vereinigten Staaten, der Europäischen Union, der NATO behandelt. Seine Regierung ist dem Anschein nach sehr mächtig.

Jurij Nikolajewitsch Popow, Professor für Volkswirtschaft in Moskau und international renommierter Autor, hat dazu eine interessante These entwickelt.[11] Seiner Ansicht nach ist Boris Jelzin nichts anderes als ein ferner Nachfolger von Grigorij Alexandrowitsch Potemkin. Potemkin hatte als Premierminister der Zarin Katharina II. ein geniales System erfunden, um die Kaiserin über den wahren Zustand des Reiches hinwegzutäuschen und das Scheitern seiner Reformpolitik zu kaschieren. Jedesmal, wenn die Kaiserin ihr Palais in St. Petersburg verließ, um eine Erkundungsreise irgendwo durch Rußland zu unternehmen, ließ Potemkin an ihrem Reiseweg entlang Dörfer in bunten und fröhlichen Farben erbauen. Doch die Fassaden, an denen die kaiserliche Kutsche vorbeifuhr, waren nichts weiter als Fassaden. Dahinter gab es weder Häuser noch Werkstätten, noch Bauernhöfe, sondern nur absolute Leere. Ist Jurij Popows abgrundtiefer Pessimismus gerechtfertigt?

Eines scheint mir sicher. Das Rußland von heute ist ein gesellschaftliches Chaos, dessen Struktur weitgehend von der alles beherrschenden Logik der Kartelle des transnationalen organisierten Verbrechens bestimmt ist. Es befindet sich im Zustand der Anomie.

Der italienische Soziologe Pino Arlacchi verwendet den gleichen Begriff, um die sizilianische Gesellschaft der Nachkriegszeit zu analysieren.[12] Der in Kalabrien gebürtige Arlacchi gilt als einer der herausragenden internationalen Spezialisten für das Phänomen der Mafia. Seine Arbeiten finden auf der ganzen Welt Anerkennung. Doch die gesetzlose Gesellschaft, die Arlacchi uns schildert – die sizilianische Gesellschaft – bewohnt ein Territorium von 25 000 Quadratkilometer; sie hat weniger als zehn Millionen Bewohner. Abgesehen von einigen urbanen Zentren (vor allem Palermo, Messina, Catania) ist sie bettelarm.

Rußland dagegen ist eine Weltmacht, das sich von den Grenzen Polens und Moldawiens bis zum Pazifik und zum Polarmeer, von der Ostsee bis zum Kaspischen Meer erstreckt. Auf seinem Gebiet gibt es nicht weniger als elf Zeitzonen. Rußland besitzt die größte Landmasse aller auf der Erde existierenden Staaten. St. Petersburg liegt geographisch näher bei New York als bei Wladiwostok, und letzteres ist näher bei Seattle (USA) als bei Moskau. Die Russische Föderation mit ihren 89 Republiken und autonomen Territorien vereint in sich eine Vielzahl von Völkern mit oft jahrtausendealten Traditionen, mit unterschiedlichen Sprachen, Kulturen und Produktionsweisen; Russen, Jakuten, Baschkiren, Karelier, Kalmücken, Kabardino-Balkaren, Burjaten, Nordosseten, Tschetschenen, Komi, Mari usw. – kurzum: eine riesige, zusammengewürfelte Bevölkerung von nahezu 150 Millionen Menschen. Im Boden seiner 17 Millionen Quadratkilometer schlummern die märchenhaftesten Bodenschätze der Welt: Die Russische Föderation ist weltweit erster Produzent von Gold, Diamanten, Öl, Erdgas, Mangan, Uran.

Trotz der SALT-(Strategic Arms Limitation Treaty) I-, II- und III-Verträge besitzt sie 1997 noch mehr als 20000 nukleare Sprengköpfe und Tausende von Trägerraketen, darunter Dutzende von Interkontinentalraketen. Das Erstehen einer anomischen Gesellschaft in Rußland birgt also für die Demokratien Westeuropas unendlich mehr Gefahren als die Ausbreitung der Gesetzlosigkeit in Sizilien.

Ich erinnere mich an einen strahlenden Septembermorgen 1986 in Moskau: Eine Delegation des SIDAC (Socialist International Disarmament Council; des Abrüstungsrats der Sozialistischen Internationale) unter Leitung des finnischen Premierministers Khalevi Sorsa wurde im Kreml empfangen. Martialische Ehrengarde zu beiden Seiten des Portals zum Glockenturm. Es folgte ein langes Warten in einem Salon mit roten Vorhängen und kunstvoll geschnitzter Decke. Schließlich öffneten sich, von Gardeoffizieren bewegt, die beiden riesigen Flügeltüren des St.-Paul-Saals: Wir wurden in den Saal eingelassen, dessen Wände mit blaßgrüner Seide überzogen waren. An der Decke hingen Kristallüster. Am anderen Ende des Saals öffnete sich geräuschlos eine weitere Tür; auf dem Perserteppich näherten sich die Mitglieder der russischen Delegation: Andrej Gromyko, der Präsident des Obersten Sowjet, mit grauem, zerfurchtem Gesicht und dem zögernden Schritt eines alten Mannes; Anatoly Dobrynin, früherer Botschafter in Washington; Valentin Falin, der Chef der Auslandsabteilung des Zentralkomitees, mit langem, traurigem Gesicht; hinter ihm Wadim Zagladin, rundlich, rotbackig und munter, sein Stellvertreter.

Die Mitglieder beider Delegationen saßen sich, in hohe, mit tiefblauem Brokat bezogene Stühle versunken, zu beiden Seiten des schier endlosen Mahagonitisches gegenüber. Hinter jedem Stuhl hing an der Wand ein fein bemaltes Medaillon. Milchiges Licht drang durch die weißen Seidenvorhänge vor den hohen Fenstern mit Goldrahmen, die auf den Roten Platz hinausgehen.

Während ich die unbewegten Mienen unserer Gesprächspartner betrachtete, die ruhige Arroganz ihres Verhaltens registrierte, ihren geostrategischen Analysen lauschte, hatte ich das Gefühl, den wahren Herren eines beträchtlichen Teils unseres Planeten gegenüberzusitzen. Nicht einmal in meinen aberwitzigsten Träumen hätte ich mir den bevorstehenden Zusammenbruch ihrer Macht und die Infiltration, Unterwanderung, Beherrschung der russischen Wirtschaft durch die Mafiafürsten und ihre Gefolgsleute vorstellen können.

Die Schriftstellerin Marina Rumjanzewa hat für das nächtliche Publikum der neuen Paläste, Kasinos und Restaurants, das mit dicken Goldketten und schweren Pelzen behängt ist, den Namen »kuptsy« geprägt. In der russischen Literatur, vor allem bei Gogol und seinen Zeitgenossen, bezeichnet dieser Begriff die »Geschäftsleute«, die Leute mit Geld. Vulgär und arrogant protzen sie mit ihrem Reichtum und sind dabei völlig ungebildet. Ein heute oft in Moskau gebrauchtes Wort aus dem Jiddischen weist auf die Quelle ihres plötzlichen Wohlstands hin: Sie machen »geschefty«, sie spekulieren. Aber die »kuptsy« leben auf einem anderen Planeten als die »torgatchi«, die kleinen Spekulanten, die drittklassigen Schlitzohren. Marina Rumjanzewa zitiert die Aussage Sergej Glasjevs, des Präsidenten des Wirtschaftsausschusses der Duma: »Das gegenwärtige Rußland ist ein einziges riesiges Spielkasino. Niemand produziert, alle Welt macht nichts anderes als spekulieren.« [13]

Haben wir es hier mit einer vorübergehenden Verirrung des kollektiven Bewußtseins zu tun? Mit der Ausweitung der Spekulation, um nicht zu sagen des kriminellen Verhaltens einiger weniger auf eine ganze Schicht? Mit zufälligen, bedeutungslosen Vorfällen?

Diese Hypothesen greifen meiner Ansicht nach zu kurz. Die Wurzeln der aktuellen Praktiken und die tieferen Beweggründe dieser neuen »kuptsy« und »torgatchi« reichen in eine längst vergangene Geschichte zurück.

In Rußland gab es nie eine nationale Bourgeoisie, wie wir sie aus dem Westen kennen. Der Kapitalismus europäischen Typs ist für die überlebenden Kinder der bolschewistischen Gesellschaft etwas vollkommen Neues. Nur acht Monate lang war in Rußland im Jahr 1917 ein Regime an der Macht, das einer westlichen Demokratie ähnelte. Zwischen dem plötzlichen Zusammenbruch der Feudalherrschaft und der brutalen Einsetzung der kollektivistischen Gesellschaft verstrich nicht genügend Zeit, damit eine zur kapitalistischen Akkumulation fähige Bourgeoisie, eine Unternehmerschicht, vergleichbar der des 19. Jahrhunderts im Westen, sich hätte herausbilden können.

In seinem Roman »Der Spieler« zeichnet Fjodor Dostojewski mit beißendem Spott das Verhältnis der Russen zum Geld nach. Der Roman erschien 1866, kaum fünf Jahre nach der Abschaffung der Leibeigenschaft. Die düstere Prophezeiung des Autors lautete: Rußland wird noch jahrhundertelang ein Land bleiben, in dem Herren und Knechte, Reiche und Arme, Müßiggänger und Zwangsarbeiter sich unversöhnlich bekämpfen. Betrachtet man das Regime der Bolschewiken und die darauffolgende Epoche, in der die Kartelle der organisierten Kriminalität die Macht ergriffen haben, so erweist sich Dostojewskis Prophezeiung als erstaunlich hellsichtig.

In Dostojewskis Roman finden sich eindrucksvolle Passagen über den unvergleichlichen Umgang der Russen mit Geld, über ihre »Unfähigkeit«, aus Kapital Profit zu schlagen, ihre totale Unbekümmertheit angesichts der Zwänge der Akkumulation: »Im Katechismus der Tugenden und Würden des zivilisierten westlichen Menschen steht die Fähigkeit, Kapital zu bilden und zu vermehren, quasi im Mittelpunkt. Der Russe aber ist unfähig, aus Kapital Gewinn zu schlagen ... Wir Russen erliegen der Versuchung der Mittel, wie etwa dem Roulette, mit deren Hilfe man in zwei Stunden und ohne zu arbeiten reich werden kann ... Ein Russe ist nicht nur außerstande, Kapital zu bilden, sondern wenn er einmal durch Zufall etwas besitzt, verschwendet er es auf der Stelle, und das meistens auf infame Weise.«

In der russischen Literatur stößt man überall auf die manchmal sympathischen, manchmal beunruhigenden, immer aber mächtigen Figuren des gewieften Spekulanten, des gerissenen Betrügers, des Hochstaplers.

All diese Gestalten feiern heute in St. Petersburg, Ninji-Nowgorod, Moskau, Minsk oder Wladiwostok grandiose Auferstehung. Sie beseelen, verkörpern und beherrschen das wirtschaftliche und soziale Leben dieses Riesenlandes. Sie leben inmitten des seit Jahrtausenden für seine unerschöpfliche Geduld, seine zarte Melancholie, seine ungebrochene Vitalität berühmten russischen Volks. Dieses Volk geht ehrlich seinen täglichen Pflichten nach und versucht Tag für Tag, in einer wirtschaftlichen Situation zu überleben, die jeden Bürger Westeuropas in tiefste Verzweiflung stürzen würde.[14]

Eine von Präsident Jelzin 1997 eingesetzte Sonderkommission, genannt »Kommission für die Frauen, die Familie und die Demographie«, legt beunruhigende Statistiken vor: Harte Drogen, Gewalttätigkeit, wirtschaftliches Elend und Alkohol führen zur fortschreitenden physischen Zerstörung der Bevölkerung. Auf der internationalen Leiter der durchschnittlichen Lebenserwartung besetzen die russischen Männer heute die 135., die Frauen die 100. Stufe. Die durchschnittliche Lebenserwartung der Russen (Männer und Frauen zusammengenommen) liegt heute niedriger als jene aller Europäer und Nordamerikaner. Sie ist geringer als jene sämtlicher Asiaten (ausgenommen die Afghanen und die Kambodschaner). Der russische Mann stirbt 17 Jahre früher als der Schwede, 13 Jahre früher als der Bewohner der Vereinigten Staaten.[15]

V. Das organisierte Verbrechen privatisiert den Staat

Heute beherrschen die Verbrecherkartelle ganze Wirtschaftszweige und haben große Bereiche der öffentlichen Verwaltung, der Duma und der Regierung in der Hand. In Industrie, Handel, Bankwesen und Dienstleistungssektor besitzen oder kontrollieren die Herrscher des Verbrechens direkt (mit Hilfe langfristiger Kredite etc.) mehr als 40000 Unternehmen von nationaler Bedeutung. Deutschen Quellen zufolge haben die Banden seit 1991 mehr als 2000 Staatskombinate in ihre Regie übernommen und in Privatunternehmen umgewandelt. In einem so mächtigen und weitläufigen Staat wie der alten Sowjetunion, wo praktisch sämtliche Reichtümer – Ländereien, Industrien, Banken, Rohstoffquellen usw. – der öffentlichen Hand gehörten, gestaltet sich die Privatisierung zu einer unerhört komplizierten und gefahrvollen Operation. Ein paar Grundprinzipien lassen sich dennoch identifizieren: Die entscheidenden Akteure der Privatisierung sind im weitesten Sinn die Beamten: die Minister, Departementchefs, Direktoren von Industriekonglomeraten, Kolchosen und Laboratorien; die Herren der öffentlichen Rohstoffkonzerne (Erdgas, Erdöl, Holz, Gold, Diamanten, Erze, Uranium etc.). Sie kontrollieren die Aufträge und Konditionen der öffentlichen Versteigerung, wählen die zu privatisierenden Objekte aus, setzen die Kreditlimits fest und bestimmen die Käufer.[16]

Ein fast unbeschränktes Tätigkeitsfeld eröffnet sich den Verbrecherkartellen: Sie können die Vertreter der öffentlichen Hand korrumpieren, erpressen oder, notfalls, physisch eliminieren. Kreditbriefe, Wertpapiere, Urkunden aller Art werden gefälscht. Tarngesellschaften schleusen den Privatisierungsprofit am Fiskus vorbei. Wen erstaunt es, wenn seit den späten achtziger Jahren vor allem die Mafia von der Überführung der sowjetischen Kommandowirtschaft in die weitgehend regelfreie, liberale Marktwirtschaft profitierte?

Wie wird ein russisches Konglomerat privatisiert? Betrachten wir einige Beispiele:

V. I., ein Mann in den Vierzigern, ist der Sohn eines hohen Funktionärs der sowjetischen kommunistischen Partei in der Stadt Nischnij-Nowgorod. Er hat ein sympathisches und einnehmendes Wesen, einen unternehmungslustigen Geist. Trotz seiner Herkunft hat er zum Zeitpunkt der Auflösung der Sowjetunion bereits sechs Jahre hinter Gittern verbracht; in der Tat ist er ein professioneller Falschspieler und gehört einer Bande an, die in den Großstädten der Wolgaebene absahnt.

Unter den Kommunisten hieß Nischnij-Nowgorod Gorki. Als Sitz bedeutender Rüstungsunternehmen war Ausländern der Zugang dorthin verwehrt.

1992 setzen die Privatisierungen in Gorki ein. V. I. erwirbt große Werftanlagen an der Wolga. Er tauft seine Beute auf den Namen »Russische Schiffahrtsgesellschaft«. Dann, ein klassisches Vorgehen, legt er eine gefälschte Akte an und wendet sich an das Finanzministerium der Russischen Föderation.

Ein paar gut plazierte Verbündete, die für ihre Dienste diskret entlohnt oder geschickt bedroht werden, und das Spiel ist gewonnen: Das Ministerium gewährt ihm einen »Modernisierungskredit« über 18 Millionen Dollar. Zweck des Kredits ist die Erhaltung von Arbeitsplätzen und der Kauf von Kränen, Rollbändern und diversen Vorrichtungen, um die Werft international konkurrenzfähig zu machen.

Das Ergebnis dieses Manövers steht exemplarisch für Tausende anderer Privatisierungen: Sowie V. I. den Kredit in der Tasche hat, kommt es zu Massenentlassungen. Die Werft ist heute am Ende, aber V. I. ist Besitzer des größten Spielkasinos in Nischnij-Nowgorod und zweier nagelneuer Supermärkte.

Die Fortsetzung allerdings ist aufsehenerregend: Die Region von Nischnij-Nowgorod (4 Millionen Einwohner) und ihre regionale Hauptstadt (1,5 Millionen Einwohner) gehören in den Zuständigkeitsbereich eines außergewöhnlich mutigen und entschlossenen Staatsanwalts. Sein Name ist

Alexander Fedotov. Unterstützt vom jungen Gouverneur der Region, Boris Nemtsov, läßt der Staatsanwalt den »Reeder« verhaften ... und überlebt. V. I. wird wegen Betrug, Beamtenbestechung und Vergehen gegen Devisenbestimmungen angeklagt.

Am 17. Dezember 1995 schließlich steigt ein Theatercoup. V. I., der vom Gefängnis aus einen kostspieligen Wahlkampf im amerikanischen Stil geführt hat, wird zum Abgeordneten der Föderation für die Duma gewählt. Heute genießt der »Reeder« als Mitglied der Partei der Rechten, genannt »Kongreß russischer Gemeinden« unter Führung von General Lebed, dem ehemaligen Oberbefehlshaber der 14. Armee in Moldawien, parlamentarische Immunität.

Kann diese Immunität aufgehoben werden? Staatsanwalt Fedotov wird sich dafür einsetzen. Aber seine Chancen sind gering. Fedotov dazu: »Die Kriminellen bilden eine mächtige Lobby im Parlament.«[17]

(V. I.s unbeugsamer Feind, der junge Gouverneur Boris Nemtsov, machte Karriere. Sein Mut, sein Durchsetzungswille wurden belohnt. Im März 1997 ernannte ihn Jelzin zum Vizepremierminister der Russischen Föderation. Die Pariser Tageszeitung *Le Monde* sieht in Nemtsov den »zukünftigen möglichen Nachfolger« von Boris Jelzin.)[18]

Das russische Verb »dumat« heißt »sich beraten«, »gemeinsam nachdenken«. Das Substantiv Duma bedeutet »Ort der öffentlichen Beratung«. Dieser Ort gibt heute in Moskau einer ganzen Zahl hungriger Raubtiere Zuflucht.

Zu den Wirtschaftszweigen, in denen die Kartelle des organisierten Verbrechens ihre saftigsten Profite machen, gehört das Öl. Der Erdölexport bringt der Russischen Föderation die Hälfte ihrer Devisen ein. Sibirien produziert 80 Prozent des Öls und 90 Prozent des Erdgases der Föderation. Es liegt in erbittertem Wettstreit mit den Erdölfeldern der zentralasiatischen Republiken. Doch die Banden sind allgegenwärtig, sei es als Eigentümer von Erdölvorkommen, sei es als Aktionäre der Vertriebsunternehmen. Die Unternehmen Rosneft, Lukoil, Sidanko, Yukos oder Surgutneftigaz sehen sich sämtlich mit den Forderungen der Kartelle konfrontiert.

Gigantische Vorkommen sind dabei im Spiel: Allein in der Region Surgut gibt es 40000 Schächte. Ein einziges durchschnittliches Lager, das von Feodorovo, produziert 122 Millionen Barrel pro Jahr.

Mit dem Ölgeschäft ist auch eine andere, kaum bekannte Quelle krimineller Profite verbunden: Das russische Öl wird vom Polarkreis – von Staryï Urengoi, Novyï Urengoi etc. – bis ans Schwarze Meer geleitet. 5000 Kilometer Pipeline durchschneiden auf einer Nord-Süd-Achse die Weiten der Föderation. Eigentümer dieser Pipeline ist die Firma Transneft. Eine Pipeline ist im wesentlichen eine Röhre... und diese Röhre ist verwundbar. Also bieten Kartelle den Transporteuren gegen entsprechende Zahlung ihren Schutz an. Jeder Neuverhandlung eines beliebigen Schutzvertrags über einen Abschnitt gehen Brände, Explosionen, nach allen Regeln der Kunst inszenierte Sabotageakte voraus.

Gemäß Schätzungen von Interpol verfügen die kriminellen Kartelle der Russischen Föderation zusammen über mehr als 40 Prozent des Bruttosozialprodukts. Allein in Moskau gibt es 152 Spielkasinos, in denen alle erdenklichen Spiele angeboten werden. Das ist doppelt soviel wie in Las Vegas. Praktisch alle Kasinos werden von den Bojaren des organisierten Verbrechens kontrolliert. In bestimmten Metropolen – insbesondere in Moskau, St. Petersburg, Wladiwostok – sind beinahe 80 Prozent der Restaurants, Geschäfte, Handelshäuser, Industrieunternehmen etc. Opfer von Schutzgelderpressungen. Mindestens 70 Prozent der russischen Finanzinstitute sind in direktem Besitz der Kartelle des organisierten Verbrechens.

Aber die Sektoren, in denen die Herren des Verbrechens die astronomischsten, schnellsten und sichersten Profite machen, sind der illegale Export und der weltweite Handel mit Öl, Gold, Eisen, strategisch bedeutsamen Erzen und Erdgas. Diese illegalen Exporte sind nur möglich dank der aktiven – freiwilligen oder erzwungenen – Komplizenschaft der Leiter der großen, teilweise privatisierten Staatskombinate.

Gemäß offiziöser Schätzungen umgehen fast 80 Prozent der Exporte an Edelsteinen und -metallen die Kontrolle der »Roskomdragmet«, wie die russische Abkürzung für »Kontrollkommission für Edelsteine und -metalle in Rußland« lautet.

Der Bericht eines unbekannten jungen Mannes namens Roman Tkatch, der fünf Monate lang weite Landstriche der Föderation mit dem Fahrrad durchquerte, ermöglicht uns ein besseres Verständnis der besonderen institutionellen Situation des Landes. Tkatch beschreibt die Föderation in ihrem aktuellen Zustand als ein Mosaik praktisch voneinander unabhängiger »Fürstentümer«. Manche dieser Fürstentümer stecken mitten in der Umwandlung von einer totalitären Gesellschaft in eine Gesellschaft des wilden Kapitalismus. Diese »Fürstentümer« unterhalten enge Beziehungen zur westlichen Welt und durchlaufen derzeit eine beschleunigte Modernisierung ihres technologischen Apparats und ihrer Infrastruktur. Sie sind geprägt von relativ stabilen politischen Machtverhältnissen und einem rasanten Aufstieg mancher Bewohner, die Hand in Hand geht mit einer wachsenden Proletarisierung breiter Bevölkerungsschichten.

Andere »Fürstentümer« dagegen verharren in Verkrustung; nichts scheint sich dort seit dem Zusammenbruch der Sowjetmacht verändert zu haben: Die gleichen leitenden Funktionäre, die gleiche öffentliche Moral, die gleiche Unproduktivität der Industriebetriebe, das gleiche steuerlose Dahintreiben des Dienstleistungssektors, der Banken; die gleiche Zerrüttung der Infrastruktur; der gleiche uniforme Trübsinn des öffentlichen und oft auch familiären Lebens; die gleiche relative wirtschaftliche Sicherheit einer Mehrheit von Bewohnern bestimmen dort das Leben.[19] Die Geschäfte der Mafiafürsten und ihrer Statthalter blühen selbstverständlich in jenen »Fürstentümern«, die einen Prozeß beschleunigter Modernisierung durchlaufen und dadurch eine schnelle Einbindung in den Weltmarkt erfahren.

In wessen Händen aber liegt heute die institutionelle Macht in Rußland?

Ernst Mühlemann, mein Kollege im außenpolitischen Ausschuß des Schweizer Parlaments, war Generalberichterstatter des Europarats für die Aufnahme der Russischen Föderation. Er ist einer der intimsten Kenner der Verhältnisse im Kreml.

Meine Frage nach der Verteilung der Macht in Rußland beantwortet er so: »Rußland ist eine Demokratie. Nicht etwa, weil die Regeln des Rechtsstaates dort respektiert würden. Das ist nicht der Fall. Rußland ist auf dem Weg zur Demokratie aus dem schlichten Grund, weil es dort heute, nach Jahrhunderten vielfältiger, immer aber repressiver Autokratien eine polyzentrische Machtstruktur gibt.«[20]

Und das sind die Zentren dieser neuen Macht, aufgeführt in der absteigenden Reihenfolge ihrer Bedeutung: der Präsident mit seinen Beamten im Kreml; die Regierung und ihre Verwaltung im Weißen Haus; die Duma und der Föderationsrat; die Kommandostruktur einer auf 1,3 Millionen oft unterernährter Soldaten geschrumpften Armee; das Innenministerium und seine Sondertruppen; die vier Geheimdienstorganisationen, allesamt hervorgegangen aus dem vormaligen KGB.

Unzählige Gerüchte kursieren darüber, daß wichtige Amtsträger der Föderation mit dem einen oder anderen Verbrecherkartell unter einer Decke stecken. Den Moskauern fehlt es nicht an Humor: Jelzins engste Vertraute nennen sie den »kollektiven Rasputin«.

Eine Anekdote dazu: In einer Herbstnacht läutet im Haus von Ernst Mühlemann im Kanton Thurgau das Telefon. Am anderen Ende ertönt die panische Stimme eines einflußreichen Schweizer Geschäftsmanns, der in Moskau lebt. Der Mann leitet eine Kaufhauskette mit Filialen in mehreren russischen Städten. Er wurde soeben in seinem Moskauer Büro von drei elegant gekleideten Herren aufgesucht. Die abendlichen Besucher verlangten, daß er ihnen 51 Prozent seiner Kaufhausaktien überläßt. Im Hinausgehen haben die Herren die Fotos der Kinder dreier Schweizer Mitarbeiter auf dem Tisch liegenlassen.

Ernst Mühlemann ist nicht nur einer der einflußreichsten Abgeordneten der Schweizer Eidgenossenschaft, er ist außerdem Reservegeneral der Schweizer Armee und ehemaliger Direktor der Schweizerischen Bankgesellschaft. Er weiß, daß die Situation seines Landsmanns ernst ist, so daß er die schweizerische Regierung alarmiert.

Da die Schweiz einer der größten ausländischen Investoren in Rußland ist, werden russische Minister informiert und um Hilfe gebeten.[21]

Alexander Korjakov, ehemaliger Offizier des KGB, wird eingeschaltet. Der langjährige Freund und Leibwächter des russischen Präsidenten kommandiert im Herbst 1995 die Präsidialgarde, eine hochgerüstete Spezialarmee von über 20 000 Soldaten.

Die Aktion hat Erfolg, und seitdem herrscht Ruhe. Die

multinationale Einzelhandelsfirma gedeiht. Es gab keinerlei Drohbesuche mehr, kein Attentat, nichts.

Postscriptum zu Korjakov: Zwischen den beiden Wahlgängen im Präsidentschaftswahlkampf von 1996 verjagten die jungen Reformatoren um Jelzin den Leibwächter aus dem Kreml. Dessen geheimnisvolle Macht jedoch bleibt gefährlich. Anläßlich der Nachwahl vom 9. Februar 1997 wurde er von den Wählerinnen und Wählern der Garnisonsstadt Tula, zweihundert Kilometer südlich von Moskau gelegen, auf den vakanten Sitz von General Lebed in die Duma gewählt. Im August 1997 kündet er die Veröffentlichung eines Enthüllungsbuches über Boris Jelzin an.

Ich weiß: Dieses Kapitel entspricht den Ansprüchen an eine Analyse der politischen Machtverhältnisse in Rußland nicht im geringsten. Doch abgesehen davon, daß hier keine politische Soziologie des russischen Staats erarbeitet werden soll, sind die verfügbaren Quellen, um die Machtstrukturen Rußlands zu begreifen, sehr lückenhaft.

Insbesondere gibt es eine riesige Grauzone, in der sich die ca. 1,5 Millionen Agenten, Kader und Leiter des ehemaligen KGB und des GRU, des Spionagedienstes der ehemaligen Roten Armee, bewegen. Solange der bolschewistische Staat existierte, war der KGB (und die Organe, die ihm unter verschiedenen Bezeichnungen vorhergingen) Schwert und Schild der kommunistischen Partei. Dem GRU hingegen oblag der Schutz des Staates und der Streitkräfte. KGB und GRU waren »kriminelle« Organisationen in dem Sinne, als sie außerhalb und über allen Gesetzen standen und Methoden anwendeten, die weder auf bestehende soziale Normen noch auf administrative Verordnungen, noch auf Menschenrechte die geringsten Rücksichten nahmen.

Der GRU besteht weiter, ebenso wie der KGB (nur unter neuen Bezeichnungen). Weder die Mentalität ihrer Leiter und niederen Chargen noch ihre Methoden dürften sich verändert haben. Sie beeinflussen das politische Klima, bilden den Hintergrund für die Entscheidungen der Kremlführer. Welchen Einfluß haben sie auf den Kurs der Duma, der Regierung, des Präsidenten der Föderation? Welche Verbindungen bestehen zwischen den Nachfolgeorganisationen von KGB und GRU und den Mafiafürsten? Ist ihr Verhältnis von Konkurrenz oder friedlicher Koexistenz, von Dominanz, Komplizenschaft oder Unterordnung geprägt? Unsere Informationen sind zu lückenhaft, um eine eindeutige Aussage darüber machen zu können.[22]

Heiko Haumann schreibt von »den kaum mehr überschaubaren Konfliktlinien«. Gemäß Haumann besteht die einzige Gewißheit heute darin, daß die nationalistische Ideologie dazu dient, die Tätigkeit »einer Phalanx von Profiteuren und Kriminellen« zu maskieren.[23]

VI. Der Bruderkrieg

Die russischen Mafiafürsten sind Meister im Überlebenskampf. Ein deutscher Ermittler charakterisierte sie mit den Worten »gestählt und lebensfähig«. Was ist der Grund dafür?

Die russischen Kriminellen, die unter einem totalitären Regime aufwuchsen und groß wurden und gegen eine der gnadenlosesten Geheimpolizeien der Welt – den KGB – kämpften, bauten ihre Organisationen in strengster Abschottung und auf der Basis lückenloser Geheimhaltung auf. Vor der Ära Breschnew und der allgemeinen Ausbreitung der Korruption, vor dem langsamen Zerfall des sowjetischen Repressionsapparats wurde die Zugehörigkeit zu einer kriminellen Organisation in der Regel mit dem Tod bestraft.[24] Meist durch eine Exekution ohne Gerichtsurteil.

Seit einem Erlaß aus dem Jahr 1937 hatten die Sicherheitsorgane – damals noch der NKWD – den Auftrag, nicht nur Staatsfeinde, Spione und Saboteure zu bekämpfen, sondern auch gemeine Kriminelle, sogenannte »Banditen«.

1993 öffnen sich die Archive der Lubianka für die westlichen Forscher. Mit nicht geringem Erstaunen stellen sie fest, daß dort kaum oder gar keine Unterlagen über Prozesse gegen kriminelle Banden zu finden sind.

Ein vom KGB unterwandertes und anschließend zerschlagenes Kartell des organisierten Verbrechens wurde fast immer durch Massenhinrichtungen liquidiert. Gerichtsverfahren wurden als überflüssig angesehen.

Der Geheimhaltungszwang innerhalb der Banden war infolgedessen – und ist es noch immer – besonders strikt: Schon der geringste Verstoß gegen die Disziplin der Bande wurde mit Folter und einem besonders grausamen Tod bestraft.

Die russischen Verbrecherbarone haben im Laufe der Jahrzehnte soziale Gebilde *sui generis* geschaffen, die sich radikal von allen anderen kriminellen Formationen in Europa oder den Vereinigten Staaten unterscheiden.[25]

Trotz der Autorität der Vor v zakone bekämpfen sich viele dieser Banden permanent in einem gnadenlosen Bruderkrieg.

Dazu einige Beispiele aus jüngster Zeit:

Viktor Kogan herrschte über einen besonders ausgedehnten Distrikt Moskaus: den Distrikt Orekhovo-Borissovo. Kogan war ein leidenschaftlicher Spieler. Er war ein Widersacher des Meisters, dessen Autorität er nicht anerkannte.

April 1993: Ein grauer, verregneter Tag bricht in Moskau an. Kogan sitzt noch immer, umgeben von seinen Leibwächtern, an einem Black-Jack-Tisch seines gewohnten Spielkasinos. Ein Kommando, das zu einer Bande namens »Die jungen Wölfe« gehört, stürmt in den Saal und mäht Kogan mit Maschinengewehren nieder.

Drei Monate später, am 22. Juli, erkennt ein überlebender

Leibwächter des Verstorbenen einen der Mörder auf offener Straße wieder. Der Leibwächter tötet ihn.

Vier Wochen später: Oleg Kalistratov und Oleg Tchistin, zwei Stellvertreter des verschiedenen Kogan, essen friedlich in einem Restaurant des Viertels zu Abend. Aus drei Sportwagen sprinten einige »Junge Wölfe« heraus, töten die an der Tür postierten Wachen und stürmen ins Restaurant. Tchistin und Kalistratov werden niedergeschossen. Am nächsten Tag findet die von Nachbarn alarmierte Miliz einen der Mörder Kalistratovs und Tchistins blutüberströmt in seiner Wohnung.

Am 10. September geht Ielena Kogan, die Witwe des Herren von Orekhovo-Borissovo, an einem milden Herbstnachmittag auf dem Orekhovo-Boulevard spazieren. Eine Bombe explodiert neben ihr, Ielena Kogan überlebt, aber trägt lebenslange Verstümmelungen davon.

Ein weiteres Beispiel: Manche Bojaren genießen bei ihren Mitbürgern ein erstaunliches Ansehen, man bringt ihnen geradezu Zuneigung entgegen. Nehmen wir beispielsweise den Fall Otar Kvantrischvili, eines in Moskau herrschenden Georgiers. Ein gutaussehender Mann: groß, helle Augen, kahler Schädel, hohe Stirn, ein römisches Profil, eine natürliche Würde.

Er war ein anerkannter Wohltäter der Alten und Waisen und spendete beträchtliche Summen für sie. Er trat regelmäßig im Fernsehen auf. Er finanzierte junge Hockey- und Fußballmannschaften. Er unterhielt eine Leibgarde von 150 bewaffneten Männern. Jede Woche nahm er ein Bad in der Sauna am Kranopzesnenskaïa-Kai. Dort wurde er am 5. April 1994 exekutiert. Eine tief bewegte Menschenmenge gab ihm das letzte Geleit, als er auf dem Vaganov-Friedhof in einem Familiengrab beerdigt wurde, in dem bereits sein einige Zeit zuvor ermordeter Bruder ruhte.

Auch Juri Loujkov, der Bürgermeister von Moskau, bezeichnete sich als seinen Freund und nahm am Trauerzug teil.

Noch ein drittes Beispiel: Ein schöner Nachmittag auf dem Fasanenplatz in Berlin. Zahlreiche Spaziergänger sind unterwegs. Plötzlich bricht im kleinen Garten des nahe gelegenen Restaurants »Gianni« eine Schießerei aus.

Die von der Berliner Polizei durchgeführte Rekonstruktion ergibt folgenden Ablauf: Vier Männer unterschiedlichen Alters, drei in Lederjacken, der vierte elegant gekleidet, sitzen unter einem Sonnenschirm im Garten. Der elegant gekleidete Mann ist Tenguiz Vakhtangovitch Marianachvili, Herrscher über ein mächtiges georgisches Kartell.

Ein junger Mann von zweiundzwanzig Jahren namens Y. Z. stößt ruhig das Tor auf, geht auf den Tisch zu, holt eine Maschinenpistole hervor und feuert. Marianachvili und zwei seiner Leibwächter haben gerade noch Zeit, aus ihren über die Stuhllehnen gehängten Jacken die Waffen zu holen. Sie erwidern das Feuer. Zwei Leibwächter werden bei der Schießerei getötet, Y. Z. wird schwer verletzt.

Der in Minsk geborene Y. Z. ist ein professioneller Killer. In Berlin führt er einen Auftrag über 20 000 Deutsche Mark für Saidamin Mussostov aus. Dieser ist oberster Chef eines in Berlin operierenden tschetschenischen Kartells. Jung, mit großen schwarzen Augen, schwarzen Haaren und athletischer Figur ist er ein angesehener Pate.

Y. Z. wird später von der deutschen Justiz wegen Mordes und Mordversuchs verurteilt. Die überlebenden Georgier waren vor dem Erscheinen der Polizei verschwunden.

Was ging der Auseinandersetzung voraus? Ein in Berlin lebender, wohlhabender Zahnarzt russischer Herkunft hatte einige Zeit zuvor Besuch von zwei Abgesandten Saidamins erhalten. Es entwickelte sich das klassische Szenario: Die Tschetschenen »bieten« dem Zahnarzt ihren Schutz an und erklären ihm, was ihn und seine Familie erwartet, falls es ihm »unmöglich« sein sollte, ihre Dienste in Anspruch zu nehmen. Doch wie es der Zufall will, entrichtet der Bedrohte bereits hohe »Schutzzahlungen« an den georgischen Boß. Der Zahnarzt, ein Mann von bemerkenswerter Kaltblütigkeit, informiert seine georgischen Beschützer. Marianachvili gibt ihm daraufhin einen erstaunlichen Rat: Er fordert ihn auf, die Polizei einzuschalten.

Diese waltet pflichtgemäß ihres Amtes. Sie läßt die Praxis des Zahnarzts überwachen und verhaftet die beiden tschetschenischen Erpresser bei ihrem nächsten Besuch. Saidamin packt die Wut. Er befiehlt die Exekution Marianachvilis. Das ist der Grund für die Schießerei am Fasanenplatz.

Der an Ort und Stelle verhaftete Y. Z. war von Polizeibeamten ins Krankenhaus gebracht worden. Dort wird er Tag und Nacht unauffällig bewacht. Eines Nachts taucht ein unbekannter Besucher am Empfang des Krankenhauses auf. Er verlangt, Y. Z. zu sehen. In Sekundenbruchteilen wird er von Polizisten überwältigt. Dem Besucher bleibt keine Zeit, seine Maschinenpistole zu zücken, die er in der Jacke unter dem Arm verborgen hat. Die Berliner Polizei nimmt an, daß der nächtliche Besucher ein Killer ist, der im Auftrag der Georgier arbeitet.

Einige Tage später treibt in den trüben Wassern des Zentralkanals in Amsterdam eine Leiche. Der Tote ist in einen teuren Maßanzug gekleidet, hat Geld, eine goldene Rolex und eine Handfeuerwaffe bei sich, aber keine Papiere. Über Interpol nehmen die holländischen Behörden Kontakt zu verschiedenen europäischen Polizeistationen auf. Die Berliner Ermittler identifizieren schließlich den Leichnam. Es ist der von Marianachvili.

Der schöne Saidamin seinerseits war in die Vereinigten Staaten ausgewandert, von wo aus er mit Hilfe kodierter Faxe und transatlantischer Abgesandter über sein »Territorium« in Deutschland herrschte.

Doch das georgische Kartell nahm die Exekution seines Führers nicht sang- und klanglos hin. Seine Agenten hefteten sich in verschiedenen amerikanischen Städten an Saidamins Fersen. Trotz seiner extremen Mobilität, trotz seiner Leibwächter, seiner falschen Papiere, seines ständigen Identitätswechsels und aller anderen Vorsichtsmaßnahmen fiel der Tschetschene schließlich den Kugeln der Mörder zum Opfer.

Warum diese Gewaltorgie? Warum diese beharrliche Grausamkeit der russischen Mafiafürsten bei der Ausschaltung ihrer Gegner? Ein Beamter des deutschen Bundeskriminalamts antwortet: »Die italienischen Mafiosi spielen Boule, die russischen Verbrecher Schach.«

1997 veröffentlicht die Direktion der Moskauer Miliz (Polizei) erstaunliche Zahlen: Während die wirtschaftliche und finanzielle Macht der Verbrecherkartelle zunimmt, sinkt die Kriminalitätsrate. Zwischen Frühling 1995 und Frühling 1997 sinkt die globale Zahl der im Großraum Moskau begangenen Gewaltverbrechen um beinahe 30 Prozent. Während der ersten sieben Monate des Jahres 1996 sind 952 Menschen durch Mord umgekommen, in derselben Periode des Jahres 1997 »nur« noch 851. Verglichen mit dem Referenzjahr 1995 sind 1997 33 Prozent weniger Menschen einem bewaffneten Angriff, einer schweren Körperverletzung, einer Vergewaltigung oder einer Entführung zum Opfer gefallen.

Warum beruhigt sich der Bruderkrieg der Moskauer Mafiafürsten? Ist die Polizei effizienter, die öffentliche Moral stärker geworden? Keineswegs. Den Grund für den sich verlangsamenden Bruderkrieg gibt die Polizei selbst: Unter den Verbrecherkartellen sind inzwischen die Märkte (und Territorien) weitgehend aufgeteilt, die Grenzen gezogen und die respektiven Kompetenzen der verschiedenen Bojaren festgelegt worden.[26] Eine »Pax mafiosa« ersetzt allmählich das blutige Chaos des Bruderkriegs.

VII. Menschenhandel

Die Bojaren der russischen Verbrecherkartelle gehen Geschäften nach, die keine Camorra, kein sizilianischer Clan, keine kalabresische N'dranghetta, keine Marseiller oder Berliner Unterwelt vor ihnen auf vergleichbare Weise betrieb. Es handelt sich um Menschenhandel in großem Stil.

Sehen Sie sich um! Bestimmt sind Ihnen auf den Straßen von Paris, Genf, München oder Mailand schon diese unsicheren, bleichen, oft schlecht gekleideten Gestalten begegnet, die sich nur zögerlichen Schrittes bewegen und mit ängstlicher Stimme und fremdem Akzent um eine Auskunft oder Almosen bitten. Das sind die neuen Sklaven, die Illegalsten unter den Illegalen, Opfer des von den Mafiafürsten organisierten Menschenhandels.

Die Unterlagen und mündlichen Informationen, die das Ausmaß dieses modernen Sklavenhandels einzuschätzen erlauben, stammen von der Internationalen Organisation für Migrationen (IOM). Diese internationale Organisation, die im Schatten des Europäischen Hauptquartiers der Vereinten Nationen im Palais des Nations in Genf arbeitet, hat weder polizeiliche noch gerichtliche Befugnisse. Es handelt sich um eine internationale »non governmental organization«. Die Amerikaner bezeichnen ihre Tätigkeit als »monitoring«, als Überwachen von Bevölkerungsströmen. Ihre Mitglieder verfolgen Bevölkerungswanderungen, versuchen, Identität und Beweggründe der Migranten in Erfahrung zu bringen, und bemühen sich, Schleppernetze zu identifizieren.

Hunderttausende von Menschen, vor allem junge Menschen, in den durch 75 (beziehungsweise 50) Jahre totalitärer Mißwirtschaft ruinierten Gesellschaften Osteuropas sind nur von einem einzigen Verlangen beseelt: Sie wollen weg, um im Westen eine menschenwürdige Existenz und ein Einkommen zu finden. Zehntausende von Kosovo-Albanern, aber auch von Kurden, die sich an der albanischen Küste drängen, träumen davon, die Adria zu überqueren. Hunderttausende von Russen, Kaukasiern und Koreanern träumen von der Emigration in den Westen.

Um nach Deutschland zu gelangen, ein von den Kartellen (und den Migranten) wegen seines hohen Lebensstandards besonders geschätztes Zielland, sammeln sich Kosovo-Bewohner und Albaner in Montenegro, werden anschließend in die Lombardei gebracht und von dort auf dem Landweg nach Frankreich. Manche bleiben dort hängen. Die meisten aber ziehen weiter ins Elsaß und sickern von dort nach Rheinland-Pfalz ein.

Eine andere Route beginnt in Moskau: In Sammellagern, unter der Kontrolle der Verbrecherkartelle, sitzen Chinesen, aber auch Kurden aus der Türkei, dem Irak und dem Iran. Von dort werden sie per Schiff nach Estland, Litauen und Lettland transportiert. Auf dem Landweg – mit Lastwagen der Kartelle oder per Zug – setzen sie anschließend ihren Weg nach Westeuropa fort.

Wie viele sind es? Die IOM kennt ihre genaue Zahl nicht. Fest steht aber: 1995 haben 690000 Personen aus dem Osten (einschließlich des Mittleren Orients) einen Asylantrag in einem westeuropäischen Land gestellt. Nach einer Schätzung der IOM sind zwischen 1989 und 1996 fast eine Million Chinesen illegal als Wirtschaftsflüchtlinge nach Westeuropa oder in die Vereinigten Staaten eingewandert.

Manche russischen Kartelle arbeiten eng mit anderen kriminellen Organisationen, insbesondere italienischen, zusammen. Eine von der »procura« (Staatsanwaltschaft) in Bozen kürzlich aufgedeckte Affäre aus jüngerer Zeit wirft ein bezeichnendes Licht auf diese Kooperation: Im Herbst 1995 stellte der Staatsanwalt von Bozen 52 internationale Haftbefehle gegen führende Mitglieder einer internationalen Schlepperbande aus. Nach Angaben der Staatsanwaltschaft hat diese Organisation innerhalb von zwei Jahren 20000 Menschen von Italien nach Deutschland eingeschleust. Geschätzter Nettogewinn: fünf Millionen Dollar allein für das Überqueren der Tiroler Grenze zwischen Italien und Österreich.[27]

Im August 1997 veröffentlicht der Präfekt von Reggio Calabria, Enzo Militelli, einen interessanten Bericht: Hunderte von Frauen, Kindern, Männern – meist Kurden, Ceylonesen, Iraker, Ägypter – werden jeden Monat heimlich über die Adria gebracht und tauchen in Süditalien unter. Es handelt sich um ein »Joint-venture« zwischen russischen Verbrecherkartellen und der kalabresischen N'dranghetta. Um der italienischen Küstenwache zu entgehen, wählen die Schiffe der Verbrecherorganisationen einen gefährlichen, umständlichen und langen Weg. Von der albanischen Küste aus fahren sie nach Süden, dann überqueren sie das Ionische Meer und laden ihre menschliche Fracht in der unwirtlichen Gegend von Catanzaro aus. Der Preis der mehrtägigen Überfahrt ist horrend: im Durchschnitt 6000 Schweizer Franken pro Person. Dieser Preis wird als Kredit gewährt und muß vom untergetauchten Arbeiter (der Frau, dem Kind) dann in jahrelanger Fronarbeit in den kalabresischen, neapolitanischen oder lombardischen Betrieben zurückbezahlt werden.[28]

Der im Westen lebende Schwarzarbeiter befindet sich in einer ähnlichen Lage wie der »boia frio« auf einem brasilianischen Latifundium im Innern des Pernambuco oder des Piaui. »Boia frio« nennt man die Tagelöhner auf dem Land. Jeden Morgen warten sie auf dem Dorfplatz, einen von ihren

Frauen zubereiteten Blechnapf mit schwarzen Bohnen in der Hand, bis der »feitor« des Großgrundbesitzers seine Auswahl unter ihnen trifft. Sie essen kalt (»boia frio«). Sie gehören zu den am meisten ausgebeuteten und erniedrigten Geschöpfen auf der Erde.

Die Schulden, die der illegale Einwanderer – der Restaurantkellner in Berlin, der Hilfsarbeiter in Paris, der Laufbursche in einem Schweizer Unternehmen – beim Kartell abzuzahlen hat, sind im allgemeinen so hoch, daß er sich kaum mehr davon befreien kann.

Wie der »Boia frio« auf der Zuckerrohr- oder Kakaoplantage im Nordosten Brasiliens bleibt er jahrelang, jahrzehntelang, manchmal sein Leben lang Sklave seines Herrn (das heißt des Kartells für die Migranten aus dem Osten, des Latifundienbesitzers für den *peon caboclo*).

Dennoch besteht ein Unterschied zwischen dem *caboclo*, dem Gefangenen eines Großgrundbesitzers, und dem Migranten, der in die Hände eines Kartells gefallen ist: Der brasilianische Latifundienbesitzer »bezahlt« seinen *caboclo* mit Bons, von ihm selbst ausgestellten Papierfetzen, die dieser im Laden der Plantage gegen *fejao* (schwarze Bohnen), Reis, Öl, Salz eintauschen kann, Lebensmittel, die seine Familie zum Überleben braucht. Der von den Bossen des organisierten Verbrechens irgendwohin beförderte illegale Einwanderer dagegen ist einem weitaus raffinierteren Herrschafts- und Kontrollsystem ausgeliefert.

Die meisten russischen Kartelle sind mit hochmodernen Computern ausgerüstet. Die Identität des Migranten, seiner Familie, sein Einkommen, seine jeweiligen Arbeitsplätze usw. werden genau festgehalten.[29]

Nach seiner Ankunft in Westeuropa erwarten den Sklaven des Kartells drei mögliche Schicksale. Entweder arbeitet er schwarz in der legalen Wirtschaft: in Industriebetrieben und Restaurants, auf Baustellen, in Handels- oder Dienstleistungsunternehmen mit normalen Besitzern. Dann leidet er unter andauernder Ungewißheit, Angst vor Entlassung, ständigen Wohnungsproblemen, der Aussperrung von jeder sozialen Mobilität. Oder es geschieht ein Wunder, und dem Sklaven wird von den Behörden seines Aufnahmelands ein offizieller Status zuerkannt: Asylrecht, Duldung aus humanitären Gründen, befristete Aufenthaltserlaubnis oder ähnliches werden ihm zugestanden.

Dritte Variante: Der Einwanderer oder die Einwanderin wird direkt in einem der unzähligen Unternehmen in Westeuropa – Immobilienfirmen, Spielkasinos, Restaurants, Industriebetriebe, Banken, Geschäfte, Bordelle etc. – angestellt, die einem Kartell gehören. In allen drei Fällen jedoch ist ihm der Besuch des örtlichen oder regionalen Geldeintreibers der kriminellen Organisation sicher: An jedem Monatsende kommt er, um seinen Anteil zu kassieren.

Nach Schätzungen der IOM belaufen sich die Bruttoeinnahmen aus dem Menschenhandel allein für das Jahr 1997 auf über sieben Milliarden Dollar.

Besonders dramatisch ist die Situation für die Frauen. Eine Vielzahl von Kartellen unterhält in Kiew, St. Petersburg, Alma-Ata, Taschkent und anderswo sogenannte »Modellagenturen« oder Agenturen für junge Tänzerinnen. Scharenweise antworten junge Frauen, zermürbt vom wirtschaftlichen Elend ihrer Familien, auf die Annoncen, die täglich in der lokalen Presse erscheinen.

In den Agenturen findet dann eine erste Auswahl statt. Die jungen Frauen erhalten ordnungsgemäße Engagements sowie eine erste Anzahlung und eine Fahrkarte in den Westen. Nach ihrer Ankunft in Berlin, Zürich, Paris oder London entdecken sie schnell die Falle. Anstatt von Theaterleitern, Nachtklub- oder Tanzsaalbesitzern werden sie von Bordellbesitzern oder Zuhälterringen in Empfang genommen.

Die IOM schätzt, daß 1997 500000 Mädchen und Frauen

von den Kartellen des organisierten Verbrechens in Bordellen, Massagesalons und mobilen Prostitutionsringen sexuell ausgebeutet wurden, Interpol spricht von mindestens einer Million Opfern.

Ich möchte noch auf ein weiteres stilles Drama hinweisen, das der Menschenhandel nach sich zieht: das alltägliche Elend der Kinder von versklavten Prostituierten.

Die Straße E55, die Prag mit Dresden verbindet, wird allgemein nur »die Straße der Schande« genannt. Tausende von Frauen aus der Ukraine, Polen, Tschechien, der Slowakei, Zigeunerinnen – manche von ihnen kaum dreizehn Jahre alt – bieten sich an in den unzähligen Bars, Baracken, hinter den Büschen oder in den Gräben, die diese Hauptverkehrsader säumen. Hunderte von Lastwagen, die die mächtige Bundesrepublik Deutschland mit Tschechien und Mitteleuropa verbinden, fahren täglich dort entlang. Praktisch alle Frauen stehen unter scharfer Kontrolle des organisierten Verbrechens. Es herrscht eine mörderische Konkurrenz. Die Forderungen der Kunden sind oft brutal, erbarmungslos. Die Frauen müssen alles tun und insbesondere Geschlechtsverkehr ohne Schutz akzeptieren. Viele dieser Frauen kommen aus den entlegensten Winkeln und haben nicht die geringste Ahnung von Empfängnisverhütung. Folglich gibt es zahlreiche unerwünschte Geburten. Der tschechische Staat hat in Templice eine Entbindungsanstalt eingerichtet, in der Frauen ihre Kinder zur Welt bringen, abgeben und zurücklassen. *Der Spiegel* schilderte das Schicksal einiger dieser Babys, zum Beispiel das der kleinen Nicola, Mutter und Vater unbekannt, geboren 1995. Die Kleine, eine Frühgeburt, deren Mutter an Syphilis litt, ist lebenslang behindert, schreit nachts, weint tagsüber. Der behandelnde Arzt stellt fest: »Ihre seelischen und körperlichen Schmerzen machen eine lebenslange Fürsorge notwendig.«[30]

Die jüngste Entwicklung im Frauenhandel weist fünf Tendenzen auf:

1. Seit Beginn der neunziger Jahre steigt die Zahl der Opfer rapide an. Der Zustrom von Frauen aus dem Osten verringert jedoch nicht im geringsten den Handel mit Frauen aus Schwarzafrika, Asien, dem Maghreb und der Karibik.

2. Das Durchschnittsalter der Opfer sinkt rasant. Die Zahl minderjähriger Prostituierter steigt beunruhigend an. Bestimmte Kartelle haben sich auf die Versorgung der europäischen Pädophilenszene spezialisiert.

3. Je effektiver der Frauenhandel bekämpft wird, um so mehr wird die Prostitution in die Illegalität getrieben. Und um so gewalttätiger und gnadenloser wird die Herrschaft der Kartelle über ihre Opfer.

4. Im Vergleich zu den traditionellen internationalen Zuhälterringen sind die Methoden der Kartelle aus dem Osten um ein Vielfaches wirkungsvoller. Die polizeiliche Unterwanderung dieser neuen Verteilernetze erweist sich als schwierig. Gestützt auf eine außerordentlich effiziente Logistik, eine permanente und gewaltsame Herrschaft über ihre Opfer und deren zurückgebliebene Familien, setzen diese neuen Netze der polizeilichen Unterwanderung eine fast lückenlose Abschottung entgegen.

5. Dieser neue Menschenhandel wirft ansehnliche Profite ab: Eine Straßenprostituierte in Berlin kommt auf einen durchschnittlichen Tagesverdienst von 350 Dollar (Zahlen von 1996). Davon darf sie nur 14 Dollar für ihren eigenen Lebensunterhalt und die Überweisungen an ihre Familie behalten. Häufig kaufen und verkaufen die Kartelle untereinander besonders einträgliche Frauen.

Was tut Europa? Die Hoffnungen Europas ruhen derzeit auf einer tatkräftigen und intelligenten Frau, Anita Gradin, deren Bekanntschaft ich im Exekutivrat der Sozialistischen Internationale gemacht habe. Sie gehörte lange Zeit als Ministerin der schwedischen Regierung an, war Kampfgefährtin von Olof Palme, Pierre Schori und Brigitte Dahl, und ist heute europäische Kommissarin für Justiz.

Im Juni 1996 beruft Anita Gradin zusammen mit dem österreichischen Innenminister in Wien eine Konferenz ein. An ihr nehmen Vertreter aller Mitgliedsstaaten der Europäischen Union und der Staaten teil, die sich um eine Aufnahme in die EU beworben haben. Hundertfünfzig Spezialisten im Kampf gegen den Frauenhandel stehen den Regierungsvertretern zur Seite.

Unter Leitung Anita Gradins wird ein Katalog neuer Maßnahmen verabschiedet. Zunächst wird das Delikt neu definiert. Vor 1996 konnten europäische Polizeibehörden nur bei »Prostitution und Nötigung« eingreifen. Die neue Definition ist deutlich weiter gefaßt. Sie enthält vier Elemente: Menschenhandel liegt dann vor, wenn das Opfer eine internationale Grenze überschreitet, wenn ein Mittelsmann in Aktion tritt, Schleppergebühren bezahlt werden und ein illegaler Aufenthalt im Zielland folgt.

In Wien stand man vor der Aufgabe, ein scheinbar unlösbares Problem zu lösen: Wie kann man ein Opfer schützen, das sich weigert, mit der Polizei zusammenzuarbeiten? Bis zu diesem Zeitpunkt stießen die Behörden bei der gerichtlichen Verfolgung der sexuellen Ausbeutung von Frauen auf eine Mauer des Schweigens der Opfer. Das hatte mehrere Gründe: Opfer, die sich hilfesuchend an die Polizei wenden, werden grausam bestraft, häufig gefoltert, manchmal verstümmelt. Oft lassen die Kartelle des organisierten Verbrechens dieselbe Bestrafung auch den zurückgebliebenen Familienmitgliedern angedeihen.

Die jungen Frauen, oft noch Jugendliche, sprechen die Sprache ihres Aufenthaltslands nicht, sind von ihren Kolleginnen isoliert und begegnen jeder wie auch immer gearteten staatlichen Autorität mit instinktivem Mißtrauen. Aufgrund ihrer bisherigen Erfahrungen – in Rußland, Polen, Usbekistan, Bulgarien, der Ukraine, Kasachstan etc. – fürchten sie die geheime Komplizenschaft zwischen ihren »Beschützern« und der Polizei. Zu Unrecht. Dennoch fällt es ihnen schwer, sich vorzustellen, daß die Polizei von der Mafia unabhängig sein kann.

Die Konferenz von Wien orientierte sich deshalb am belgischen Modell gerichtlicher und verwaltungsrechtlicher Theorie und Praxis. Ein belgischer Ministererlaß aus dem Jahr 1994 sichert jedem, der eine Straftat anzeigt – wenn diese Anzeige zur Einleitung eines Ermittlungsverfahrens führt – und sich bereit erklärt, in einem späteren Prozeß als Zeuge aufzutreten, eine unbegrenzte Aufenthaltserlaubnis zu.

Vom Zeitpunkt seiner ersten freiwilligen Kontaktaufnahme mit der Polizei (oder seiner Verhaftung) an erhält das Opfer eine auf 45 Tage befristete Aufenthaltsgenehmigung aus humanitären Gründen. Ein spezieller Sozialdienst kümmert sich um die Betreffenden. Wenn das Opfer sich innerhalb dieses Zeitraums entscheidet, Anzeige zu erheben, wird die befristete Aufenthaltsgenehmigung um drei Monate verlängert. Wenn es anschließend mit der Justiz zusammenarbeitet, erhält es eine unbefristete Aufenthaltserlaubnis.

Praktisch alle weiblichen Opfer des Menschenhandels sind illegal eingewandert. Als Prostituierte sind sie ohnehin nie im Besitz einer Aufenthaltserlaubnis; als »Tänzerinnen« in einem Cabaret oder »Masseusen« in einem Salon haben sie eine befristete Aufenthaltsgenehmigung – aber in diesem Fall konfisziert das Kartell ihre Papiere (einschließlich des Passes), sobald sie ihr Zielland erreicht haben.

Die Ausweitung der zukunftweisenden belgischen Praxis auf ganz Europa stellt eine realistische Hoffnung im Kampf gegen die sexuelle Ausbeutung von Frauen dar.

Liest man die Berichte der IOM, so gewinnt man den Eindruck, daß die kriminellen Kartelle den Transport ihrer Sklaven nach Westeuropa und Nordamerika mit rationellsten und fortschrittlichsten Methoden organisieren.

Dieser Eindruck ist nur partiell richtig. Denn in der alltäglichen Praxis sind oft archaische, chaotische, gewalttätige Mittelsmänner am Werk. Schlepperbanden arbeiten als Subunternehmer. Zwar kassieren sie regelmäßig beachtliche Summen, dennoch scheitern sie häufig bei ihrer Aufgabe, illegale Arbeitskräfte in lukrative Märkte zu schleusen.

Unbeachtet von der Presse, die diesen »Zwischenfällen« gewöhnlich nur ein paar Zeilen im »Vermischten« widmet, spielen sich an den Meeres- oder Landesgrenzen der reichen Länder schreckliche Tragödien ab.

Hier das Beispiel eines Dramas, das sich an einer Landesgrenze abspielt: Porajow ist eine kleine polnische Stadt, Kreishauptstadt eines Gebiets, das an der Grenze zu Deutschland liegt. Jedes Jahr lotsen Schlepper Tausende von Illegalen – Rumänen, Russen, Albaner, Ukrainer, Polen, Kurden, Araber etc. – in die Region. Erpressungen, Bandenkriege sind die Folge. Korruption der örtlichen Grenzposten. Jedes Jahr findet man im Gebüsch, in den Tälern, im Unterholz des Neissetals die Leichen von Illegalen.[31]

Hier Beispiele von Tragödien auf hoher See: Eine Fähre verbindet täglich die estländische Stadt Tallin mit dem Hafen von Stockholm. Nur das aufmerksame Ohr eines Matrosen verhindert im Februar 1994 eine Katastrophe. Der Matrose hört auf seiner Inspektionsrunde im Kielraum der Fähre wiederholt dumpfe Schläge, die aus einem bei der Einschiffung als leer deklarierten Container kommen. Er erstattet Meldung beim Kommandanten, der sich entschließt, den zwölf Meter langen und zweieinhalb Meter breiten Container mit dem Schneidbrenner öffnen zu lassen. Aus dem

Innern schwappt eine Hitzewelle vermischt mit Schreien, Weinen und Stöhnen. Die Retter erblicken auf dichtestem Raum zusammengedrängt 26 Kinder, das jüngste acht Monate alt, 14 Frauen und 26 Männer.

»Es ist ein Wunder! Wenn die Besatzungsmitglieder nicht diese ungewöhnlichen Geräusche gehört hätten, hätte man in Stockholm 66 Leichen (größtenteils irakische Kurden und Afghanen) herausgezogen, denn der Sauerstoff in dem Container war aufgebraucht«, stellt ein schwedischer Polizist fest.[32]

Fünf blinde Passagiere aus Rumänien wurden von Schleppern in Le Havre in einen Container gequetscht und an Bord eines Schiffs mit Ziel Vereinigte Staaten geschmuggelt. Vier überlebten nicht einmal den ersten Fahrtabschnitt, die Überquerung des Ärmelkanals. Von Hilferufen alarmiert, entdeckten die Docker des britischen Hafens Folkstone, die die Behälter auf ein größeres Containerschiff verluden, einen Überlebenden und vier Leichen.

Die westlichen Staaten laden die Verantwortung für blinde Passagiere den Kapitänen auf. Entweder muß der Transporteur für die Kosten der Abschiebung der blinden Passagiere ohne Papiere aufkommen; dies trifft praktisch auf alle Illegalen zu, denn das kriminelle Kartell nimmt ihnen vor der Einschiffung ihre Papiere ab. Oder er muß eine Strafe bezahlen: Großbritannien verlangt vom Reeder 2000 Pfund (knapp 6000 DM) pro blindem Passagier. Kanada belegt den Kapitän des Transportschiffs mit einer Strafe von 5000 kanadischen Dollar pro Passagier.

Die IOM erfaßt selbstredend in keiner Statistik die anonymen Toten, all jene Männer, Frauen, manchmal Kinder, die fern aller Blicke sterben oder im Meer ertrinken.

VIII. Waisenkinder als Tresorknacker

Die Wölfe praktizieren – neben der sexuellen Ausbeutung vieler Minderjähriger – noch eine andere Form des Mißbrauchs von Kindern. Die ehemaligen Folterknechte der Securitade, Ceausescus Geheimpolizei, verwandeln unschuldige Waisen in Verbrecher.

Die kriminellen Strategien, die Arbeitsweise, die Geldwaschanlagen der rumänischen Banden wurden erstmals von der bayerischen Kriminalpolizei aufgedeckt. Wie wir im letzten Teil dieses Buches noch sehen werden, gehört Bayern zu den wenigen deutschen Ländern, in denen der Geheimdienst (der Verfassungsschutz) der Kriminalpolizei in ihrem Kampf gegen die organisierte Kriminalität tatkräftig zur Seite steht. Bei ihren Nachforschungen über rumänische Delinquenten fielen die bayerischen Geheimdienstler von einer Überraschung in die nächste. Nachdem sie die verschlungenen Wege zurückverfolgt hatten, stießen sie am Ende auf alte Bekannte: ihre Gegner aus der Zeit des Kalten Kriegs, die Agenten der Securitade. An der Spitze der meisten rumänischen Kartelle, die in Deutschland operieren, stehen in der Tat ehemalige hohe Funktionäre der aufgelösten Geheimpolizei Ceausescus.

Eine dieser kriminellen Organisationen tut sich besonders hervor: »Die Garde«. Auf das Konto dieser Bande, die in strikt voneinander abgegrenzte Zellen aufgeteilt und einer strengen militärischen Disziplin unterworfen ist, gehen 4000 bis 5000 Delikte innerhalb eines Zeitraums von vier Jahren (1991–1994). Jede Zelle operiert nach präzisen Anweisungen aus Bukarest: Sobald sie die geforderte Beute – im Gegenwert zwischen 500000 und drei Millionen Mark – ins Vaterland geschafft haben, haben ihre Mitglieder Anspruch auf drei Monate Heimaturlaub in Rumänien.

Viele der jungen Kriminellen, die in Bayern (oder anderswo in Europa) für »Die Garde« arbeiten, sind Jugendliche, die Jahre der Verlassenheit und des Leids in den heruntergekommenen Waisenhäusern Ceausescus oder seiner Nachfolger hinter sich haben.

Noch immer ist die Situation und die Zahl der verlassenen Kinder in Rumänien tragisch. Für 1996 gibt die UNICEF 100 000 Kinder an, die in Heimen untergebracht sind. Viele von ihnen sind täglichen Mißhandlungen ausgesetzt, vor allem Waisen oder Kinder, die in die Fänge des Strafvollzugs oder der Psychiatrie geraten sind. Die Gesellschaft zur Vorbeugung gegen Folter hat darüber erschreckende Einzelfallstudien veröffentlicht.[33]

Die Organisation Ärzte ohne Grenzen schätzt, daß mindestens zehn Prozent aller in Heimen aufgewachsenen Kinder am Ende in der Psychiatrie landen. Ein Drittel davon wird lebenslang auf soziale Unterstützung angewiesen bleiben.[34] 35 Prozent der Kinder unter fünfzehn Jahren leben in absoluter Armut. Die Kindersterblichkeit lag 1995 bei 2,9 Prozent, die höchste in Europa nach Albanien.

Die Waisenhäuser sind häufig in grauenhaftem Zustand: Nach Schätzungen von UNICEF werden jedem Kind in diesen Einrichtungen pro Tag nicht mehr als fünf oder sechs Minuten Zuwendung geschenkt. Die Situation in den Krankenhäusern ist kaum besser: Die Hälfte der Betten in der Pädiatrie ist mit verlassenen Kindern belegt. Die UNICEF stellt dazu fest: Sie sind nicht krank, aber es dauert nicht lange, bis sie es werden. Die Überlebenden dieser Zuchtanstalten – Knaben und Mädchen – sind ideale Kandidaten für »Die Garde«.

In der Zentrale in Bukarest erhalten sie falsche Ausweispapiere. Die Ausbildung der neuen Rekruten findet in Rumänien statt. Dazu gehören Überlebenstraining, Nahkampf, Techniken des geräuschlosen Tötens, Sabotage; auch Informationsverschlüsselung, Beschattung und Gegenbeschattung, Dekodieren von elektronischen Sicherheitssystemen sind Teil des Trainings.

»Die Garde« funktioniert in jeder Hinsicht wie ein klassischer Geheimdienst. Sie verfügt über Verstecke, ein verschlüsseltes Kommunikationssystem über Funk; legale Deckfirmen; die eingeschleusten Kriminellen werden an Ort und Stelle von ausländischen Arbeitern oder Geschäftsleuten unterstützt, die mit der deutschen Sprache sowie den landestypischen Gebräuchen vertraut sind und über legale Bankkonten verfügen.

»Die Garde« geht auf deutschem Boden vielerlei höchst lukrativen Aktivitäten nach: Autodiebstahl und Überführung in den Osten; Erpressung von »Schutzgeldern« von Unternehmen, Familien oder Individuen; bewaffnete Raubüberfälle, vorzugsweise an Autobahnraststätten; Banküberfälle, im allgemeinen in Dörfern oder Städten mittlerer Größe.

Dabei sind die Beamten des Landeskriminalamts in München mit einer besonders frustrierenden Situation konfrontiert: Viele Kriminelle, die nach ihrer Verhaftung, polizeilichen Erfassung und Verbüßung ihrer Strafe ausgewiesen wurden, kommen bald darauf mit einer neuen, ebenso »legalen« Identität wie die vorhergehende zurück. So gut wie alle sind im Besitz mehrerer »echter« falscher Pässe. Die bayerischen Polizeibeamten hegen infolgedessen den Verdacht, daß »Die Garde« beste Beziehungen zu bestimmten hohen Beamten des jetzigen rumänischen Staates unterhält.

»Die Garde« und andere rumänische Banden sind anscheinend spezialisiert auf Tresoreinbrüche (in Postfilialen, Sparkassen, Stadtverwaltungen, Geschäften oder Industriebetrieben). Dabei zeigt sich, wie effizient die Ausbildung in den Trainingslagern unter der Leitung ehemaliger Agenten von Ceausescus Geheimdienst ist. Garant ihres Erfolgs ist eine strikte Arbeitsteilung nach folgendem Schema: Eine erste Mannschaft bricht den Tresor aus der Mauer. Dieser wird anschließend von einem zweiten Team in eine zuvor angemietete Garage oder an einen unverfänglichen Ort in der Nähe gebracht. Die dritte Truppe bohrt die Panzerung auf, und die vierte schafft die Beute beiseite.

IX. Der vergebliche Kampf des Josef Oleksy

Dort, wo in unserem Buch vom Kampf der Behörden gegen die transnationale organisierte Kriminalität die Rede ist, kommen fast ausschließlich westeuropäische Staatsanwälte, Richter und Polizisten zu Wort. Aber auch Osteuropa kennt eine große Anzahl von Frauen und Männern, die – oft unter schwierigsten Umständen – mit großem Mut und viel Ausdauer gegen die Mafiafürsten kämpfen. Josef Oleksy aus Warschau liefert dafür ein eindrucksvolles Beispiel.

Bestimmte polnische Verbrecherkartelle haben »ehrbare« Ursprünge. Sie entstanden und haben sich ausgebreitet mit dem Segen des kommunistischen Regimes. Seit dem Ende des Belagerungszustands in Polen wurde die Wirtschaft in Windeseile liberalisiert. Aber sie blieb schwach und sah sich mit den immer nachdrücklicheren Forderungen der polnischen Konsumenten konfrontiert. Insbesondere herrschte ein eklatanter Mangel an Devisen. Da die legalen Exporte bei weitem nicht ausreichten, um den Import von Massenkonsumgütern zu finanzieren, ließen sich bestimmte Kreise des Partei- und Staatsapparats auf eine verdeckte Zusammenarbeit mit der Mafia ein.[35]

Die polnischen Kartelle waren und sind in Europa, vor allem in Österreich und Deutschland, aktiv: Sie sind verantwortlich für die massive Verschiebung gestohlener Fahrzeuge, elektronischer Geräte und Haushaltsgeräte, aber auch von Nahrungsmitteln und Geldern aus Banküberfällen nach Polen.[36]

Mit der Errichtung der Demokratie und der öffentlichen Freiheiten – insbesondere der uneingeschränkten Bewegungsfreiheit der Individuen – kam Bewegung in die Geschäfte der polnischen Banden: Heute verdienen sie ansehnliche Summen mit dem Export und dem »Schutz« illegaler Emigrantinnen und Emigranten.

Die polnischen Paten arbeiten in enger Symbiose mit den türkischen »Buyuk Baba«. Sie versorgen die türkischen Bordelle in Frankfurt, Berlin, Amsterdam, Mailand, Wien etc. mit jungen Frauen und Mädchen, manchmal auch Jungen.

In Warschau, Krakau oder Danzig werden die jungen Frauen und Mädchen mit irreführenden Anzeigen und fiktiven Verträgen angeworben. Die polnischen Paten verkaufen sie per Katalog an die »Buyuk Baba«. Der Verkäufer ist zuständig für den Transport der gekauften Frau, insbesondere für die Überquerung der litauischen oder deutschen Grenze. Dazu nur eine Zahl: Zwischen 1995 und 1996 hat sich die Zahl der illegalen Grenzübertritte gemäß OIM zwischen Litauen und Polen verdoppelt.

Die polnischen Kartelle zeichnen sich durch ihre Gewalttätigkeit aus. Zwischen Januar und Mai 1995 explodierten 21 Bomben auf polnischem Territorium. Am 12. Februar 1995 geht beispielsweise in Lublin das Auto eines Geschäftsmannes, der mehrere Firmen in Moskau besitzt, in die Luft. Es gibt zwei Tote. Am 3. März fliegt in Praga, einem Viertel von Warschau, eine Schreibwarenhandlung in die Luft. Zehn Tage später betritt Czeslaw K., ein lokaler Mafiafürst, seine Villa im Warschauer Vorort Marki. Als er seine Tür öffnet, explodiert eine Bombe. Czeslaw ist auf der Stelle tot. Ebenso sein Leibwächter. Eine Woche später wird Marian C., Besitzer mehrerer Wechselstuben, durch drei Revolverschüsse am hellichten Tag in seinem Büro hingerichtet. 12. April: Der Finanzier Wlodimierz N. ist in seiner Limousine mit Chauffeur unterwegs. Er gerät in einen Hinterhalt. Die Angreifer schießen mit Kalaschnikows und verletzen den Finanzier schwer. 22. Mai: Zwei Bosse eines Kartells werden in Brodmo, einem Viertel in Warschau, mit einer Maschinenpistole hingerichtet. Ein dritter wird schwer verletzt.[37]

In der zweiten Hälfte der neunziger Jahre ist es vor allem ein Mann, der den Kampf gegen die polnischen Mafiafürsten aufnimmt: Josef Oleksy, Premierminister. Nach dem Modell Italiens schafft er eine Anti-Mafia-Kommission. Aber anders als in Rom untersteht in Warschau diese Kommission nicht dem Parlament, sondern direkt dem Premierminister.

Josef Oleksy ist ein gedrungener, kahlköpfiger Mann mit großem Mut. In jüngster Zeit stößt er auf Schwierigkeiten: Ganz offenbar mißfällt sein entschlossener Kampf gegen die organisierte Kriminalität einigen hochrangigen Personen in der Verwaltung, der Armee und dem Sicherheitsdienst. Vor allem eine Affäre fügte Oleksy Schaden zu.

Der Sachverhalt: Art-B ist eine 1989 gegründete, polnische Import-Export-Firma. V. ist mit der Geschäftsführung beauftragt. Art-B löst den aufsehenerregendsten Skandal des posttotalitären Polen aus. Die Staatsanwaltschaft wirft dem Geschäftsführer die Unterschlagung von 400 Millionen Dollar und die Bestechung führender Direktoren der Nationalbank vor. Die Folge: Grzegorz Woitiwicz, der Gouverneur der Nationalbank, wird seines Postens enthoben. V. flieht nach Israel.

13. Juni 1994: V. wird aufgrund eines von Polen ausgestellten internationalen Haftbefehls am Flughafen Zürich-Kloten verhaftet. Oleksy fordert seine Auslieferung. V. ruft das Schweizer Bundesgericht an. Er verliert. Die Schweiz liefert ihn am 8. Februar 1996 aus.

In Warschau beginnen »vertrauliche« Papiere zu zirkulieren, in denen behauptet wird, Oleksy sei ein bezahlter Agent des Moskauer Geheimdienstes gewesen (oder sei es noch immer). Eine vernichtende Anschuldigung in einem Polen, das erst vor kurzem seine Unabhängigkeit erlangt hat und der russischen Staatsmacht mit großem Mißtrauen begegnet.

Noch einmal bewies Oleksy Mut. Er forderte vom Staatspräsidenten die Eröffnung einer Untersuchung gegen seine eigene Person. Die offizielle Untersuchung ergab, daß sämtliche anonymen Anschuldigungen haltlos und sämtliche gegen ihn in Umlauf gesetzten Dokumente gefälscht waren.

Trotzdem verlor Oleksy sein Amt und wurde von der Spitze der Anti-Mafia-Kommission vertrieben.

Die Rote Armee – Wiege der Mörder

>»Uns entsetzt der Hunger und die Verkommenheit
>Derer, die ihn spüren, und derer, die ihn bereiten,
>Fürchtet doch nicht so den Tod
>Und mehr das unzulängliche Leben.«

BERTOLT BRECHT, *Die Mutter*

I. Pascha Mercedes

Mehr als fünfzig Jahre war die Rote Armee der Alptraum
des Westens: Viele von uns sahen in ihr eine gefährliche, un-
berechenbare Macht, die von einem Moment auf den anderen den Westen überfallen und die Demokratien Frankreichs, Westdeutschlands, Italiens und der Schweiz ver-
schlingen könnte. Kolonnen von Panzern mit dem Roten
Stern auf dem Weg zum Rhein, Paris im Bombenhagel, eine
sowjetische Invasion der Lombardei – wer von uns wurde
nicht von solchen Alpträumen heimgesucht?

Noch 1985, im Jahr der Machtergreifung Michail Gor-
batschows, hatte die Sowjetunion in Deutschland, in den
osteuropäischen Ländern, auf russischem Boden, im Kaukasus und im Fernen Osten etwas mehr als vier Millionen
Männer unter Waffen, eine taktische und strategische Luftwaffe, eine Flotte auf vier Weltmeeren und ein Arsenal von
42 000 nuklearen Sprengköpfen. Diese Streitkräfte verfügten
über zahlreiche Kommandoeinheiten, Spezialisten im Unter-
grundkampf, »snipers« (Scharfschützen) und andere hochqualifizierte Elitetruppen.

Keine fünf Jahre vergingen bis zum Zusammenbruch der Roten Armee. 1990 beschließt Gorbatschow, das westliche Vorfeld der UdSSR zu räumen und seine Armeen aus der DDR, Polen, Ungarn, Bulgarien etc. zurückzuziehen. Hunderttausende von Soldaten und Offizieren werden demobilisiert, ohne nennenswerte Entschädigung.

Im August 1991 löst die UdSSR sich selbst auf. Die russische Armee erbt den größten Teil der Einheiten und der Ausrüstung des sowjetischen Heers, der Luftwaffe und der Flotte. 1996 hat die russische Armee offiziell 1,3 Millionen Soldaten, Unteroffiziere und Offiziere. Diese Zahl wird vom Institut für Strategische Studien in London angezweifelt: Desertionen und Befehlsverweigerungen sind an der Tagesordnung. 1995 wurden nur 24 Prozent der Wehrpflichtigen zum Dienst am Vaterland einberufen. Zwischen 50 000 und 70 000 Einberufene haben den Wehrdienst verweigert. Während der ersten sechs Monate 1997 sind mehr als 3000 Soldaten desertiert.

Hat der Alptraum sich in Luft aufgelöst? Nein. Denn im Osten ist eine neue Gefahr aufgetaucht, eine aktuellere, konkretere, unmittelbarere Bedrohung. Die ehemalige Rote Armee ist zur Wiege der Killer der Mafia geworden. Heute erwächst uns aus den Trümmern des früheren sowjetischen Militärapparats eine wenn möglich noch schrecklichere Bedrohung als alle Generäle der ehemaligen Sowjetunion zusammen: eiskalte Killer, hocheffizient und zu allem bereit, arbeitslose Exsoldaten einer geschlagenen, desintegrierten Armee.

Sehen wir uns das genauer an. Die Demobilisierung der Einheiten zwischen 1990 und 1995 geschah oft unter entwürdigenden Umständen. Eine Reise nach Moskau genügt, um am östlichen Stadtrand diese im Schlamm versunkenen, von den Winterregenfällen überfluteten Vorstädte zu entdecken, in denen in »Containern« – unter unwürdigen Bedingungen – die niederen Offiziersränge, Unteroffiziere und ihre Familien hausen.

Doch das reichste Reservoir an Handlangern der Mafia bilden die ehemaligen Afghanistankämpfer. 1979: Die Rote Armee marschiert in Afghanistan ein. Fast zehn Jahre lang reiben sich die besten Einheiten der Armee, die Elitetruppen des KGB und die direkt dem Generalstab unterstellten Kommandos in endlosen Kämpfen gegen die Mudschaheddin der Tadschiken, Paschtunen, Belutschen und Usbeken auf. 1988 schließlich zeichnet sich ihre endgültige Niederlage ab. Gorbatschow weigert sich, seine Soldaten noch länger in diesem mörderischen Abnutzungskrieg zu belassen. Der Rückzug dauert vier Jahre. Er vollzieht sich unter den schlimmsten Bedingungen: Zwischen 1988 und 1989 werden die Konvois bei ihren Versuchen eines geordneten Abzugs in die Nachbarländer (bis 1991 Sowjetrepubliken) Usbekistan, Tadschikistan, Kirgisien regelmäßig von Guerilleros des einen oder anderen afghanischen Kriegsherrn auf den schmalen und gefährlichen Bergstraßen angegriffen und dezimiert.

Die russischen, tschetschenischen, usbekischen, tadschikischen, sibirischen, moldawischen usw. Soldaten und Offiziere, die schließlich heil und unverletzt in ihren jeweiligen Garnisonsstädten ankommen, fühlen sich von den Machthabern im Kreml gedemütigt, im Stich gelassen, verraten. Wie die meisten Kolonialarmeen, die nach ihrer Niederlage Hals über Kopf in ihr Heimatland zurückverlegt wurden, nährt auch die in Afghanistan besiegte Rote Armee Gefühle von Verachtung und Haß auf den Staat und die Regierung, die sie verraten haben. Die Kartelle des transnationalen organisierten Verbrechens rekrutieren aus diesem Reservoir mühelos Zehntausende von Veteranen, die in ihrer Verbitterung zu allem bereit sind, um ein paar Rubel zu verdienen. Schauplatz der Rekrutierung ist Rußland und das Territorium der ehemaligen Sowjetrepubliken in Zentralasien, aber auch Peshawar in Westpakistan, Fluchtort vieler Deserteure.

Die von der Interpol erfaßten 5700 Banden der russischen Mafia können ihre Killer folglich aus einem schier unerschöpflichen Reservoir rekrutieren. Außerordentlich professionelle Vertreter ihres Fachs noch dazu, denn die meisten von ihnen sind mit den raffiniertesten Methoden des Tötens mit Hilfe von Feuerwaffen, Gift, Klinge oder anderen Mitteln vertraut.

Dem amerikanischen FBI zufolge haben sich bestimmte Einheiten der Spezialtruppen des ehemaligen KGB in corpore dem einen oder anderen Kartell des organisierten Verbrechens angeschlossen. Die Spezialisten der Kommandoeinheiten der Armee hingegen haben sich häufig selbständig gemacht: Sie gründeten »Schutzagenturen«, »Privatdetekteien« etc. und verkaufen nun ihre Dienste von Fall zu Fall an den Meistbietenden.

Andere Exmilitärs wiederum arbeiten auf strikt individueller Basis. Sie sind echte »Freiberufler«. Sie führen quasi überall in Europa Aufträge aus. Das trifft insbesondere auf viele Ehemalige der »Alpha-Truppe« zu, das sowjetische Äquivalent der amerikanischen Green Berets. Diese einsamen Wölfe sind die gefährlichsten Killer, die am schwierigsten zu identifizieren und zu überwachen sind.

Louis Freeh, der Leiter des FBI, stellt mit Besorgnis fest: »Während des Kalten Kriegs hinderte ein informeller Waffenstillstand die Agenten des KGB daran, amerikanische Agenten zu töten und umgekehrt ... Heute ist das vorbei.« [1]

Die neuen Killer kennen kein solches Zartgefühl mehr. Sie sind auf russischem Boden ebenso aktiv wie in Paris, Lyon, Genf, Berlin oder Montreal, New York oder Los Angeles.

Ein Mann verkörpert bis zur Karikatur den Niedergang der Streitkräfte der ehemaligen UdSSR: Pawel Sergejewitsch Gratschow. Bis zum 18. Juni 1996 war er der mächtige Verteidigungsminister der Russischen Föderation. Wegen seiner Leidenschaft für Luxuslimousinen wird er allgemein Pascha Mercedes genannt. Seine Raffgier ist sprichwörtlich. Sein Zynismus ebenso.

Er ist klein, stämmig, trägt Bürstenhaarschnitt, hat ein rundes Gesicht und feiste Züge. Er stammt aus Tula in Zentralrußland. Dank seines enormen Muts und einer unerschöpflichen Vitalität klettert er bei den Fallschirmjägern die Karriereleiter hoch. Er ist ein »Held« aus dem Afghanistankrieg. Seine Karriere ist beispielhaft und von vielen Zufällen begünstigt.

August 1991: Die Unbelehrbaren des dahinsiechenden Sowjetregimes organisieren in Moskau ihren Putsch gegen Gorbatschow, der am Schwarzen Meer Urlaub macht. Boris Jelzin setzt sich an die Spitze des Widerstands.

Die Rote Armee ist gespalten, zögert. Als einziger General mobilisiert Gratschow auf der Stelle seine Einheiten, um den »Demokraten« und besonders Jelzin zu Hilfe zu eilen. Der Fallschirmjäger hat richtig kalkuliert. Sobald Jelzin Präsident der Russischen Föderation ist, erwählt er ihn zu seinem Lieblingsmilitär. Gratschow wird Verteidigungsminister.

Oktober 1993: General Rutskoi und die anderen Aufständischen verbarrikadieren sich im Gebäude des alten Obersten Sowjet. Wieder zögert die Armee, schwankt hin und her. Gratschow läßt die Panzer auffahren und bricht den Widerstand der Belagerten.

Dezember 1994: Der Luftwaffengeneral Dudajew und die tschetschenischen Unabhängigkeitskämpfer proklamieren den Bruch mit Moskau und die Abspaltung ihrer kleinen Republik im Nordkaukasus. Gratschow, mittlerweile Minister, eilt vor die Kamera. Er verkündet, daß er Grosny, die Hauptstadt der Abtrünnigen, mit einem »einzigen Regiment Fallschirmjäger« niederwerfen wird. Innerhalb von »zwei

Stunden«. Er wirft sich zum Retter der christlichen Zivilisation vor dem Islam auf.

Das Resultat ist ein grausamer Krieg, der mehr als drei Jahre dauert. Zu Tausenden treffen die Leichen blutjunger russischer Soldaten im Zinksarg in ihren Dörfern und Geburtsstädten ein. Grosny liegt in Schutt und Asche. Gratschows Armee führt einen Krieg von unsäglicher Grausamkeit, tötet Zehntausende von Frauen, Kindern, Männern. Dennoch blamiert sie sich, muß sich am Ende den tschetschenischen Patrioten geschlagen geben, denen die Bewunderung der Welt gilt.

Nun zur Korruption: Zahlreiche Generäle haben seit 1991 ein gigantisches Vermögen angehäuft. Die Duma bewilligt Millionen Rubel, um die Wiedereingliederung von Hunderttausenden von Soldaten, Offizieren und ihren Familien zu fördern, die aus der Ex-DDR und anderen Garnisonen Osteuropas zurückbeordert wurden. Auch aus der Bundesrepublik Deutschland fließen Hunderte von Millionen DM, um den Abzug der Westgruppe der Roten Armee zu unterstützen und zu beschleunigen. Viele Generäle kassieren ihren Anteil daran. Die meisten Heimkehrer vegetieren in Barackensiedlungen am Rand der Großstädte dahin und erhalten nur einen Hungersold.

Hohe Offiziere verdienen Millionen Dollars durch den Verkauf von Kanonen und Panzern, die sie aus den Beständen der Gruppe West entwendeten, an die bosnischen Serben.

1992 dann der Schock: Im Fernsehen wird ein Film über die Wehrpflichtigen auf der Insel Russki ausgestrahlt, eine Garnison im Fernen Osten. Die Öffentlichkeit sieht unterernährte Jugendliche, manche kurz vor dem Hungertod. Mehrere sind im Lazarett. Vier sind bereits verhungert. Funktionäre des Verteidigungsministeriums, die für die Versorgung zuständig waren, haben regelmäßig Lebensmittel abgezweigt, um sie auf dem freien Markt zu Geld zu machen. Wer die Untaten der Offizierskaste recherchiert, muß teuer dafür bezahlen. Der junge Dimitri Kholodov ist Militärberichterstatter der Zeitung *Moskowoski Kosmomolez*. Er berichtet, wie die Generäle, die für die Rückführung der früher in der DDR stationierten Truppen verantwortlich sind, auf eigene Rechnung Kanonen und Kampfflugzeuge an die serbischen Milizen in Bosnien verkauft haben. Im Oktober 1994 zerfetzt eine in seinem Büro deponierte Bombe den unvorsichtigen Journalisten.

Als persönlicher Freund und Verbündeter Jelzins bleibt Gratschow unantastbar. Bis zu diesem Junimorgen 1996, der seinen Untergang besiegelt. General Lebed, der neue Sekretär des Nationalen Sicherheitsrats, enthebt Gratschow und sechs der korruptesten Generäle aus dem Apparat des Ministeriums ihrer Ämter. Der Minister stürzt, aber er wird nicht vor Gericht gestellt. Er bleibt in Jelzins Nähe.[2]

Ein junger Soldat in Grosny kommentiert Pascha Mercedes' Sturz nüchtern mit den Worten: »Man hätte ihn schon längst auf dem Roten Platz aufhängen sollen. Es ist seine Schuld, daß so viele Soldaten hier gefallen sind. Und wenn Soldaten verhungert sind, dann ist es ebenso seine Schuld.«[3]

Zum Leidwesen des jungen Soldaten muß man feststellen, daß auch der von Lebed eingesetzte Nachfolger Gratschows im Verteidigungsministerium kein Heiliger ist: General Igor Nikolaievitch Rodionov, ein flotter Mittsechziger, Fallschirmjäger und ehemaliger Afghanistankämpfer, war 1989 Kommandant des Militärbezirks Transkaukasien.

Am 9. April 1989 demonstrieren 100000 Männer, Frauen und Kinder friedlich auf dem Boulevard Rustaveli in Tiflis für die Unabhängigkeit ihrer Republik. Gorbatschow fordert ein Ende der Demonstration, schärft Rodionov jedoch ein, weder Panzer noch Kugeln einzusetzen.

Das sollte kein Hindernis sein! Der mutige General rüstet seine Fallschirmjäger mit Kampfgas, Dolchen und scharfkantigen Schaufeln aus und läßt sie dann auf den Zug los. Das Ergebnis: 19 ermordete Demonstranten, darunter zwei kleine erstochene Mädchen und ein in den Armen seiner Mutter enthauptetes Baby, 138 Schwerverletzte.[4]

Postskriptum betreffend Pascha Mercedes: 1997 betreibt die NATO die sogenannte Osterweiterung (Aufnahme von ehemals kommunistisch beherrschten Ostsatelliten der Ex-UdSSR). Die russische Regierung ist unzufrieden. Die NATO beschließt einen Kompromiß: Sie schafft den »Ständigen NATO-Rat Rußland«, ein Koordinations- und Konsultativorgan zwischen der NATO in Brüssel und der Russischen Föderation. Jelzin erwägt, Gratschow zum obersten russischen Militärvertreter in diesem Rat zu ernennen.[5]
Ende Dezember 1997 erhielt Gratschow außerdem einen Beraterjob bei der staatlichen Rüstungsexportfirma Roswooruschenije. Seine langjährigen Erfahrungen mit dubiosen Geschäften werden ihm sicherlich helfen, die Waffenexporte Rußlands, wie von Präsident Jelzin gewünscht, auf mindestens zehn Milliarden Dollar im Jahr 2000 zu steigern.[6]

II. Tschernobyl frei Haus

April 1986: An einem Frühlingsnachmittag führen einige Techniker im Kernkraftwerk von Tschernobyl in der Nähe des gleichnamigen Dorfs, im Tal des Dnjepr in der Westukraine, im Rahmen einer geplanten Drosselung des Reaktors Nummer vier (wegen Instandhaltungsarbeiten) einen Versuch am Stromkreislauf durch. Der Versuch bewirkt einen schlagartigen Temperaturanstieg. Am 26. April um ein

Uhr morgens explodiert der Reaktorkern. Die erste radioaktive Wolke verteilt etwa zehn Prozent des radioaktiven Materials des Reaktors.

Mehr als 50000 Menschen wohnen in dem Dorf und im Ort Pripjat. Für ihre Evakuierung existieren keinerlei Pläne. Erst Ende April werden 96000 Frauen, Männer und Kinder aus der kontaminierten Zone entfernt. Tausende von ihnen sterben später an Knochenkrebs und Leukämie.

Der Kern des Reaktors Nummer vier brennt tage- und nächtelang und entläßt immer neue radioaktive Wolken in die Atmosphäre. Diese Wolken ziehen nach Westen. In Westeuropa macht sich Panik breit. Die Stockholmer Regierung ordnet die Tötung aller Rentiere in Nordschweden an. In Paris, Bern und Mailand wird der Verkauf unkontrollierten Gemüses verboten.

Die Angst vor einer nuklearen Katastrophe, kontaminierten Lebensmitteln, vergiftetem Wasser und radioaktiv verseuchter Luft geht auf unserem Kontinent um. Eine unbegründete Angst? Eine übertriebene Panik ohne realen Bezug zu einer echten Gefahr? Wir werden es wohl kaum erfahren.

Über zehn Jahre nach der Tschernobyl-Katastrophe droht eine neue Gefahr aus dem Osten: der illegale Export und private Verkauf im Westen (sowie im Nahen und Fernen Osten) von ehemals sowjetischen Nuklearsprengkörpern und -rohstoffen. Ein deutscher Ermittler faßt dies folgendermaßen zusammen: »Westeuropa steht ein Tschernobyl frei Haus bevor.«

Seit Beginn der neunziger Jahre erscheint in den Lageberichten, die regelmäßig von den zentralen Polizeiorganen der verschiedenen Staaten Westeuropas erstellt werden, ein bis dato nicht dagewesener Begriff: »Nuklearkriminalität«. Dieser neuartige Handel liegt größtenteils in den Händen des organisierten Verbrechens. Er steht in engem Zusammenhang mit dem Niedergang der Roten Armee.[7]

Um welche Substanzen handelt es sich dabei?

1. Plutonium ist eine Transuransubstanz. Es dient als Explosionskomponente für Nuklearwaffen. Es ist außerdem von zentraler Bedeutung für die Entwicklung der industriellen Nutzung der Kernenergie. Es handelt sich um eine radioaktive und extrem gefährliche Substanz. Der Umgang damit sowie sein Transport erfordern eine hochspezialisierte Ausrüstung.

2. Auch Uran selbst hat einen hohen Marktwert. Es ist der nukleare Brennstoff par excellence. Die Urananreicherung erfolgt durch verschiedene Verfahren der Isotopentrennung. Zur Herstellung einer Atombombe sind Plutonium und angereichertes Uran erforderlich. Zur Auslösung einer Kettenreaktion braucht man Uran mit einem hohen Anteil an Isotopen 235.

3. Osmium ist hochgiftig, aber nicht radioaktiv. Sein hoher Marktwert erklärt sich daraus, daß es unverzichtbar für die Herstellung von Hartmetallen ist – und diese sind unverzichtbar für den Bau von Atombomben.

4. Eine andere, häufig von russischen Banden auf westlichen Märkten angebotene Substanz ist Zinnober, ein Quecksilbersulfid, das ebenfalls eine wichtige Rolle bei der Nuklearproduktion spielt.

Woher kommen diese Substanzen?

Die meisten Generäle, denen die Stützpunkte und Arsenale mit Nuklearwaffen der Russischen Föderation unterstehen, wurden nach 1991 von Pascha Mercedes eingesetzt. Westliche Ermittlungsbeamte sind davon überzeugt, daß mehrere von ihnen entweder direkt in den Diensten krimineller Kartelle stehen oder nach Bedarf bestochen werden. Besonders amerikanische Inspektoren waren nicht wenig überrascht, als sie vor Ort feststellten, wie schwach bewacht die Lager von Nuklearmaterial, die Atomwaffenstützpunkte und -arsenale der ehemaligen Roten Armee waren.

Das Bundeskriminalamt erstellte für die Jahre 1993 und 1994 folgende Liste beschlagnahmter Substanzen:

Plutonium 239	Uranerz
Kobalt 60	Uranpulver
Kalifornium 252	Osmium
Natürliches Uran	Zinnober
Angereichertes Uran	Skandium
Strontium	Krypton 85
Plutonium-Amerikanum	Urantabletten (Anreiche-
Cäsium 137	rungsgrad: 1,6 bis 4,4 Prozent
Kobalt	U 235)

Das BKA bemüht sich, die Hauptrouten dieser Substanzen ausfindig zu machen: Da es sich um hochsensible Verbindungswege handelt, die oft ausgeklügelte Transportmittel und Vorkehrungen erfordern, vollzieht sich die Beförderung des Materials in zahlreichen Etappen.

Die russischen Kartelle benutzen als Transportwege und Zwischenetappen für den Bestimmungsort Berlin und den Hamburger Hafen das Baltikum, Weißrußland und Polen. Eine andere Route führt über die Ukraine, Moldawien, Rumänien, Bulgarien und Ungarn nach Wien. Eine dritte durchquert Rumänien, Bulgarien, Ungarn, die Slowakei und Tschechien mit Ziel Bayern.

Technisch gesehen werden die Nuklearsubstanzen, die illegal aus den Lagern Rußlands, Kasachstans, der Ukraine – den Nachfolgestaaten der Gebiete, in denen zu Zeiten der Sowjetunion das Kernwaffenarsenal konzentriert war – entwendet wurden, auf zweierlei Weise auf dem westlichen Markt in Umlauf gebracht. Zunächst gibt es die klassische Nuklearkriminalität. Ein Kartell entwendet – mittels Diebstahl, Gewalt oder Korruption – die nukleare Substanz in Kernkraftwerken, Labors oder auf Militärstützpunkten. Es schafft sie illegal nach Europa und vertreibt sie auf geheimen

Kanälen in enger Zusammenarbeit mit dubiosen europäischen Geschäftsmännern.

Zweite Methode: Das kriminelle Kartell gründet eine oder zwei Deckfirmen. Diese Deckunternehmen, die in Liechtenstein oder auf den Bahamas registriert sind, nehmen dann ganz legal Kontakt zu einem – privaten oder öffentlichen – europäischen Speziallabor auf und bitten es, ein Zertifikat über die Ware auszustellen, wie es bei jeder anderen Substanz üblich ist. Die Eidgenossenschaft verfügt in ihrer Eigenschaft als einer der industriell fortschrittlichsten Staaten der Welt über eine große Anzahl von Privatlaboratorien von großem internationalem Renommee.

Das europäische Labor verrichtet seine Arbeit, prüft die Qualität des Plutoniums, Strontiums etc., das ihm vorgelegt wird, und drückt ihm seinen Stempel auf. Die Arbeit des Labors ist rein wissenschaftlicher Natur. Nichts verpflichtet es dazu, über die Herstellung des Materials oder die Identität des Besitzers Nachforschungen anzustellen. Im übrigen wäre es, selbst wenn es das wollte, meistens nicht dazu in der Lage. Versehen mit dem Stempel des Labors wird das illegal erworbene Nuklearmaterial nun ganz legal auf internationalen Märkten gehandelt.

Bereits 1993 bearbeiteten die Polizei- und Justizbehörden der Staaten der Europäischen Union und der Schweiz 241 Fälle von Handel mit Nuklearsubstanzen.[8] In 118 dieser Fälle war das fragliche Material nur schwach oder gar nicht radioaktiv. 1994 wurden von den Behörden 267 Fälle von Nuklearkriminalität in Westeuropa bearbeitet.

Mitte Dezember 1997 berichtete der Präsident des deutschen Bundesnachrichtendienstes, Hansjörg Geiger, vor einem deutschen Untersuchungsausschuß, daß die Zahl der bekanntgewordenen Fälle von internationalem Nuklearschmuggel seit 1996 um zehn, 1997 sogar um zwanzig Prozent zurückgegangen sei. Seit dem bisherigen Höhepunkt des Schmuggels mit radioaktivem Material 1995 sei nach BND-Erkenntnissen kein waffenfähiges Material mehr sichergestellt worden.[9]

Angesichts der enormen Gewinnspannen einerseits, die im Bereich der nuklearen Kriminalität zu realisieren sind, und der Fülle nuklearer Substanzen, die auf den Gebieten der verschiedenen Republiken der ehemaligen Sowjetunion liegen, würde man einen weit ausgedehnteren Handel erwarten.

Daß der Handel mit atomaren Substanzen relativ begrenzt ist, ist einer speziellen Initiative der Internationalen Atomenergiebehörde (IAEA, International Atomic Energy Agency) zu verdanken: Sofort nach der Beschlagnahmung der ersten bedeutenden Mengen Plutonium in Europa nahm die IAEA Kontakt zu den Regierungen der früheren Republiken der ehemaligen UdSSR und der osteuropäischen Staaten auf. Sie führte ein wissenschaftliches und polizeiliches Überwachungsprogramm für die vorhandenen Bestände ein. Zwar können die Angehörigen der IAEA nur in Gegenwart von Regierungsvertretern auf dem Territorium der betroffenen Länder aktiv werden, ihr Eingreifen aber hat sich dennoch als wirksam erwiesen. Auch wenn es unmöglich ist zu verhindern, daß Nuklearmaterial aus dem Osten gestohlen oder »freiwillig überlassen« wird, so kann man heute doch wenigstens ziemlich genau den Herkunftsort der im Westen angebotenen Substanzen lokalisieren.

Bleibt das Horrorszenario, das die Inspektoren der IAEA und die westlichen Polizei- und Justizbehörden nicht losläßt: Der Einsatz dieser Substanzen für terroristische Zwecke oder ihr Weiterverkauf an Regime, die zur Erreichung ihrer politischen Ziele auch nicht vor einem nuklearen Attentat oder zumindest der Drohung damit zurückschrecken.

Die Vereinigten Staaten spielen eine bedeutende Rolle im Kampf gegen die internationale Nuklearkriminalität. Welch eine »List der Geschichte«, um mit Hegel zu sprechen! Heute sind es die Vereinigten Staaten, die mit Hilfe riesiger Kredite versuchen, die russischen Militärforschungszentren am Leben zu erhalten. Sie garantieren den Schutz dieser Zentren, finanzieren Forschungsprogramme, kommen für die Lohnzahlungen auf.

Ein Beispiel: Arzamas, in einem großen Wald 250 Kilometer südöstlich von Moskau gelegen, ist eine der zehn russischen Städte, die noch 1996 als »verbotene Stadt« galten. Arzamas hat 96 000 Einwohner, darunter viele der bestqualifizierten Nuklearphysiker und Waffeningenieure des Landes. Sacharow hat jahrzehntelang an diesem Ort gearbeitet. Die sowjetische Wasserstoffbombe wurde in Arzamas entwickelt.

1992 kommt in Arzamas kein Geld aus Moskau mehr an. Pascha Mercedes treibt sein Unwesen im Verteidigungsministerium. Die Gehälter werden nicht mehr ausgezahlt. In den Krankenhäusern gehen die Medikamente aus. Kinder leiden an Unterernährung. Die Wissenschaftler, Topgeheimnisträger, sind am Verzweifeln: Einige gehen nach China, andere erwägen, in den Iran oder nach Libyen auszuwandern. Wieder andere – aber das ist nur eine Vermutung – schenken den Abgesandten der Paten Gehör.

An diesem Punkt intervenieren die Vereinigten Staaten. Das National Laboratory von Los Alamos in Neumexiko übernimmt die Krankenhäuser, entsendet Dutzende von Forschern, initiiert gemeinsame Programme und sichert das Überleben der russischen (armenischen, ukrainischen, kasachischen etc.) Wissenschaftler von Arzamas.[10]

Ein weiteres Problem, mit dem sich die Vereinigten Staaten konfrontiert sahen, war der Abbau und die Verlagerung des ungeheuren Waffenarsenals, das in der Ukraine, Weißrußland und Kasachstan deponiert war, auf das Territorium der Russischen Föderation. Die Senatoren Sam Nunn und Richard Luger bringen einen Gesetzesentwurf durch, der den amerikanischen Präsidenten ermächtigt, mit beträchtlichen Zuschüssen am Vernichtungsprogramm der ehemals sowjetischen Nuklearwaffen mitzuwirken. Gemäß dem ehemaligen New-York-Times-Kolumnisten James Reston besitzen die Republiken der ehemaligen Sowjetunion 1992 noch über 30000 nukleare Sprengköpfe.[11]

Doch das von Präsident Bush erzielte Abkommen funktioniert nicht: Die Regierungen Kiews, Alma-Atas wollen auch von dem Geldsegen (viele Hundertmillionen Dollar) profitieren, der durch das Nunn/Luger-Gesetz in Umlauf gebracht wird. 1994 wird Clinton erneut aktiv. Er schließt mit der Ukraine einen Vertrag (»Cooperative Threat Reduction«) über die Reduzierung der Interkontinentalraketen mit atomaren Mehrfachsprengköpfen.

Mit Kasachstan wird ein Geheimprogramm vereinbart, das Programm Saphir. Darin ist der Transport des angereicherten Urans aus Kasachstan in die USA vorgesehen; das Uran bleibt Eigentum der Republik Kasachstan; die Vereinigten Staaten übernehmen seine Lagerung in ihren Depots, um es vor dem Zugriff der Mafia zu schützen.

1996 zwingt Clinton schließlich Gratschow ein Zusatzprogramm auf, dessen Ziel es ist, die Bestände an Nuklearmaterial (angereichertem Uran, Plutonium etc.) in Rußland selbst vor den Angriffen der Mafia oder der korrupten Generäle zu schützen.

Mit diesem Programm, für das 330 Millionen Dollar bewilligt wurden, wird die gemeinsame Kontrolle der Depots der ehemaligen Roten Armee durch amerikanische, russische, ukrainische und kasachische Inspektoren finanziert. Charles B. Curtis, stellvertretender Sekretär im Energieministerium, umschrieb den amerikanischen Beitrag mit einer prägnanten Formulierung: »Guards, guns and gates« (Wachen, Waffen, Absperrungen). Curtis ist dennoch beunruhigt: »Die Zeit eilt. Wir brauchen viel Glück, um unser Programm in die Tat umzusetzen ... bevor eine größere Menge gestohlen wird.«[12]

Wie recht Curtis doch hatte!

Im September 1997 schlug General Alexander Lebed, vormals Sicherheitsberater von Präsident Jelzin und heute einer der Oppositionsführer der Föderation, öffentlich Alarm: »Die russischen Streitkräfte haben die Kontrolle über mindestens 100 Nuklearsprengkörper verloren. Es handelt sich um Sprengsätze, die nicht größer sind als ein Koffer. Sie sind leicht transportierbar. Jeder unter ihnen kann in weniger als 30 Minuten von einer einzigen Person gezündet werden. Ein einziger dieser Sprengsätze kann über 100 000 Menschen vernichten.«[13]

Die unter dem korrupten Regime von Pascha Mercedes aufgeblühte internationale Nuklearkriminalität zeigt eine besondere Vorliebe für das Schweizer Territorium. Die Schweiz ist aufgrund der liberalen Praxis ihrer Labors, der Kompetenz ihrer multinationalen Banken, ihrer interkontinentalen Flughäfen, ihrer Telekommunikation und ihres Bankgeheimnisses seit Beginn der neunziger Jahre eine wahre Drehscheibe der internationalen Nuklearkriminalität geworden.

Hier einige der jüngsten Affären: Ab 1994 boten bestimmte Firmen auf dem Weltmarkt große Mengen von Quecksilbersulfid an, dessen internationalem Handel die besondere Aufmerksamkeit der Inspektoren der IAEA gilt. Alarmierend daran war besonders ein Punkt: der niedrige Preis von Quecksilbersulfid. Das Kilogramm wurde für 375 000 Dollar angeboten.

1994 war das Jahr, in dem der amerikanische Geheimdienst die Pläne zum Bau einer nordkoreanischen Atombombe enthüllte. In Washington herrschte höchste Alarmstufe. Eines der verrücktesten Regime der Welt, das in den letzten Zügen liegt, von einer Hungersnot und internen Nachfolgekämpfen heimgesucht wird, wäre womöglich schon bald im Besitz konkreter nuklearer Erpressungsmittel.

Die Zeitschrift *Bilanz* veröffentlichte Faksimiles einer Korrespondenz einer Züricher Firma mit Diplomaten der nordkoreanischen Botschaft in Paris. Aus dieser Korrespondenz ging hervor, daß das rote Quecksilber sich in einem Lager am französisch-schweizerischen Flughafen Basel-Mühlhausen befand. In dem Brief wurde auch die Höhe der von den Mittelsmännern geforderten Provision genannt: 6000 Dollar pro Kilo verkauftes Quecksilbersulfid.[14]

Wer steckte hinter dieser Transaktion? Drei ehemalige KGB-Offiziere. Zwei von ihnen verhaftete die schweizerische Bundespolizei. Sie waren per internationalem Haftbefehl gesucht. Der erste wurde nach Österreich, der zweite in die USA ausgeliefert; beide wurden vor Gericht gestellt.

Die meisten der in der Nuklearkriminalität tätigen internationalen Firmen können auf die tatkräftige, wenn auch kostspielige Unterstützung helvetischer Geschäftsanwälte zählen. Diese sitzen häufig in Zug.

Die reizende kleine Stadt Zug im Herzen der Eidgenossenschaft ist Sitz einer großen Anzahl sogenannter Briefkastenfirmen (deren einzige Aktivität eben darin besteht, gegen Entgelt einen Strohmann zu stellen).[15]

Zur Erinnerung: Jeder der 26 Kantone der Schweizer Eidgenossenschaft genießt Rechtshoheit. Er besitzt sein eigenes Gerichts- und Polizeisystem, seine eigene Strafprozeßordnung. Die Perversion der Rechtspflege, die schleichende Korruption des einen oder anderen Kantons ist folglich für die Bundesbehörden nur schwer kontrollierbar. Und dies, obschon die Eidgenossenschaft in der Person von Carla D el

Ponte über eine Bundesanwältin von großer Kompetenz und persönlichem Mut verfügt.

Aber nicht nur die Schweiz, auch die Vereinigten Staaten erfreuen sich großen Zuspruchs von seiten der Nuklearkriminellen. 1997 identifiziert das amerikanische FBI 25 russische Verbrecherkartelle, die sich auf den Schmuggel von nuklearem Material in die USA und den Verkauf dort spezialisieren. Um sie zu bekämpfen hat Washington eigens eine Sondereinheit geschaffen: die Task Force Odessa. Deren bisherige Erfolge sind beeindruckend. Ein Beispiel: Im Juli 1997 überstellt die Task Force dem Gericht in Miami zwei litauische Geschäftsleute russischen Ursprungs. Der erste ist 36, der zweite 28 Jahre alt. Sie gehören zur neuen, aggressiven Generation russischer Mafiafürsten. Trotzdem sind sie den amerikanischen Agenten wie blutige Anfänger in die Falle gelaufen. Diese hatten sich den Russen gegenüber als Vertreter einer New Yorker Cosa-Nostra-Familie ausgegeben. Der Staatsanwalt beschuldigt die beiden Russen, den verdeckten Agenten Boden-Luft-Raketen vom Typ SAM XIV und XVI sowie atomare Sprengkörper angeboten zu haben.[16]

III. Heroin aus Zentralasien und Wladiwostok

Die Leserin, der Leser mögen sich fragen, was das Kapitel über den zentralasiatischen (und fernöstlichen) Heroinhandel im dritten, der ehemaligen Roten Armee gewidmeten Teil dieses Buches zu suchen hat. Die Erklärung ist einfach: Ohne genaue Kenntnis der sozialen, ökonomischen und politischen Auswirkungen des Afghanistankrieges bleibt die zeitgenössische Struktur des europäischen Heroinmarktes unverständlich.

Im Dezember 1979 marschierten die sowjetischen Divisionen in Afghanistan ein. 1988 war ihre Niederlage besiegelt: Am 14. April 1988 unterschrieb Außenminister Gromyko in Genf die Waffenstillstandsverträge. Der sowjetische Rückzug nach Usbekistan (und den anderen zentralasiatischen Republiken) war im April 1989 zu Ende. Die vom Kreml in Kabul eingesetzte Satellitenregierung von Najibula stürzte im Frühling 1992. Najibula selbst flüchtete auf das Gelände der UNO-Mission in Kabul. Am 27. September 1996 eroberten die Taliban zum erstenmal die Hauptstadt. Sie holten Najibula aus seinem Versteck und hängten ihn an einem Laternenpfahl auf.

Während des ganzen Afghanistankrieges, besonders jedoch in seiner Endphase, betrieben zahlreiche höchste sowjetische Offiziere einen intensiven internationalen Handel mit Basismorphin, mit Heroin und mit Heroinderivaten. Diese internationalen Drogenringe, immer noch von sowjetischen Exmilitärs beherrscht, alimentieren bis heute den europäischen und transatlantischen Markt.

Auf der 1994 in Neapel abgehaltenen Konferenz über das organisierte Verbrechen befaßte sich eine Sondersitzung eigens mit den Veränderungen des Heroinmarktes in Europa. 1994 stammten circa drei Viertel des Heroins, das die Drogenabhängigen Europas konsumierten, aus einem Dreieck, das von den zentralasiatischen Republiken der ehemaligen Sowjetunion, Nordpakistan und Afghanistan gebildet wird.

Nehmen wir als Beispiel das Opium: 1995 importierten die ehemaligen russischen Militärangehörigen etwa 200 Tonnen Opium aus Afghanistan. An der afghanischen Grenze kostet ein Kilo Opium 1995 circa 150 Dollar. Auf dem Markt von Osch in Kirgisien, einer unvermeidlichen Durchgangsstation auf dem Weg nach Europa, wird dasselbe Kilo bereits für mehr als tausend Dollar gehandelt. Nach seiner Ankunft in Moskau wird das Kilo reines Opium für etwa 10000 Dollar weiterverkauft.

Beginn des Jahres 1997: Die Taliban erobern zum zweitenmal Kabul. Sie herschen Ende 1997 über rund zwei Drittel aller Provinzen. Die Taliban sind eine besonders reaktionäre, militärisch schlagkräftige islamistische Bewegung. Die von ihnen kontrollierten Provinzen produzieren allein im Jahre 1997 2300 Tonnen Opium, das sind rund 40 Prozent der Weltproduktion. Dieses Opium wird auf rund 55000 Hektar hergestellt, die zu 96 Prozent im direkten Herrschaftsbereich der Taliban liegen. Die Zahlen stammen von den Inspektoren des PNUCID, einer effizienten Unterorganisation der Vereinten Nationen (PNUCID, Programme des Nations Unies de contrôle internationale des drogues) mit Hauptsitz in Wien. In Islamabad befindet sich das regionale Zentrum für Zentral- und Südasien der Organisation.

Die Taliban sind äußerst »moralische« Leute! Auf Drogenkonsum steht in Afghanistan die Todesstrafe. Der Drogenexport jedoch ins ungläubige Ausland wird gefördert. Die Feinde des Islam sollen dank des Drogenkonsums mürbe gemacht werden. Auf jede exportierte Heroinladung erheben die Taliban-Kommandanten die islamische Steuer von zehn Prozent, den »zak«. Sie beschützen mit ihren Truppen die zahlreichen Laboratorien in ihrem Herrschaftsgebiet.

Die Kommerzialisierung der Morphiumpaste, des Reinheroins und der Derivate außerhalb Afghanistans übernehmen vor allem russische Verbrecherkartelle. Das Geschäft läuft erfreulich: 1997 kostet ein Gramm mehr oder weniger reinen Heroins in den Straßen von Hamburg, Berlin oder Zürich zwischen 90 und 140 Dollar.[17]

Den russischen Mafiafürsten stehen für den Drogenexport unschlagbar gute Transportwege und Kommunikationsmittel zur Verfügung. Ein Beispiel nur: 1995 bringen polnische Zöllner aufgrund eines Hinweises kurz hinter der Grenze von Brest–Litowsk einen mit Heroin und Heroinderivaten beladenen Waggon auf. Sie versiegeln die Türen des Waggons und stellen diesen auf einem Nebengleis ab.

Am nächsten Morgen ist der Waggon verschwunden! In der Nacht hatte eine vom Bahnhof Brest–Litowsk kommende Lokomotive den Waggon angekuppelt, um ihn auf weißrussisches Gebiet zurückzubefördern, wo die Händler ganz offensichtlich ihre politischen Beziehungen spielen ließen.

Seit etwa fünf Jahren werden die Drogenhändler an Europas Ostgrenze, vor allem dank der energischen Intervention des PNUCID, verstärkt bekämpft. Folglich suchen die russischen Drogenbarone nach außereuropäischen Geschäftspartnern, um ihre Ware über weniger scharf bewachte Grenzen ausführen zu können. Der bedeutendste Handelspartner der russischen Kartelle ist Nigeria.

Die Föderation Nigeria ist als viertgrößter Erdölproduzent der Welt mit rund hundert Millionen Einwohner ein mächtiges Land. Allerdings wird es seit zwei Jahrzehnten von einer Reihe von Militärdiktatoren regiert, die normalerweise aus dem muslimischen Norden stammen und von denen einer korrupter und grausamer ist als der andere. Dennoch werden sie alle von den großen Erdölgesellschaften unterstützt, insbesondere von Shell. Gelegentlich geben die Diktatoren sich den Anschein, als wollten sie unter dem Druck der Weltmeinung einen Schritt zurückweichen. Doch diese Schönwetterperioden sind jedesmal nur von kurzer Dauer. So mußte zwar General Ibrahim Babangida, lange Zeit Herrscher über die Transitwege des aus Asien stammenden Heroins, die Einsetzung einer Übergangsregierung und die Abhaltung von Präsidentenwahlen akzeptieren.

Doch am 17. November 1993 stürzt Sani Abacha, ein General aus dem Norden, den Chef der Übergangsregierung Ernest Shonejkan. Anschließend waren die russisch-nigerianischen Transitwege des Drogenhandels wieder funktionsfähig wie gewohnt.

Tonnenweise Opium, Heroin, Derivate – aus Afghanistan, Burma, Kirgisien, Pakistan etc. – nehmen den Transitweg über Port Harcourt und Lagos. General Sani Abacha ist dabei ein verläßlicher Partner, der bis jetzt allem Drängen der Amerikaner und Europäer standgehalten hat.

Am 10. November 1995 läßt der Diktator den Schriftsteller Ken Saro-Wiwa und acht weitere Widerstandsführer des Volks der Ogoni hängen. Die neun Männer waren friedliche, aber entschiedene politische Gegner des Paten von Lagos.

Am Montag, dem 13. November, wird die Föderation Nigeria aus dem Commonwealth ausgeschlossen. Nie zuvor wurde eine solche Strafe über einen Mitgliedsstaat verhängt. Fast alle zivilisierten Staaten rufen ihre Botschafter aus Lagos zurück. Diese Sanktionen gegen Abacha und sein Regime sind zweifellos mehr als gerechtfertigt. Dennoch ist man erstaunt über die Härte und Schnelligkeit, mit der sie in die Tat umgesetzt wurden.

Präsident Milosevic und seine Mörderbanden sind seit 1991 für Zehntausende von Vergewaltigungen, Verstümmelungen und Morden verantwortlich. Das hindert die europäischen Regierungen nicht, weiterhin normale Beziehungen zu ihnen zu pflegen. Im Gegensatz dazu genügten neun erhängte Oppositionelle im Gefängnis von Port Harcourt, damit General Abacha vom Bannstrahl der Nationen getroffen wurde.

Viele halten folgende Erklärung dieser Diskrepanz für wahrscheinlich: Die westlichen Staaten nahmen die Erhängung des großen Schriftstellers und seiner Kameraden zum Vorwand, um dem Diktator von Lagos ihre Mißbilligung über seine tatkräftige und fruchtbare Zusammenarbeit mit den russischen Heroindealern deutlich zu machen.

Ende Dezember 1997 berichtete der stellvertretende russische Minister für Zollangelegenheiten, Igor Alexejewitsch Meschakow, bei einem Arbeitsbesuch in Deutschland, daß die nigerianischen Rauschgiftkartelle ihren Einfluß in den letzten Jahren auch in Rußland ausgebaut hätten, Moskau zu einem ihrer Brückenköpfe geworden sei und sie dort der Russenmafia Konkurrenz machten.[18]

Interessant ist der Fall der Region Primorski Kraï im Fernen Osten Rußlands. Fast sechzig Jahre lang war diese riesige Landschaft entlang des Pazifik »militärischer Sperrbezirk«. Sie war hermetisch abgeschlossen nicht nur für Ausländer, sondern auch für jeden Sowjetbürger ohne speziellen Passierschein, und stand unter ausschließlicher Verwaltung der Sicherheitsdienste und der Armee.

1997 leben etwa 2,5 Millionen Menschen in der Region Primorski Kraï. Ihre bedeutendste Stadt ist Wladiwostok, der große Hafen am Pazifik. Heute untersteht sie dem Gerichtsbezirk des Generalstaatsanwalts Valeri Vassilenko. Die *Neue Zürcher Zeitung* nennt die Region »den Wilden Osten Rußlands«.[19]

Der Ferne Osten Rußlands nimmt die Spitzenposition in der organisierten Kriminalität der ganzen Föderation ein. Allein in der Stadt Wladiwostok mit 750000 Einwohnern wurden in den ersten Monaten des Jahres 1995 mehr als 50000 Verbrechen mit Körperverletzung und Eigentumsdelikten begangen. Der Konsum harter Drogen liegt um ein Zwanzigfaches über dem nationalen Durchschnitt. Ein blühendes Gewerbe ist die Herstellung und der Verkauf von Grabsteinen: Die Bandenchefs kaufen ihre Grabmäler auf den Friedhöfen der Stadt im voraus und scheuen dabei keine Kosten.

Das Innenministerium der Föderation ist traditionell der erbittertste Feind des Verteidigungsministeriums, denn auch der Innenminister verfügt über eine eigene Armee, unterhält Spezialeinheiten und besitzt Flugzeuge, Panzer und ballistische Raketen. In Moskau warnte man mich: Der Innenminister veröffentlicht gerne übertriebene Zahlen über Verbrechen, die angeblich in den dem Verteidigungsministerium unterstellten Garnisonsstädten begangen wurden.

Das hier sind die Zahlen des Innenministeriums für die Region, die uns interessiert: 1993 entfielen in Rußland auf 100000 Einwohner 1700 Gewaltverbrechen. In Primorski Kraï ist das Verhältnis deutlich höher: 3200 Gewaltverbrechen auf 100000 Einwohner. In der Region sind 38 Kartelle des organisierten Verbrechens mit insgesamt mehreren Tausenden »Soldaten« aktiv.[20]

Gemäß PNUCID ist Wladiwostok heute eine internationale Drehscheibe des Drogenhandels mit Ziel Europa. Das Rohmaterial und die zur Herstellung erforderlichen chemischen Substanzen stammen hauptsächlich aus drei Quellen: aus Vietnam, von wo sie auf dem Seeweg importiert werden; aus Nordkorea, wo sich – den russischen Behörden zufolge – die Führer der staatlichen Geheimpolizei als zuverlässige Lieferanten hervortun; und schließlich aus China. Von dort wird auf dem Landweg das Ephedrin importiert, das zur Heroinherstellung in den Labors von Wladiwostok verwendet wird.

Die Herrscher des Verbrechens kontrollieren mehrheitlich den Handel mit Holz, Fisch, Meeresfrüchten, Öl, den Import-Export von elektronischen und Haushaltsgeräten. 90 Prozent der Autos in der Region sind schwarz aus Japan eingeführt. Und der Banksektor liegt praktisch völlig in den Händen der Banden.

Noch andere, exotischere Aktivitäten liefern den Militärs von Pascha Mercedes einträgliche Einkünfte. So wurde beispielsweise im Oktober 1995 ein Zug aus Kasachstan mit Bestimmungsort Nordkorea »gekidnappt«. Er transportierte Radargeräte und schwere Artillerie. Die Beute wurde mitten auf dem Land entladen und verschwand. Mit Sicherheit wurde sie in die illegalen Kanäle des internationalen Waffenhandels geschleust und gewinnbringend verkauft.

Im Juni 1997 versuchte Präsident Jelzin endlich, den »Wilden Osten« zu unterwerfen. Eine wahre Herkulesaufgabe: Die neue russische Verfassung sieht die Volkswahl der 89 regionalen Gouverneure der Föderation vor. Moskau kann demnach inkompetente, korrupte oder gar kriminelle Regionalbehörden nicht einfach absetzen. Im Fall von Primorski Kraï fand Jelzin eine originelle Lösung: Gouverneur Nasdratenko wurde unter die Vormundschaft des lokalen Chefs des Geheimdienstes SFB der Föderation gestellt. Dieser übt seither die wesentlichen administrativen und repressiven Funktionen im »Wilden Osten« aus.

VIERTER TEIL

Der Hochwürdige Herr und seine
»Schwarzen Einheiten«

> »Und die Fische, sie verschwinden
> Doch zum Kummer des Gerichts:
> Man zitiert am Ende den Haifisch.
> Doch der Haifisch weiß von nichts.
>
> Und er kann sich nicht erinnern,
> Und man kann nicht an ihn ran:
> Denn der Haifisch ist kein Haifisch
> Wenn man's nicht beweisen kann.«
>
> BERTOLT BRECHT, *Die Moritat
> vom Räuber Mackie Messer*

I. Der Banken-Banditismus

Die Institutionen der demokratischen Gesellschaft wirken gegenüber den weltweiten kriminellen Machenschaften gewisser Banken seltsam ohnmächtig.

Im Juni 1982 erblickten Passanten die Leiche von Roberto Calvi, die an einem Metallträger unter der Black Friars Bridge an der Themse in London baumelte. Calvi war einer der mächtigsten Bankiers der Welt. Der Zusammenbruch seines um die Banco Ambrosiano errichteten Imperiums führte zu einem Konkurs in Höhe von mehr als einer Milliarde Dollar und ruinierte viele Tausende von Unternehmen und kleinen Sparern.

Juli 1982: Die Präsidenten der Zentralbanken der westlichen Länder kommen in aller Eile im großen Glasturm der

Bank für Internationalen Zahlungsausgleich (BIZ) in Basel zusammen. Sie stellen strenge Regeln auf, um die Wiederholung einer derartigen Katastrophe für alle Zukunft zu verhindern.

Zehn Jahre später ist es die Bank of Credit and Commerce International (BCCI), die mit Pauken und Trompeten Bankrott macht. Dieses Mal beläuft sich die Konkurssumme auf mehr als zwölf Milliarden Dollar, die Zahl der ruinierten Gläubiger übersteigt 100000. Neue Panik, neuerliche Dringlichkeitssitzung der Zentralbankenchefs. Wieder werden neue, noch schärfere internationale Reglements beschlossen.

Im November 1995 geht die Daïwa-Bank, eines der mächtigsten japanischen Finanzimperien unter, nachdem sie krimineller Praktiken auf fünf Kontinenten bezichtigt worden ist. Yukio Yosshimura, Finanzminister in Tokio, verhängt exemplarische Strafen. Die Regierung in den Vereinigten Staaten läßt sämtliche Filialen der Bank schließen und beschuldigt sie, durch Betrug mit Obligationen und anderen Wertpapieren ihren amerikanischen Kunden einen Schaden in Höhe von mehr als einer Milliarde Dollar zugefügt zu haben. In Basel wird eine Versammlung der Zentralbankiers einberufen, auf der neue und rigorose internationale Überwachungs- und Kontrollmaßnahmen beschlossen werden...

Im November 1997 stürzt das japanische Wertpapierhaus Yamaichi Securities Company zusammen. Der Schuldenberg beläuft sich auf 30 Billionen Yen, das heißt rund 40 Milliarden US-Dollar. Mitverursacher des Totalschadens sind Mitglieder eines besonders begabten Verbrecherkartells: die Sokaiya-Aktionärs-Gangster. Ihre Spezialität ist die Erpressung von Gesellschaften durch unangenehme Insiderinformationen. Die japanische Justiz eröffnete am 2. Dezember 1997 den ersten Prozeß in diesem sogenannten »Koike«-Skandal (genannt nach dem Namen eines der Haupttäter).

Der Riesenkrach erfolgte auf eine ziemlich banale Weise: Sobald die Infiltration des Wertpapierhauses durch die organisierte Kriminalität publik wurde, zogen zahlreiche Großkunden ihre Gelder ab.

Das Yamaichi-Drama stellt wiederum die Frage: Wie kann der Kampf gegen den Bankenbanditismus endlich wirksam organisiert werden?

Der vierte Teil dieses Buches beleuchtet die Entstehung, den schwindelerregenden Aufstieg und den jähen Untergang der größten kriminellen Bank aller Zeiten: der Bank of Credit and Commerce International (BCCI). Die BCCI war nicht nur eine äußerst potente, komplexe Geldwaschmaschine im Dienst zahlreicher Mafiafürsten. Sie war selbst eines der mächtigsten Verbrecherkartelle der Welt. Im Zentrum ihres Wirkens stand einer der erstaunlichsten Paten des organisierten Verbrechens, Agha Hasan Abedi, genannt »Agha Sahib«, was auf Urdu soviel wie »Hochwürdiger Herr« bedeutet.

II. Der unaufhaltsame Aufstieg des Agha Hasan Abedi

In den Jahren von 1972 bis 1991 entwickelte sich die BCCI zu einem großen Finanzimperium: Sie besaß schließlich Niederlassungen auf allen fünf Kontinenten und Filialen in 73 Ländern. In den Vereinigten Staaten und Europa unterhielt sie nicht weniger als 400 Zweigstellen. Ihre Zentrale befand sich in einem prachtvollen Gebäude im Herzen der Londoner City. In Paris residierte die BCCI an den Champs-Elysées.

Auf den Cayman Islands, einer britischen Kronkolonie in der Karibik, unterhielt die BCCI eine Holdingfirma, die Hunderte von »Offshore«-Gesellschaften, Trustfonds, Treuhandgesellschaften und Finanzunternehmen kontrollierte.

In den Aufsichtsräten der BCCI und ihrer Tochtergesellschaften saßen Prinzen aus den regierenden Dynastien Saudi-Arabiens und der Golfemirate, ehemalige Minister aus den Vereinigten Staaten oder europäischen Ländern, britische Aristokraten und ehemalige Präsidenten oder Generaldirektoren multinationaler westlicher Banken.

Auch die International Credit and Investment Corporation Overseas Limited (ICIC) gehörte zum Reich der BCCI und finanzierte unter anderem die Foundation ICIC. Diese tat sich durch öffentliche Wohltätigkeit in großem Maßstab und mit größtmöglicher Breitenwirkung hervor. In London war es das Cromwell Hospital, eine der berühmtesten Kliniken des Königreichs, das in den Genuß ihrer Freigebigkeit kam. Die Stiftung war mit der des amerikanischen Ex-Präsidenten Jimmy Carter assoziiert. Sie unterhielt Waisenhäuser, Ausbildungszentren, Forschungszentren, topmoderne Kliniken, Schulen, Altersheime auf fünf Kontinenten.

Die BCCI vergab an die unterschiedlichsten Regierungen Kredite in astronomischen Höhen. Allein Nigeria hatte Kredite über mehr als eine Milliarde Dollar erhalten.

Der Gründer der BCCI, Agha Hasan Abedi, ein eleganter, schmächtiger Pakistani schiitischer Konfession, erfreute sich international eines hohen Ansehens. Als Vertrauter vieler Staatsoberhäupter und enger Freund mehrerer regierender Dynastien Arabiens oder Südasiens hatte er Zugang zum Weißen Haus und zu zahlreichen Regierungspalästen der Welt.

Seine Waffen waren Undurchsichtigkeit und Geheimhaltung. Dank eines einzigartigen Organisations- und Buchhaltungssystems, auf das wir später noch zu sprechen kommen, kannte niemand je die genaue Höhe der Summen, die durch seine Hände gingen, noch die wirklichen Bilanzen der BCCI und ihrer Tochtergesellschaften.

Als der glanzvolle Höhenflug des Pakistani ein jähes Ende

nahm, stellte die *New Yorker Times* eine ungefähre Liste seiner Missetaten auf. Bilanz: Agha Hasan Abedi hatte während seines Wirkens Hunderttausende von Gläubigern um eine Gesamtsumme von mehr als zwölf Milliarden Dollar betrogen.[1]

Der schiitische Pate war ohne Zweifel ein Mann von außergewöhnlicher Intelligenz, Vitalität und analytischem Denken, getrieben von einem unersättlichen Ehrgeiz. Lauter Eigenschaften, die schon sehr früh in seinem Leben offenbar wurden.

Er wurde am 22. September 1922 in Lucknow in Indien geboren (in seinem Paß steht als Geburtsdatum der 14. Mai). Lucknow ist eine traditionsreiche, uralte Stadt in Nordindien. Sie war bis 1859 die Hauptstadt eines indo-muselmanischen Königreiches, dem Reich Udh. Der Name Udh hat ebenfalls eine komplizierte Geschichte: Udh nannten sich ursprünglich die Nabobs (die Herrscher) der Stadt Lucknow. Abedis Vater stammte aus einem alten Geschlecht: Er war ein gelehrter Schiit, ein leidenschaftlicher Leser und geprägt von der uralten Kultur des Reiches Udh. Die Familie war arm.

In Indien sind die schiitischen Gelehrten häufig die Verwalter, die Kammerherrn der hinduistischen Maharadschas. Abedis Vater stand im Dienste des Raja Sahib von Mahmudabad.

Hasan besuchte die örtliche Rechtsfakultät. Seine Kindheit, seine frühe Jugend unterscheiden sich in nichts von der eines beliebigen Kindes aus bescheidenen Verhältnissen, das nach althergebrachten Sitten und Gebräuchen ein traditionelles und arbeitsreiches Leben in seiner Familie führt.

1945: Der junge Mann tritt als kleiner Angestellter in die Habib-Bank, eine große schiitische Bank des indischen Subkontinents ein und wird in die Filiale nach Bombay versetzt.

Seine Biographen[2] beschreiben ihn als einen jungen Mann

mit schwarzen Augen, einem tiefen Blick, schwarzem gelocktem Haar, einer schmalen und muskulösen Figur. Ein Mann, der ankommt. Und sich selbst goutiert. Aus dieser Zeit wohl rührt seine Vorliebe für extravagantes Aussehen und teure Kleidung. Später wird er in der Londoner City berühmt sein für seine Schuhe aus Krokodilleder und seine unvermeidlichen rosafarbenen Seidenhemden.

1947 verlassen die britischen Besatzer den indischen Subkontinent. Vor der Teilung Indiens und der Entstehung der neuen Staaten kommt es zu schrecklichen Massakern zwischen den verschiedenen Volksgruppen. Eine Völkerwanderung von Osten nach Westen, von Westen nach Osten und von Süd nach Nord wirft Millionen Menschen auf die Straße. Millionen werden getötet. Die muslimische Familie Abedi läßt sich in Pakistan nieder, dem Land der »Reinen«, das von Muhammad Ali Jinnah, dem Chef der Muslimischen Liga, gegründet worden war. Auch die Habib-Bank zieht um. Sie läßt sich in Karatschi nieder. Abedi steigt auf.

1959: Der junge Bankangestellte ist frustriert. Er weiß, daß er in dieser Familienbank, die nach dem ehernen Kodex des schiitischen Paternalismus geführt wird, keine Zukunft hat. Er kündigt. Mit Krediten gründet er seine eigene Bank: die UBL (United Bank Limited). Die UBL hat schnell Erfolg. Mitte der sechziger Jahre ist Abedi der erste Unternehmer Pakistans, der sich mit Computern ausrüstet. Er erwirbt den ersten IBM 360-40 in ganz Südasien. Ende der sechziger Jahre avanciert die UBL zur zweitwichtigsten Privatbank Pakistans.

Wie läßt sich dieser Erfolg erklären? Schon zu diesem Zeitpunkt offenbart sich Abedis grundlegender Wesenszug: Er spielt doppeltes Spiel, verführt die einen, belügt die anderen und verbirgt dabei allen seine wahren Absichten.

Karatschi, die Hauptstadt des Sind, ist heute eine Stadt mit dreizehn Millionen Einwohnern im unteren Tal des Indus. Sein Hafen ist der drittwichtigste des asiatischen Kontinents. Ein immer wieder aufflackernder Bürgerkrieg, der Jahr für Jahr Hunderte von Toten fordert, verwüstet die Stadt und ihr Umland. Zwei Bevölkerungsgruppen prallen dabei aufeinander: die Mohajir und die Sindi.

Sindi heißen die Bewohner des Sind, jener riesigen, fruchtbaren Region im Tiefland des Indus, deren Hauptstadt Karatschi ist.

Mohajir nennt man die aus Indien zugewanderten Muslime. Trotz der Teilung von 1947 leben auch heute noch viele Millionen Muslime in Indien. Pakistan und Indien befinden sich in einem nicht offen erklärten Krieg, in dem es um die Herrschaft über das Kaschmirtal am Südfuß des Himalajamassivs geht, das beide Staaten für sich beanspruchen und das seit 1948 teilweise von Indien besetzt ist.

In regelmäßigen Abständen flammt der Haß zwischen den ethnischen Gruppen in Indien wieder auf, und weitere Hunderttausende von muslimischen Familien strömen nach Pakistan, meist in das übervölkerte Karatschi.

Bei meinem letzten Besuch in Karatschi mußte ich im gepanzerten Fahrzeug des Schweizer Generalkonsuls die verlassenen Straßen passieren, die den internationalen Flughafen vom Stadtzentrum trennen. Nachts herrschte Ausgangssperre, und ich hörte Schüsse um das Hotel Sheraton und sah die Leuchtspuren der Kugeln am tropischen Himmel. Dieser Konflikt dauert nun, mit wechselnder Heftigkeit, seit einem halben Jahrhundert an.

Abedi verstand es meisterhaft, die Wogen des Hasses zwischen den Volksgruppen für seine Zwecke zu nutzen: Bei den reichen Händlern, politischen Funktionären und kleinen Arbeitern unter den Mohajir kehrte er seine Herkunft als diskriminierter Immigrant und Schiit hervor. Ihr Geld floß auf die Konten der UBL. Zugleich gelang es ihm, das Vertrauen mehrerer Großgrundbesitzer des Sind zu gewinnen. Die Herren des Sind leben wie Nabobs in ihren Stadtpalästen. Sie besitzen ungeheure Reichtümer. Auf ihren Ländereien im Tal und im Delta arbeiten die Bauern, ihre Frauen und Kinder, angekettet wie Sklaven, für ein paar Münzen pro Tag.

In ihren Werkstätten verlieren Kinder zwischen fünf und zehn Jahren ihre Sehkraft, während sie mit ihren kleinen Händen im Dämmerlicht die Fäden kostbarer Teppiche knüpfen. Ich kenne nur wenige Oligarchien, die so grausam und menschenverachtend sind wie die Feudalherren des Sind: Benazir Bhutto ist daraus hervorgegangen wie auch der vormalige Staatspräsident Leghari.

Der Schiit finanzierte den Waffenhandel auf beiden Seiten und wurde daraufhin Geschäftspartner von allen. Inbesondere wurde er der engste Berater von Nawaz Sharif, einem der mächtigsten Politiker Pakistans.

Abedi hatte noch einen anderen Freund: Scheich Zayed ben Sultan al Nahyan, Herrscher von Abu Dhabi und Präsident der Vereinigten Arabischen Emirate. Zayed war ein legendärer Liebhaber der Falkenjagd, Verfasser epischer Gedichte über die Liebe zu den Frauen und ein leidenschaftlicher Anhänger von Kamelrennen.

Abedi belagerte ihn, umwarb ihn höflich, überschüttete ihn mit Teppichen, Falken, Rennkamelen, Frauen. Schließlich gewann er ihn durch seinen antibritischen Eifer. Er schlug dem Emir vor, er solle ihm sein Geld anvertrauen. Zayed wurde zum Teilhaber des Schiiten. Der Scheich genoß höchstes Ansehen in den Emiraten des gesamten Persischen Golfs, besonders in den Palästen von Riad und Dschidda. Seine Freundschaft öffnete Abedi die Tore der Paläste.

Wann genau im Laufe seiner Geschichte verwandelte sich der Bankier und Geschäftemacher vom Persischen Golf, der

Finanzspekulant aus Karatschi, der Waffenlieferant und Doppelagent der Mohajir in einen Mogul des transkontinentalen organisierten Verbrechens? Wann wurde Agha Hasan Abedi zu »Agha Sahib«, dem »Hochwürdigen Herrn«?

Das Schlüsseldatum ist der Oktober 1973. Der vierte israelisch-arabische Krieg ruft die OPEC auf den Plan, die Organisation der Erdöl produzierenden Länder. Diese droht dem Westen mit dem Erdölboykott und läßt die Preise in die Höhe schnellen. Inspiriert von einer grandiosen Eingebung hatte Abedi einige Monate zuvor mit Swaleh Naqui, seinem Teilhaber in der UBL, und einigen ehemaligen Mitarbeitern der Habib-Bank ein Geldinstitut in Europa gegründet: die BCCI. Sie war in Luxemburg registriert und hatte ihren Hauptsitz in einem alten Haus in der Park Lane in London.

Dezember 1973: Der Erdölpreis verdoppelt sich. Scheich Zayed und die anderen stillen Geldgeber der ehemaligen UBL heimsen Milliarden von Dollar ein und vertrauen einen großen Teil davon ihrem schiitischen Bankier und seiner neuen Bank, der BCCI, an.

Von plötzlichem Größenwahnsinn gepackt, beschließt der unbedeutende Flüchtling aus dem Reich Udh nun, sich mit einem Schlag für alle erlittenen Demütigungen zu rächen. Von nun an wird er sich die Welt unterwerfen.

Der »Hochwürdige Herr« wird einer der mächtigsten Finanziers der Erde.

Die teuflische Maschinerie kam in Gang.

III. Ein Messias für die Dritte Welt

Der »Hochwürdige Herr« war ein großartiger Ideologe, ein glänzender Redner, ein von seinen Hunderttausenden von Anhängern vergötterter Prophet. Obwohl die Öldynastien des Golfs das Grundkapital für die BCCI zur Verfügung gestellt hatten, vergaß Abedi nie seine Vergangenheit als armer Immigrant, der bei seinen Geschäften ständig von den herrschenden Familien des Sind gedemütigt worden war. Die BCCI sollte die Bank der Arbeiter, der kleinen Händler, der asiatischen Handwerker, der untersten gesellschaftlichen Schichten sein. Und davon gab es Millionen: Im Tal des Indus, später jenseits des Persischen Golfs, in den Emiraten, später in England, dann in den USA, in Afrika, Lateinamerika, auf den Philippinen und in Indonesien. Für sie wollte er dieses nie dagewesene Imperium von Filialen und Dienstleistungsunternehmen schaffen, in dem der Kunde von Landsleuten, die seine Gewohnheiten, Bedürfnisse und Ängste kannten, in der eigenen Sprache bedient wurde.

Dieses engmaschige Netz von Filialen produzierte seine eigene Legitimationsideologie. In weltweiten Werbekampagnen behauptete Abedi unermüdlich, er wolle dem von den großen westlichen Finanzinstituten ausgeraubten und ausgenommenen Sparer, Treuhänder oder Gläubiger asiatischer Herkunft endlich eine Chance geben. Die Gründung der BCCI trug die Maske eines Kreuzzugs. Abedi trat bei riesigen Massenveranstaltungen auf wie ein Messias (oder bei Feiern im kleinen Kreis, die für Vertreter der Oligarchien aus Ländern Südasiens oder des Mittleren Orients veranstaltet wurden). Seine Botschaft war immer dieselbe: Er würde die Reichtümer der Welt neu verteilen. Er würde den Weißen und ihrer finanziellen Allmacht die Stirn bieten und ein neues Reich errichten: das des Asiaten, der sich seiner kollektiven Macht und seiner Identität bewußt geworden ist.

Ein Messianismus, der sich ausgezahlt hat: Nicht nur Hunderttausende von Arbeiterfamilien, Unternehmen oder Bankinstituten der Dritten Welt vertrauten Abedi ihre Guthaben an, sondern auch manche Zentralbanken. In ihrer

Glanzzeit verwaltete die BCCI nicht nur die Reserven der Zentralbank des armen Staates Botswana, sondern auch die der Zentralbank Nigerias und somit einer der blühendsten Wirtschaften der Dritten Welt.

Eine Vielzahl von Zeitungen, Radio- und Fernsehsendern, die Agha Sahib in Asien, London, New York, Lagos und Djakarta gegründet hatte, verbreiteten unaufhörlich die Verheißungen seiner Botschaft.

Eine 1988 in London gehaltene Rede des »Hochwürdigen Herrn« veranschaulicht das Ausmaß des »moralischen« Gehabes der BCCI: »Die BCCI wird von einer moralischen Leidenschaft getragen. Sie hilft uns, jeden Tag aufs neue die Schwierigkeiten und Mühen unserer Arbeit als Manager zu ertragen. Frohen Herzens nehmen wir die uns anvertraute Aufgabe auf uns und erfüllen sie beglückt. Die schwierigen Zeiten, in denen wir leben, machen es notwendig, daß die Leitung der BCCI in jedem Mitglied unserer Familie [gemeint sind die Angestellten der BCCI] die Flamme höchster Vision und erhabenster Moral entzündet. Mut und Reinheit werden siegen.«[3]

Abedis Doppelspiel, das achtzehn Jahre lang astronomische Dividenden abwarf und ihn zu einem der reichsten Männer der Welt machte, beruhte auf einer letzten Endes simplen Strategie: Agha Sahib, der verfolgte, dunkelhäutige Schiit niedriger Abstammung, der aus seiner Heimat in Indien verjagt worden und von Rachedurst getrieben war, schwang sich zum Beschützer der Erniedrigten auf, zum Bankier der von allen im Stich gelassenen. Unermüdlich predigte er diese Botschaft: Alle mächtigen Banken der Welt sind im Besitz des Westens, im Besitz von Weißen, die seit undenklichen Zeiten die Völker der Peripherie unterdrükken.

Die BCCI würde die Rache der Gedemütigten sein. Die Bank der Barfüßigen. Der Schutzengel der Armen. Sie würde genauso mächtig, genauso unzerstörbar sein wie jedes beliebige, vom herrschenden Westen errichtete Finanzimperium. Sie würde die Nemesis der Unterdrückten sein.

Und die Armen von fünf Kontinenten glaubten ihm. Brachten ihm ihre mühsam erarbeiteten Ersparnisse, nahmen bei ihm Schulden auf und arbeiteten Tag und Nacht, um ihre Träume wahr zu machen. Doch »Agha Sahib«, der Schiit mit den Zaubersprüchen und den goldenen Händen, war nichts weiter als ein gewöhnlicher Demagoge, der den Glauben von Hunderttausenden seiner Schäfchen zu klingender Münze machte und ausschließlich persönlichen Profit daraus schlug. Mit dem Blut der Armen errichtete er sein kriminelles Kartell. Er unterschlug das Geld der Gläubigen, täuschte sie in ihrem Glauben und legte auf den Scherben ihrer Träume den Grundstein für sein persönliches Vermögen.

Léon Bloy schrieb: »Geld ist das Blut der Armen. Man lebt davon und man stirbt davon. In ihm bündelt sich alles Leid.«[4] Für Hunderttausende asiatischer Kleinanleger auf der ganzen Welt ist diese Prophezeiung 1991 grausame Wirklichkeit geworden.

Man kann nicht umhin, die außerordentliche Durchschlagskraft der ideologischen Strategie des »Hochwürdigen Herrn« zu konstatieren. Selbst über seinen Tod hinaus ist sie noch wirksam.

Ende 1995 nahm ich in Karatschi wieder Kontakt zu einigen meiner Freunde bei der inzwischen eingestellten Zeitschrift *South* auf. Diese Zeitschrift erschien in fünfzehn Sprachen. Sie wurde in London publiziert und von der ICIC-Stiftung finanziert. Die Stiftung war eingetragen im Handelsregister von Georgetown auf den Cayman Islands. Sie war Produkt einer der unzähligen Off-Shore-Holdinggesellschaften der BCCI, der International Credit and Investment Corporation Overseas Limited (ICIC).

Trotz ihrer zweifelhaften Finanzierung genoß die *South* große redaktionelle Freiheit. Zwischen 1970 und 1980 war sie eine der bedeutendsten internationalen Zeitschriften, die die Verteidigung der Völker des Südens auf ihre Fahnen geschrieben hatte. Ich las sie regelmäßig. Auch die *South* ist mit dem Schiffbruch der BCCI untergegangen.

Im Dezember 1995 entdeckte ich verblüfft die vollkommene Blindheit der ehemaligen Journalisten von *South*: Sie alle empfinden für »Agha Sahib« unverändert Zuneigung und Bewunderung. Jede Kritik des Abenteurers aus dem Sind in ihrer Gegenwart war unmöglich.

Humayun Gaubar veröffentlichte in *Politics and Business*, einer linken Wochenzeitschrift, unter dem bezeichnenden Titel: »The Fall Guy« (Der Sündenbock) einen Artikel zur Verteidigung Abedis. Darin wird mit Nachdruck die Theorie entwickelt, daß Abedi ein unschuldiges Opfer des westlichen Großkapitals sci: »Agha Sahib, der fortschrittliche Bankier, der Beschützer der Völker der Dritten Welt... wurde vom Westen für seine eigenen Zwecke und Intrigen mißbraucht... Der Westen beseitigte und vernichtete ihn, sobald er seiner nicht mehr bedurfte [das heißt nach dem Ende des ersten Afghanistankrieges]... Abedi hat Jamaika geholfen, Peru, Nigeria und Pakistan... und das mußte dem Westen unweigerlich mißfallen... Die Freiheit war ihm heilig: Niemals mischte er sich in die Angelegenheiten der Zeitschrift *South* ein. Diese wurde finanziert von der BCCI, einer muslimischen Bank... und trotzdem war die *South* zehn Jahre lang in Saudi-Arabien und in Kuwait verboten... Als die BCCI zu mächtig wurde, bekamen die großen westlichen Banken es mit der Angst zu tun... Sie beschlossen, sie zu vernichten.«[5]

Gaubar bietet eine höchst eigenwillige Interpretation der Operation von Tampa, die den Sturz der BCCI besiegelte und von der wir später noch reden werden: »... ein Hinterhalt, eine von den Geheimagenten des amerikanischen Zolls von A bis Z getürkte Falle, deren Ziel es war, die einzige multinationale Bank der Völker der Dritten Welt zu liquidieren ... Abedi wurde das Opfer von Hyänen.«[6]

IV. Die Organisation des Imperiums

Vor allem den Untersuchungen und öffentlichen Anhörungen der vier Sonderausschüsse des amerikanischen Kongresses sowie der vom englischen Unterhaus nach der Auflösung der BCCI 1991 eingesetzten Untersuchungskommission ist es zu verdanken, daß wir heute zumindest annähernd das Organigramm des Reiches Agha Hasan Abedis umreißen können.[7] Selten in der Geschichte strafrechtlicher Ermittlungen war eine Organisation Gegenstand so vieler Untersuchungen kompetenter Ermittler wie die BCCI.

Der Begriff Organigramm führt allerdings in die Irre. Weder den verschiedenen Staatsanwaltschaften und Untersuchungsrichtern der diversen Staaten noch den Juristen der diversen Untersuchungsausschüsse des amerikanischen Kongresses oder des Unterhauses, noch den Zollinspektoren oder den Spezialisten der internationalen Finanz- oder Börsenaufsichten ist es gelungen, ein schlüssiges und vollständiges Organigramm des Imperiums zu erstellen. Bestenfalls waren sie imstande, die komplizierten finanziellen Verflechtungen der Holdinggesellschaften, Treuhandfonds, Treuhandgesellschaften, Banken und Dienstleistungsunternehmen zu identifizieren, deren Unternehmungen sich in einem System, das niemand mehr überblickte, überschnitten, überlagerten oder Konkurrenz machten.

Zahlreiche Hauptpersonen dieses gigantischen Unternehmens dagegen konnten identifiziert, viele ihrer Aktivitäten rekonstruiert werden.

Diese Akteure lassen sich fünf unterschiedlichen Kategorien zuordnen: An erster Stelle stehen die Banker im engeren Sinne – die Direktoren, die Manager und die Angestellten der BCCI, ihrer nationalen Vertretungen, ihrer regionalen und lokalen Niederlassungen, ihrer Holdinggesellschaften, Finanz- oder Treuhandgesellschaften, ihrer Dienstleistungsunternehmen. Von diesen »normalen« Bankern gab es Tausende. Es folgen die »Schattenbankiers«, ein handverlesenes Häufchen von Abedis getreuesten Mitarbeitern, die die geheime Regierung des Imperiums bilden. Auf den Cayman Islands befand sich das, was der amerikanische Senator John F. Kerry, Präsident des Ausschusses für Terrorismus, Drogenhandel und internationale Operationen, als »Bank in der Bank« bezeichnete. Einen dritten Typ von Akteuren bildeten die »Protokollbeamten«. In die vierte Kategorie gehörten die »Unternehmer«.

Die fünfte Kategorie umfaßte die Mitglieder der »Schwarzen Einheiten«.

Sehen wir uns nun diese fünf Kategorien der Reihe nach genauer an. Über die normalen Angestellten der BCCI, die für die Annahme von Spareinlagen, die Bewilligung von Geschäftskrediten, die Finanzierung legaler Transaktionen zuständig waren, kurzum: für die Gesamtheit von Operationen, die eine große transkontinentale Bank gewöhnlich ausführt, gibt es nichts weiter zu sagen.

Die »normalen« Bankiers waren in 73 Ländern aktiv. Ihre vorrangige Aufgabe bestand darin, Geld zu sammeln. Dieses Geld stammte von Arbeitern, kleinen Geschäftsleuten, Großhändlern aus Südasien, dem Mittleren Orient, Schwarzafrika oder von asiatischen, arabischen oder afrikanischen Fremdarbeitern in Europa oder Nord- und Südamerika.

Ein großer Teil dieser ungeheuren Geldmengen wurde beinahe auf der Stelle auf Geheimkonten auf den Cayman

Islands transferiert und der »Bank in der Bank« zur Verfügung gestellt.

Die »normalen« Banker hatten nur eine Verpflichtung: Sie mußten genügend Geld in der Kasse behalten, um die üblichen Geldabhebungen der Sparer befriedigen zu können. Den Berechnungen des Kerry-Ausschusses zufolge machten diese Abhebungen in dem Jahrzehnt zwischen 1981 und 1991 etwa zehn Prozent der Gesamtheit der Geldeinlagen aus. Folglich konnten allmonatlich extrem hohe Kapitalmengen insgeheim auf die Cayman Islands transferiert werden.

Die »Bank in der Bank« setzte sich zusammen aus dem höchsten Führungskreis, der aus dem »Hochwürdigen Herrn« und seinen engsten Freunden und Cousins bestand. Im Verlauf der zahlreichen Strafverfahren, die dem Sturz der BCCI folgten, entschlossen sich mehrere der bedeutendsten Finanzdirektoren des Imperiums zur Zusammenarbeit mit der Justiz. Doch keiner von ihnen war in der Lage, vollständig die Wege des angehäuften Geldes nachzuzeichnen.

Das ist kein Wunder: Die zentrale Buchhaltung des Imperiums oblag Hasan Abedi persönlich und einigen, meist pakistanischen Finanziers, die ihm allein bekannt waren. Diese Männer arbeiteten auf archaische Art und Weise: Die zentralen Dokumente waren mit der Hand, auf Urdu und in einem Geheimcode geschrieben, den kein Staatsanwalt zu entschlüsseln vermochte.

Die mittels der Geheimkonten auf den Cayman Islands betriebene »Bank in der Bank« war eine kriminelle Organisation klassischer Art. Dort wurden die Milliarden weißgewaschen und reinvestiert, die durch internationalen Drogen- und Waffenhandel, Steuerhinterziehungen, Erpressungsgelder und Bestechung von Ministern und hohen Funktionären auf der ganzen Welt erzielt worden waren.

Die »Bank in der Bank« fälschte Bankunterlagen je nach

Bedarf, transferierte unablässig gigantische Summen von einem Kontinent zum anderen, verletzte nach Belieben Devisenbestimmungen, Steuergesetze sowie die Strafgesetze der Länder, in denen sie tätig war. Vor allem aber erlangte die »Bank in der Bank« unter den verschiedensten Bezeichnungen (dank der »Shell Companies«, Scheinfirmen, die eigens zu diesem Zweck ins Leben gerufen worden waren) die Kontrolle über eine Vielzahl von Industrie-, Handels- und Versicherungsunternehmen sowie legal tätiger Banken auf der ganzen Welt. Sie leistete ihren mächtigen Kunden unschätzbare Dienste.

Ein Beispiel dazu: Seit Beginn der achtziger Jahre ging die europäische und amerikanische Polizei immer wirksamer gegen den Import von Heroin aus dem Industal, Anatolien und der Ebene von Kabul nach Europa und in die Vereinigten Staaten vor. Die Schmuggler mußten folglich Ersatzrouten finden (die nicht mehr über Bulgarien und Jugoslawien verliefen). Daraufhin verlegten sie sich auf die afrikanische Route. Das Heroin wurde nach Nigeria transportiert und von dort aus in die verschiedenen Atlantikhäfen Amerikas und Europas befördert.

Agha Hasan Abedi übernahm die Aufgabe, die stillschweigende Duldung der Militärmachthaber in Lagos einzuholen. General Babangida und seine Anhänger erhielten von der BCCI einen Kredit zu Niedrigstzinsen über eine Milliarde Dollar. Abedis Großzügigkeit gegenüber den aufeinanderfolgenden Diktatoren in Lagos sollte sich lohnen: Die Nationalbank der mächtigen Föderation Nigeria hinterlegte ihre Devisen- und Goldreserven bei der BCCI in London.

Ein anderes Beispiel: Saddam Hussein und sein Clan der Takriti, in dessen Händen seit 1979 die Macht in Bagdad liegt, unterschlugen systematisch einen Teil der Einnahmen aus dem irakischen Ölexport, um sich persönlich zu bereichern. Bis zum Embargo von 1991 war der Irak weltweit der zweitwichtigste Erdöllieferant des Westens gewesen.

Die »Bank in der Bank« sorgte für das reibungslose Funktionieren dieser Ausplünderung.

Wieder ging der »Hochwürdige Herr« mit furchterregender Perfektion zu Werke: Nach dem Golfkrieg gestattete der UN-Sicherheitsrat mehreren Kategorien von Opfern (der herrschenden Dynastie Kuwaits, Privatpersonen verschiedener Nationalitäten, Regierungen, die Truppen für die Koalition der Sieger gestellt hatten etc.) Schadensersatzforderungen in Höhe von mehreren hundert Millionen Dollar geltend zu machen. Doch das von Abedi organisierte Geldwaschnetz von Saddams Beute ist so undurchsichtig, daß die Kläger bis zum heutigen Tag nur lächerliche Beträge erhielten.

Die »Bank in der Bank« unterhielt ein bestens funktionierendes, weltumspannendes Korruptionsnetz. In der ganzen Welt standen Hunderte von Zöllnern, Kontrolleuren von Frachtterminals der Flughäfen, Steuerprüfern und Polizisten auf der Gehaltsliste der »Bank in der Bank« und ermöglichten dadurch die freie Zirkulation von Waffen, Drogen und anderer Schmuggelware.

Zu den Vorzugskunden der »Bank in der Bank« gehörten Diktatoren aus Afrika, Asien, Lateinamerika – Samuel Doe in Liberia, Joseph Désirée Mobutu in Zaire, Manuel Antonio Noriega in Panama, mehrere Scheichs vom Persischen Golf etc.

Bedauerlicherweise zählte auch ein bedeutendes Mitglied der Sozialistischen Internationale, der junge und sympathisch wirkende Präsident Perus Alan Garcia, der von 1985 bis 1990 in Lima an der Macht war, zu diesen von Abedi betreuten »Kleptokraten«.

Er war einer meiner beliebtesten Kollegen im Büro der Sozialistischen Internationale. Ich erinnere mich an ein Abendessen 1982 im Hotel Rio Palace an der Copacabana in Rio de Janeiro, bei dem Garcia, damals Führer der Alianza popular revolucionaria americana (APRA), uns die kühnen Pläne darlegte, mit deren Hilfe er – falls er zum Präsidenten gewählt würde – den Knebel der Staatsverschuldung lockern wollte, der Peru damals erstickte. Garcia war der Liebling Willy Brandts, alle Welt bewunderte ihn.

Doch leider war Garcia so korrupt wie verrückt.[8] Nachdem er Präsident Perus geworden war, wurde er zu einem der besten Kunden der »Bank in der Bank« und ein persönlicher Freund Abedis. In Peru übertraf sich die »Bank in der Bank« selbst: Auf Anregung Abedis beschloß Perus Präsident, für die Streitkräfte Kampfflugzeuge vom Typ Mirage zu erwerben. Abedi sollte das Geschäft zu Bedingungen, die den Ruin von Perus Staatshaushalt bedeuteten, finanzieren.

Abgeordnete der Opposition deckten den Skandal auf. Das peruanische Parlament forderte eine Reduzierung der Flugzeuge und eine Neuverhandlung der Zahlungsvereinbarungen.

Den »Hochwürdigen Herrn« erschütterte das nicht im mindesten. Er verkaufte an Pakistan und Indien, zwei Staaten, die in Kaschmir gegeneinander Krieg führen, die überschüssigen »peruanischen« Kampfflieger. Peru mußte hohe Konventionalstrafen wegen Vertragsbruches zahlen.

Der Schriftsteller Vargas Llosa, der spätere glücklose Kandidat der Demokratischen Front bei den Präsidentschaftswahlen 1990, führte in den Jahren 1985 bis 1990 einen erbitterten Kampf gegen die Korruption und die Amtsvergehen der Regierung Garcia. Vargas Llosa veröffentlichte ein Buch, in dem er diesen Kampf schildert: »Der Fisch im Wasser«.[9] Darin bezichtigt er Garcia, das peruanische Staatsvermögen ausgeraubt zu haben.

Nur eine willkürliche Beschuldigung, inspiriert vom persönlichen Haß eines unterlegenen politischen Konkurrenten? Keineswegs. Die Enthüllungen Vargas Llosas werden bestätigt durch einen amerikanischen Untersuchungsbericht aus dem Jahr 1991 unter Federführung des leitenden Staatsanwalts des Distrikts von Manhattan, Robert Morgenthau.

Die Kartelle des organisierten Verbrechens auf der ganzen Welt machten sich die Dienste, die umsichtigen Ratschläge, die Netze der »Bank in der Bank« zunutze. Ebenso wie einige der unverbesserlichsten, blutrünstigsten Terroristen dieses ausgehenden Jahrhunderts. Ein Beispiel: Abu Nidal wusch mit Abedis Hilfe Millionen Dollar von Lösegeldern, die er durch Terror und Erpressung seinen unglücklichen Opfern abgepreßt hatte.

Besonders gut funktionierte der von der »Bank in der Bank« organisierte Waffenhandel. Der »Hochwürdige Herr« war auf den meisten Schlachtfeldern des Planeten präsent und belieferte vorzugsweise alle Konfliktparteien gleichzeitig.

Dabei beschränkte er sich keinesfalls auf die Finanzierung von Kriegsgeräten, sondern die Waffen wurden auch von Flugzeugen und Lastwagen im Besitz der »Bank in der Bank« transportiert, die bei ihren eigenen Versicherungsgesellschaften versichert waren, von ihren eigenen Wachen bewacht wurden. Unter dem Schutz von jeweiligen lokalen Beamten, die von den Cayman Islands aus bestochen wurden, wurden die Waffen über die nationalen Grenzen geschmuggelt.

Die Tüchtigkeit der Direktoren der »Bank in der Bank« beeindruckte sogar die erfahrensten Ermittler: Mit Hilfe zahlreicher Scheinfirmen gelang es der »Bank in der Bank«, zahlreiche Industrie-, Handels- und Bankunternehmen auf der Welt zu erwerben. Dazu zählten insbesondere auch drei amerikanische Banken: die First American Bankshares in Washington, die National Bank of Georgia und die Independence Bank in Kalifornien.

Ihren angesehensten Freunden gegenüber zeigte sich die »Bank in der Bank« stets großzügig. So erhielt beispielsweise ein Saudi mit grauem Kinnbart und grauem Lockenkopf, füllig und korpulent, 500 Millionen Dollar von der »Bank in der Bank« als Kredit, um damit bestimmte amerikanische Firmen aufzukaufen. Als einzige Sicherheit mußte er einen Teil der Aktien der erworbenen Firmen hinterlegen. Womit die 500 Millionen Dollar zu einem großzügigen persönlichen Geschenk wurden.

Sehen wir uns nun die dritte Kategorie von Akteuren des Imperiums an: die *protocol officers* (die »Protokollbeamten«). Darunter ist ein Funktionärskorps zu verstehen, das hier nur der Vollständigkeit halber erwähnt werden soll. Jeder der 73 Hauptniederlassungen der BCCI war ein Protokollbüro zugeordnet. Die Bruderschaft der Protokollbeamten kümmerte sich mit Fingerspitzengefühl um die außerbankmäßigen Bedürfnisse der wichtigsten Kunden. So unterhielt sie internationale Callgirlringe; verschaffte den Abkömmlingen mächtiger Familien Stipendien an den Universitäten Europas und der Vereinigten Staaten; führte mit einer Flotte von Privatflugzeugen und Luxuslimousinen internationale oder regionale Transporte durch; stellte Ferienvillen an der Côte d'Azur, in Acapulco und auf Jamaika zur Verfügung; regelte mit der gebotenen Diskretion Spielschulden arabischer Prinzen – ob in Divonne, Cannes, Monaco oder Las Vegas; und erfüllte schließlich tatkräftig und diskret alle persönlichen Wünsche, die von wichtigen Gläubigern geäußert wurden.

Eine vierte Kategorie von Abedi-Agenten bildeten die »Unternehmer«, hochkarätige Finanzfachleute, größtenteils Spitzenkräfte; sie leiteten Finanzunternehmen, die scheinbar von der BCCI unabhängig waren. Ihre Aufgabe war die

Verwaltung des Vermögens – eigentlich müßte man sagen: der Beute – der Kunden, die im dunkeln operierten und die die Offenbarung ihrer Identität aus guten Gründen scheuten.

Die »Unternehmer« wurden direkt von Abedi ernannt. Es gab etwa hundert davon. Sie gehörten nicht zur »Bank in der Bank« und damit zum innersten Kreis des Imperiums. Nur die »Bank in der Bank« befaßte sich mit internationalen Kriminellen im großen Stil (Mobutu, Samuel Doe, die Diktatoren von Lagos, Alan Garcia u. a.), deren Handhabung besonderes Geschick erforderte. Denn der »Hochwürdige Herr« war überzeugt, dieses als einziger zu besitzen.

Die »Unternehmer« hingegen waren zuständig für geheime Kunden, die zwar bedeutend, aber doch von geringerem finanziellen und politischen Gewicht waren. Ich möchte dazu nur ein Beispiel anführen: Amjad Awan, »Unternehmer« der BCCI in Panama, war der Geheimbankier von Manuel Antonio Noriega. Noriega, ein kleiner, korpulenter Mann mit pockennarbigem Gesicht, war Offizier der Nationalgarde Panamas gewesen. Im Juli 1981 kommt der Kommandant der Garde, General Torrijos, bei einer Bombenexplosion in seinem Flugzeug ums Leben. Es geht das Gerücht, daß Noriega die Bombe in dem Flugzeug plaziert hat.

Noriega, nunmehr Chef der Garde, machte aus Panama eine Durchgangsstation für die Drogenexporte aus Kolumbien, Bolivien und Peru, die für den nordamerikanischen Markt bestimmt waren. Die BCCI eröffnete für Noriega Bankkonten unter verschiedenen Namen. Der General brachte darauf die Millionen Dollar in Sicherheit, die ihm die Provisionen der Barone des Cali- und des Medellinkartells, die Korruption im eigenen Lande sowie seine systematische Plünderung der Staatsfinanzen Panamas einbrachten. Noriega stand jahrelang auf der Gehaltsliste des nordamerikanischen CIA, der ihn bei Sabotageoperationen gegen Kuba benutzte.

Februar 1988: Der Wind schlägt um. Washington beschließt, sich Noriegas zu entledigen. In zwei unabhängigen Prozessen wird in Miami und Tampa gegen ihn Anklage wegen Drogenhandels, Geldwäsche von Gewinnen aus Drogenhandel und Unterstützung von Drogenschmugglern erhoben.

Die amerikanische Armee unternimmt eine blutige Militärintervention – 2000 Panamaer werden dabei getötet. Nach seiner Festnahme wird Noriega in die Vereinigten Staaten gebracht und inhaftiert.

Nur ein Bruchteil des von Noriega gestohlenen Geldes konnte sichergestellt werden. Zum Zeitpunkt der Anklageerhebung konnte ihm die amerikanische Staatsanwaltschaft den Besitz von 23 Millionen Dollar auf verschiedenen Konten der BCCI in London nachweisen. Doch noch bevor sie sichergestellt werden konnten, transferierte die BCCI diese Gelder auf andere Konten in Luxemburg.

Kurze Zeit später verschwand das Geld erneut. Die amerikanischen Staatsanwälte spürten schließlich kümmerliche Reste davon in verschiedenen europäischen Geldinstituten auf, insbesondere in der Schweizerischen Bankgesellschaft (UBS), die im übrigen mit der BCCI zusammen Eigentümerin der Banque de Commerce et de Placements S.A. (BCP) in Genf war.

Bei weitem am gewalttätigsten aber ist die fünfte und letzte Kategorie der Soldaten des Imperiums, die sogenannten »Schwarzen Einheiten«, Abedis Killer, seine Prätorianergarde. Die Bezeichnung »Schwarze Einheiten« wurde ihnen von den britischen Ermittlern verliehen. Im Unterausschuß von Senator John F. Kerry ist von einem »black network« (»Schwarzen Netz«) die Rede.

Dieses »Schwarze Netz« setzte sich zusammen aus gemeinen Verbrechern. Ferngesteuert und unter dem persönlichen Kommando ihres pakistanischen Paten stellten sie ihre Fähigkeiten gegen entsprechende Entlohnung in den Dienst aller geheimen Vorzugskunden der BCCI.

Sie waren Schmuggler mit eigenen Schiffen, eigenen Flugzeugen, eigenen Depots an schweren Waffen und eigenen finanziellen Ressourcen. Häufig waren sie auch als bezahlte Killer tätig. Sie organisierten auf eigene Rechnung den interkontinentalen Schmuggel von Kokain, Heroin und synthetischen Drogen. Sie machten ein Vermögen als Zuhälter, betrieben einen schwungvollen Frauenhandel und unterhielten Bordelle und Freudenhäuser in den Vereinigten Staaten und Europa.

Zu den delikatesten Aufgaben der »Schwarzen Einheiten« gehörte die genaue und permanente Überwachung der Aktivitäten der »Unternehmer«, der »Protokollbeamten« und der normalen Bankiers der BCCI.

Diese gedungenen Verbrecher waren handverlesen und erhielten eine gründliche militärische Ausbildung. Sie waren in Zellen nach dem Vorbild einer Geheimgesellschaft organisiert und trugen Tarnnamen. Ihre Zahl überstieg nie 1500. Sie erledigten ihre Aufträge mit eiskalter Perfektion. Sie waren imstande, hochgradig komplizierte Operationen durchzuführen.

Ein paar Beispiele: Nachdem der amerikanische Kongreß Präsident Reagan untersagt hatte, weiterhin die terroristischen Machenschaften der Contras in Nicaragua zu finanzieren, nahm Oberst Oliver North, Leiter eines speziellen, direkt dem Weißen Haus unterstellten Nachrichtendienstes, Kontakt zur Regierung Saudi-Arabiens auf, die sich zur Fortführung der Finanzierung bereit erklärte. Adolfo Calero, der Führer der Contras in Nicaragua, der seit 1982 von Honduras aus seinen Guerillakrieg gegen die siegreichen

Sandinisten führte, nutzte ihre Dienste, um einige der grausamsten Attentate gegen die Bevölkerung von Esteli, Managua und Granada zu organisieren. Indes existierten keine direkten Verbindungen zwischen den Behörden in Riad und der Organisation von Alfredo Calero. So kümmerte sich ein »Schwarzes Netz« der BCCI um die Eröffnung der erforderlichen Konten, die Banktransfers sowie Kauf und Transport der Waffen.

Ungefähr zur gleichen Zeit sorgte eine delikate Affäre für hitzige Debatten in der amerikanischen Öffentlichkeit: Saudi-Arabien wünschte – gegen den Willen der Regierung in Washington – Raketen vom Typ Silkworm zu erwerben. Diese in China produzierten Flugkörper waren mit einem Lenksystem israelischer Herkunft ausgestattet. Daraufhin trat die BCCI als Zwischenhändler auf den Plan und finanzierte den Kauf auf Kredit. Die »Schwarzen Einheiten« übernahmen den Transport.

Syrien suchte nach Mitteln und Wegen, um sich im geheimen Scud-B-Raketen zu beschaffen. Diese Waffen waren in Nordkorea auf dem Markt. Auch hier trat die BCCI als Zwischenhändler auf (die amerikanischen Ermittler benutzen den Begriff »broker«). Dank der Schmugglerringe der »Schwarzen Einheiten« gelangten die Scud-B-Raketen ohne Zwischenfall nach Latakia, dem bedeutendsten Mittelmeerhafen Syriens.

Ein Informant der amerikanischen Justiz schildert folgende Operation vom April 1989: Ein mit Containern beladenes Schiff legt nachts in Karatschi an. Männer der »Schwarzen Einheiten« erwarten es am Kai. Sie bestechen die für die Überprüfung der Ladung zuständigen Zöllner mit Dollars in gebrauchten Scheinen. Nun treten die Kräne in Aktion und entladen das Schiff. Auf dem Kai warten bereits Lastwagen. Bei Tagesanbruch werden die Container zu einem Privatflughafen im äußersten Süden des Sind (der Provinz

Karatschi) befördert. Dort werden sie in eine Boeing 707 verladen, die keinerlei Kennzeichen trägt.

In letzter Minute wird der planmäßige Start eines Flugzeugs der Pakistani International Airlines (PIN), das auf gleicher Flugroute nach Europa fliegen sollte, annulliert. Höchstwahrscheinlich, weil die Männer der »Schwarzen Einheiten« den Piloten bestochen hatten. Dadurch kann die Boeing, die den Flugplan und die Codezahlen des Flugzeugs der PIN benutzt, ungehindert den Luftraum mehrerer Länder durchqueren, ohne irgendwo den geringsten Argwohn eines Kontrollturms zu wecken. Von Prag aus setzt die Boeing ihren Flug in die Vereinigten Staaten fort.

Der Informant der US-Behörden kennt den Inhalt der Container nicht. Er fügt hinzu: »Es kann alles mögliche darin gewesen sein. Vielleicht enthielten die Container Waffen, Drogen oder Gold. Gewöhnlich transportieren wir Ladungen dieser Art.«

Zu den wertvollsten Waffen des »Hochwürdigen Herrn« zählten Informationen über Dritte. Seine Männer in den »Schwarzen Einheiten« unterhielten Spionagenetze in allen Hauptstädten, in denen die BCCI tätig war. Sie hörten illegal Telefongespräche ab und scheuten weder vor Videoüberwachung noch vor der Verletzung des Briefgeheimnisses oder direkter Beobachtung und Beschattung zurück.

Um seine Macht über widerspenstige Regierungen, zu gierige Kunden oder allzu pflichteifrige Polizisten, Zollbeamte oder Richter zu festigen und auszubauen, nahm der Schiit häufig Zuflucht zur Erpressung … mit Hilfe der von seinen »Schwarzen Einheiten« zusammengetragenen Informationen.

Agha Hasan Abedi war von einem geradezu pathologischen Mißtrauen gegenüber allen Agenten seines Imperiums besessen. Schon der kleinste Betrug, der geringste Vertrauensmißbrauch, ob er nun vom unbedeutendsten oder vom wichtigsten seiner in die Zehntausende gehenden Angestellten begangen worden war, wurde mit dem Tod bestraft, dem häufig grausame Folterungen vorausgingen.

Zur Veranschaulichung einige Beispiele: Ein junger »Protokollbeamter« in Karatschi versuchte, entsetzt durch gewisse Vorfälle, deren Zeuge er geworden war, der BCCI den Rücken zu kehren. Er löste sein persönliches Konto in der örtlichen Filiale der Bank auf und verkaufte sein Haus. Abedi bekam von seinen Machenschaften Wind. Männer der »Schwarzen Einheiten« exekutierten daraufhin einen Bruder des unbotmäßigen Angestellten. Dann, eines Nachts, brachen Unbekannte bei ihm ein und vergewaltigten seine Frau. Schließlich gelang dem Angestellten mit Mühe die Flucht in die Vereinigten Staaten, wo er jetzt unter einer falschen Identität lebt.

Noch ein Beispiel für persönliche Rache: Der »Hochwürdige Herr« hatte einen Statthalter in Multan, der einstigen Hauptstadt der mystischen Bruderschaft der »Sufi«, einer jahrtausendealten Stadt im mittleren Industal. Dieser Mann versuchte, seine Stelle zu kündigen und sich aufs Land zurückzuziehen. Agha Hasan Abedi ging scheinbar wohlwollend auf sein Verlangen ein. Doch ein paar Tage später erhielt er mit der Post die abgeschnittene Hand seines Bruders, die er zweifelsfrei am Siegelring mit dem Familienwappen, der an dem blutüberströmten Ringfinger steckte, erkannte.

V. Straflosigkeit

Auf unserem Planeten wimmelt es von Geheimdiensten aller Herren Länder. Mit Hilfe von Weltraumsatelliten, Computersystemen und Abhöranlagen überwachen sie nahezu permanent alle menschlichen Aktivitäten und jeden Fleck auf der Erde.

Achtzehn Jahre lang bestand Agha Sahibs Reich – in dem Milliarden von Dollar aus den Gewinnen des organisierten Verbrechens in den internationalen Geldkreislauf eingespeist, die Beutegelder von Diktatoren und Terroristen weißgewaschen, Menschenhandel und interkontinentaler Drogen- und Waffenschmuggel betrieben wurden – ohne nennenswerte Komplikationen.

Kriminelle Operationen von so gigantischen Ausmaßen, über einen so langen Zeitraum hinweg, in die so viele Akteure verwickelt und bei denen solche Geldvolumen manipuliert wurden, mußten unweigerlich die Aufmerksamkeit der Geheimdienste mehrerer Staaten der Welt auf sich lenken. Wie erklärt sich also, daß sie unbehelligt stattfinden konnten?

Eine Antwort darauf liefert der Afghanistankrieg: Er fällt mit der Blütezeit der BCCI und der »Schwarzen Einheiten« zusammen. Afghanistan ist ein strategisch bedeutsames Land, durch das alle Routen verlaufen, die Zentral- und Südasien miteinander verbinden. Schon seit 1979 stieß die sowjetische Besatzungsarmee auf den erbitterten Widerstand der Tadschiken, Hajaras, Usbeken und Paschtunen.

Sie verzettelte sich in aussichtslose Guerillakämpfe in den Bergen des Hindukusch, den Tälern, Ebenen und Schluchten eines Riesenterritoriums, das weder Alexander der Große noch die Mongolen, noch die britischen Kolonialtruppen auf Dauer zu erobern vermocht hatten.

Überall gingen die sowjetischen Soldaten den Stammesführern in die Falle, die ihre Patrouillen töteten, ihre Garnisonen angriffen und später die Invasoren offen zum Kampf herausforderten.

Die westlichen Geheimdienste, allen voran der nordamerikanische, schlossen nach geduldiger Kleinarbeit Bündnisse mit den Führern der Widerstandsbewegung. Sie bewaffneten ihre Krieger, bildeten ihre Saboteure aus, sorgten für Kommunikation, richteten ihnen Krankenhäuser ein und lieferten per Satellit die für Großangriffe unverzichtbaren Informationen.

In enger Zusammenarbeit mit dem Inter Service Intelligence (ISI) der pakistanischen Armee bewaffnete die CIA im Panshir die Kämpfer Ahmad Shah Massuds. Sie unterstützte im Süden Gulbuddin Hekmatyar und sein Heer islamischer Fundamentalisten, die Hezb el Islami. Selbst die Schiiten von Karim Khalili erhielten, obwohl ferngesteuert vom Iran, die Unterstützung der Vereinigten Staaten.

Mitte der achtziger Jahre war die CIA-Basis in Islamabad der größte Stützpunkt der CIA auf der Welt. Im Tal von Peshawar, im Swat und in der Ebene von Taxila wurden vom CIA Tausende von islamistischen Kämpfern aus Algerien, Ägypten, Pakistan, Irak etc. für antisowjetische Kommandoaktionen ausgebildet und anschließend über Torkham Gate nach Afghanistan geschleust.

Die Ironie der Geschichte will es, daß diese von der CIA ausgebildeten islamistischen Terroristen heute die gefährlichsten Feinde des amerikanischen Staats und seiner Alliierten und Schützlinge in Bosnien, Saudi-Arabien, Ägypten und anderswo sind.[10] Im November 1995 sprengen sie in Riad die Zentrale der amerikanischen Militärmission in die Luft. Mehrere Amerikaner verlieren ihr Leben.

Ein weiteres Beispiel: 25. Juni 1996. Vor dem achtstöckigen Gebäude von El-Khobar in der Nähe des amerikanischen Luftwaffenstützpunkts Dahran in Saudi-Arabien hält ein Lastwagen. Zwei Männer fliehen in einem weißen Auto. Einige Sekunden später explodiert der Lastwagen. Das Gebäude stürzt ein und begräbt unter seinen Trümmern 19 amerikanische Staatsbürger, mehr als 300 Menschen werden verletzt.

Durch seine Lage zwischen dem arabischen Orient, Persien, Zentral- und Südasien nimmt Afghanistan seit jeher eine entscheidende geostrategische Position ein. Heute verheert ein zweiter, ebenso mörderischer Krieg das Land. Die verschiedenen einheimischen Armeen zerstören – finanziert von Pakistan, dem Iran, Rußland oder den Vereinigten Staaten – das Zentrum und den Norden des Landes.

Nun war aber Agha Sahib in diesem Teil der Welt ein überaus einflußreicher Pate. Zusammen mit Ayoub Afridi, dem Herrscher über den Khaiberpaß und Chef des Afridiclans, einem der mächtigsten Clans unter allen Pathanenclans, betrieb er den lokalen Waffenhandel. Die Mitglieder der »Schwarzen Einheiten« selbst wurden häufig aus den Clans der Pathanen rekrutiert. Die »Schwarzen Einheiten« wurden von den westlichen Geheimdiensten im Gebiet des Khaiberpasses und in den Bergzügen und Ebenen des östlichen Afghanistan als Saboteure, Terroristen und Waffenschmuggler eingesetzt.

Meine Hypothese, die an die freundschaftliche Zusammenarbeit der amerikanischen Armee mit der sizilianischen Mafia im Jahr 1943 erinnert: Mehr als ein Jahrzehnt lang hat der »Hochwürdige Herr« auf höchster Ebene und mit vollendeter Erpressungskunst im Gegenzug für seine Unterstützung der westlichen Kriegsanstrengungen dafür gesorgt, daß seine BCCI überall in der Welt ungestraft schalten und walten konnte.

Konfuzius sagt: »Risse lassen auch die mächtigsten Mauern einstürzen.«

Der erste Riß im Imperium des »Sahib« erschien in einer Oktobernacht an der Küste des Golfs von Mexiko, in einer Villa von Tampa in Florida.

Zwei junge amerikanische Finanzjongleure hatten beschlossen zu heiraten. Die Braut, eine attraktive und elegante Amerikanerin namens Kathleen C. Erickson, und Robert Musella, ihr zukünftiger Mann, beide Mitglieder des internationalen Jet-sets, hatten alles bestens geplant: Sie hatten für ein Vermögen den exklusivsten Klub in Tampa, das Innisbrook Resort, angemietet: Vierhundert Hektar Golfplatz, drei Schwimmbäder mit Olympiamaßen und eine Unmenge von Luxusvillen, das Ganze fünfunddreißig Kilometer nordwestlich von Tampa gelegen. Ihren über die ganze Welt verstreuten Freunden hatten sie folgende Karte geschrieben: »In unserem eigenen Namen und im Namen unserer Eltern, Herr und Frau Samuel Edward Erickson und Herr und Frau Joseph Edward Musella, geben wir uns die Ehre, Sie am Sonntag, den 9. Oktober 1988, in den Golfklub von Tarpon Springs, Florida, einzuladen, um mit uns gemeinsam den Beginn unseres neuen Lebens zu feiern.« Unterzeichnet: Kathleen C. Erickson und Robert L. Musella. Den ganzen 8. Oktober über landeten Privatjets und eigens gecharterte Linienflugzeuge auf dem Flughafen von Tampa und entließen die auserlesenen Gäste, die anschließend von Limousinen in ihre jeweiligen Villen gebracht wurden.

Am Morgen des 9. Oktober sollten die Feierlichkeiten beginnen. Üppiges Frühstück. Konzerte, diverse Lustbarkeiten. Doch vor Beginn des Galadiners, auf das ein Feuerwerk folgen sollte, gesellte sich der Bräutigam zum Kreis seiner besten Freunde. Mit verhaltener Stimme erklärte er ihnen, daß in einem nahe gelegenen Hotel eine Feier im engsten Kreis – nur für die Männer – stattfinden sollte. Dort würden sie von schönen, jungen Frauen erwartet, die ganz zur Verfügung der Gäste stünden. Er wolle, so Musella, »von seinem Junggesellenleben auf würdige Weise Abschied nehmen«.[11]

Die glücklichen Auserwählten machten sich unauffällig aus dem Staub. Eine ganze Flotte von Limousinen brachte sie ins Zentrum von Tampa. Der delikate Teil der Veranstaltung sollte auf der obersten Etage des NCNB-Turms, im Restaurant Mac Beth, stattfinden. Auf den ersten sieben Stockwerken des Turms befinden sich Garagen. Eine Limousine nach der anderen fuhr in die Garage. Im sechsten Stockwerk hielt ein »Butler« in Livree jedes Auto an, überprüfte anhand einer Liste den Namen des Ankömmlings und dirigierte ihn zur siebten Etage. Das Auto fuhr nach oben und hielt an. Dort wurden die Limousinen von einer Gruppe unauffällig gekleideter junger Leute mit Sonnenbrille und Revolver im Schulterhalfter in Empfang genommen. Im Abstand von wenigen Minuten wurde ein Gast nach dem anderen aus dem Fahrzeug gezogen, mit dem Gesicht zur Mauer gestellt, durchsucht und in Handschellen gelegt.

Der Chef der Gruppe empfing jeden mit den gleichen freundlichen Worten: »Willkommen in Tampa. Sie sind verhaftet.« Jedem betete er hastig den von der Verfassung vorgeschriebenen Spruch herunter: »Sie haben das Recht, die Aussage zu allen Fragen zu verweigern, deren Antwort in einem späteren Prozeß gegen Sie verwendet werden kann. Sie haben das Recht, einen Anwalt Ihrer Wahl zu beauftragen…«

Nachdem die erste Überraschung verflogen war, brachen die meisten der in Handschellen gelegten Gäste in Gelächter aus, da sie überzeugt waren, es handle sich hierbei um einen neuen, köstlichen Scherz ihres Freundes Musella. Doch sie täuschten sich. Die jungen Leute waren Sonderermittler im Dienste der amerikanischen Zollbehörden. Musella und die schöne Kathleen selbst waren Geheimagenten, die drei Jahre zuvor ins Medellinkartell eingeschleust und enge Freunde von Pablo Escobar geworden waren. Insbesondere Bob Musella, dessen wahrer Name Robert Mazur lautete, war ein begnadeter Schauspieler. Er ist einer der ganz großen Helden des Untergrundkriegs gegen das organisierte Verbrechen. Drei Jahre lang riskierte er Tag und Nacht einen schrecklichen Tod, lebte in unmittelbarer Nähe der Herrscher von Medellin.

Mazurs Karriere begann 1972 als »special agent« der Fahndungsabteilung des Internal Revenue Service (IRS, die Steuerbehörde des Finanzministeriums). Später wechselte der kleine, hochintelligente New Yorker in die Fahndungsabteilung der Zollverwaltung. Er ist eine Kämpfernatur und besitzt einen Mut und eine Entschlossenheit, wie man sie selten findet.

Sehen wir uns die von Musella alias Mazur inszenierte Operation genauer an. Auf Anordnung seiner Regierung läßt sich Mazur/Musella in der zweiten Hälfte der achtziger Jahre in Tampa nieder. Er nimmt die Identität eines »Vermögensverwalters« an. Maisonettewohnung mit Meerblick, Limousine, Privatflugzeug, Luxusyacht. Mit Hilfe von Regierungsgeldern eignet er sich alle Attribute des erfolgreichen Finanziers an. Er führt das Leben eines Krösus. Seine Kunden sind die Barone des kolumbianischen (peruanischen, bolivianischen) Drogenhandels. Er wäscht für sie Millionen von Dollar weiß.

Er wird ihr ständiger Geschäftspartner. In dieser Funktion ist er einer der am meisten umhätschelten Kunden der BCCI am West Kennedy Boulevard im Riverside Plaza-Gebäude. Auch bei seinen Besuchen in der Niederlassung der BCCI in Panama wird er wie ein König empfangen. Mit seinen Partnern von der BCCI zieht er die kompliziertesten Geldwäsche- und Investitionskreisläufe auf, wobei er geschickt alle Beziehungen der BCCI zu praktisch sämtlichen Finanzplätzen der Welt nutzt. Jeden Monat gehen viele Millionen Dollar durch seine Hände. Als Vermögensverwalter kassiert er zudem Millionen als Provision. Außerdem erhält er von den dankbaren Direktoren der BCCI, den Herren von Medellin, von César Rodriguez, dem Handlanger Noriegas, und von Dutzenden anderer »Partner« kostspielige persönliche Geschenke.

Doch sowie die Operation »C-Chase«, wie der Codename der von der amerikanischen Regierung angeordneten Operation lautet, im Oktober 1988 in Tampa ihr Ende nimmt, verwandelt Mazur sich wieder in den bescheidenen Beamten, der er früher war. »Seine« sämtlichen Konten werden von den amerikanischen Behörden liquidiert, er gibt alle erhaltenen Geschenke ab, kehrt nach Washington zurück und wartet auf seinen neuen Auftrag. Es erfordert schon einen sehr gefestigten Charakter und ein außerordentliches Engagement für das Allgemeinwohl, um den geradezu übermenschlichen Verlockungen der persönlichen Bereicherung widerstehen zu können, die die Arbeit eines Undercoveragenten mit sich bringt.

Robert Mazurs außerordentliche Kühnheit und sein Eifer wurzeln in einem Schlüsselerlebnis. 1984 war sein Freund Enrique Camarena Salazar, ein Agent der DEA (Drug Enforcement Administration), der amerikanischen Drogenfahndung, der in einen mexikanischen Ring eingeschleust worden war, zu Tode gefoltert worden. Mazur vergaß das nie. In Florida riskierte er sein Leben, um seinen Freund zu rächen.

In Tampa wurde eine reiche Ernte eingefahren. Alle Gefangenen wurden sofort ins Federal Building in der Zack Street in Tampa überführt, in dem sich die Büros der Zollbehörden, des FBI und anderer Abteilungen der Justiz- und der Finanzministerien befinden. Sie wurden fotografiert; anschließend nahm man ihnen die Fingerabdrücke ab. Noch in derselben Nacht begannen die Verhöre.

Parallel dazu verhafteten Beamte in Europa und den Vereinigten Staaten zahlreiche weitere leitende Angestellte der BCCI, die mit dem Medellinkartell in Verbindung standen und sich nicht zur Hochzeit von Musella und Erickson hatten begeben wollen oder durch dringendere Verpflichtungen verhindert gewesen waren.

Nazir Chinoy, Asif Baakza und Syed Akbar wurden in London geschnappt. In mehreren europäischen Hauptstädten, in den Vereinigten Staaten und in Afrika drangen Polizeibeamte in Filialen der BCCI und zahlreiche Tochtergesellschaften ein, um Computerdisketten, Archive und Buchhaltungsunterlagen zu beschlagnahmen.

Besonders zufriedenstellend verlief die Operation in Paris. Die Behörden hatten die Aktion raffiniert eingefädelt: Am 4. Oktober 1988 war ein Inspektor der Renseignements généraux, des französischen Inlandnachrichtendienstes, in den Büros an den Champs-Elysées vorstellig geworden. Unter dem Vorwand, bei den französischen Behörden sei eine Bombendrohung eingegangen, verlangte er einen detaillierten Plan der Büroräume der BCCI. So konnten die französischen Beamten am 9. Oktober direkt in den Computerraum stürmen, bevor auch nur ein Gerät »gesäubert« werden konnte.

Die Autoren James Ring Adams und Douglas Frantz geben den folgenden Dialog wieder.[12] Als die französischen Polizisten am 9. Oktober beim Wachmann der BCCI, der im Foyer Dienst tut, erscheinen, erkennt dieser den Inspektor der RG und fragt scherzend: »Schon wieder eine Bombe?«

Der Inspektor antwortet darauf: »Nein. Dieses Mal bin ich die Bombe.«

Der Architekt der Falle von Tampa heißt William von Raab und war zur Zeit der Tampa-Operation Generaldirektor der amerikanischen Zollbehörden. Er hatte diesen Posten praktisch während der gesamten zwei Amtszeiten von Präsident Ronald Reagan inne, dessen »Kreuzzug gegen den internationalen Drogenhandel« auf seine Anregungen zurückging.[13]

VII. Wir schließen

Die Verhaftungen von Tampa führten zur Anklageerhebung gegen acht Direktoren und leitende Angestellte der BCCI vor einem amerikanischen Gericht. Die BCCI bemühte sich, den Schaden zu begrenzen, indem sie sich von den verhafteten Direktoren distanzierte und punktuell mit der Justiz zusammenarbeitete. Aber nun begannen sich die verschiedensten Behörden in den unterschiedlichsten Ländern für die Machenschaften der BCCI zu interessieren.

Agha Hasan Abedi hatte jedoch dafür gesorgt, daß die Ermittler überall auf der Welt aufgrund der extrem komplizierten Strukturen der BCCI, der zahlreichen politischen Beziehungen und der Protektion, die ihre Direktoren genossen, auf schier unüberwindliche Schwierigkeiten stießen.

Wertvolle Ergebnisse erbrachte dabei die mit Sachverstand und Energie von den englischen Behörden durchgeführte Untersuchung. Ihr Motor war Robert Leigh-Pemberton, Gouverneur der Bank of England und als solcher Leiter der Bankenaufsicht in der Londoner City, wo sich auch das Hauptquartier der BCCI befand. Am 5. Juli 1991 um dreizehn Uhr präsentierten sich Inspektoren der Bank of England vor den Toren der fünfundzwanzig Niederlassungen der BCCI auf britischem Territorium und forderten die Angestellten zum Verlassen der Räumlichkeiten auf, beschlagnahmten Zehntausende von Unterlagen und versiegelten die Türen. Der Hauptanklagepunkt im folgenden Prozeß ließ an Klarheit nichts zu wünschen übrig: »Fraudulent conduct on a world wide scale« (»Betrug in weltweitem Maßstab«).

Nur in Luxemburg sahen sich die Fahnder mit einem unerwarteten Problem konfrontiert. Als sich die Kriminalbeamten dort am 5. Juli vor der BCCI Holding SA einfanden, standen sie vor verschlossenen Türen. Direktion und Personal veranstalteten mit einem Tag Verspätung ein großes Familienpicknick auf dem Land zur Feier des amerikanischen Nationalfeiertags. Stundenlang durchforsteten Polizeiautos mit heulenden Sirenen das doch eigentlich winzige Territorium des Großherzogtums. Man mußte die Teilnehmer des Picknicks ausfindig machen, um ihnen die ordnungsgemäß vom luxemburgischen Richter ausgestellte Zwangsverwaltungsanordnung zu präsentieren.

Am Ende stöberten die Polizisten die Direktoren der BCCI-Luxemburg mit ihren Frauen und Kindern unter einer Trauerweide auf einer Wiese auf.

Das Imperium Agha Hasan Abedis hatte zahlreiche Satellitenreiche. In den meisten Ländern kam es auch dort im Gefolge der Liquidierung der BCCI zu Verhaftungen und Prozessen.

Außer in der Schweiz... Die Schweizer Behörden sind Meister in der Kunst, sich diskret unlauterer Finanziers zu entledigen – nach ihrer Entlarvung durch das Ausland –, denen sie bis dahin liebedienerisch um den Bart gegangen waren. Die Genfer Justiz jedenfalls ging mit ausgesuchter Höflichkeit vor. Kein einziger Komplize des »Hochwürdigen Herrn« wurde verhaftet. Die Situation hat sich inzwischen radikal geändert: Unter dem Einfluß von Generalstaatsanwalt Bernard Bertossa werden die organisierte Kriminalität und die Wirtschaftskriminalität in Genf energisch verfolgt.

Abbas Gokal, ein eleganter Pakistani in den Fünfzigern, wohlbekannt in der Genfer Society, und seine beiden Brüder hatten ihre Büros in den sechs Etagen eines Gebäudes aus getöntem Glas am Rond Point von Rive in Genf. Mustapha, Abbas und Murtaza Gokal sind Schiiten. Wie Abedi. Geboren in Indien, wanderten sie in den Irak aus. 18. Juli 1958: In Bagdad wird der König ermordet. In einem von Nasser inspirierten Militärputsch wird die Monarchie zum Teufel gejagt, die mit dem Hof verbundenen Ausländer werden vertrieben. Die Familie Gokal flüchtet sich nach Karatschi. 1969 gründen sie – bereits mit Hilfe von Agha Hasan Abedi – die Gulf Shipping Lines.

Die Gokals sind Allroundhändler und haben mit tropischen Früchten, Baumwolle, Öl, Industrieabfällen, vor allem aber durch Seefrachtunternehmen ein sagenhaftes Vermögen angehäuft. Sie besaßen mehr als hundert Schiffe unter den verschiedensten Bezeichnungen und Flaggen.

Als das Imperium Agha Hasan Abedis im August 1991 leck schlägt, zeichnen sich bald die ersten Schließungen der »Genfer« Unternehmen ab. Die Behörden lassen sie friedlich dahinscheiden. Die Firma Marco Trade entschlummert sanft, gefolgt von Gulf Invest. Das Konkursamt von Genf beschränkt sich auf die Registrierung der Schulden, die immer astronomischere Höhen erreichen. Niemand wird je das genaue Ausmaß der Katastrophe erfahren.

Der Untersuchungsrichter läßt die Türen des Gebäudes am Rond Point von Rive versiegeln. Ohne sich übermäßig zu beeilen. Genf legt keinen Wert auf den x-ten Finanzskandal.

Am Rond Point von Rive wird an die Telefonleitungen des verlassenen Hauptquartiers der Gebrüder Gokal ein Anrufbeantworter angeschlossen. Wer immer die Nummer wählt, hört eine sanfte Stimme sagen: »Dieser Anschluß ist vorübergehend nicht erreichbar.« Die Schweizerische Bankgesellschaft, der unglückselige Geschäftspartner der Gokals, läßt eine Hypothek von 36 Millionen Schweizer Franken auf das Gebäude eintragen, im nutzlosen Versuch, wenigstens einen Bruchteil ihrer Kredite zu retten.

Wie schon viele andere »Genfer« Finanziers vor ihm, machen sich auch Gokal und die Seinen diskret von dannen. Ohne dabei behelligt zu werden. Ein hoher Justizbeamter der Republik Genf beantwortete in einem Interview die Frage Pascal Auchlins nach der Flucht der Brüder Gokal so: »Auf der Flucht? Nein. Sagen wir, sie sind nicht mehr hier.«[14]

Im April 1997 endlich wird Abbas Gokal von seinem Schicksal eingeholt. Die britischen Staatsanwälte verfolgen die pakistanischen Täter mit ungebrochener Energie. Insbesondere die Agenten vom Serious Fraud Office (SFO), Zweigstelle London, lassen nicht locker. Sie verhaften Abbas Gokal. Vor dem Strafgerichtshof in Old Bailey wird Abedis Intimfreund wegen Gläubigerbetrugs in Höhe von 1,2 Milliarden Dollar verurteilt. Die *Neue Zürcher Zeitung* kommentiert: »Es handelt sich um den größten Betrugsprozeß in der englischen Geschichte.«[15]

Die von Robert Morgenthau, dem Staatsanwalt des Distrikts von Manhattan, New York, geleitete Untersuchung sollte 1992 endgültig den Untergang des »Hochwürdigen Herrn« besiegeln.

Mittwoch, 29. Juli: Pressekonferenz in den Räumen des Staatsanwalts. Vor mehr als dreihundert Journalisten und Kameramännern aus der ganzen Welt versetzte Robert Morgenthau, schlank, mit dünner Goldrandbrille, die weißen Haare sorgfältig frisiert, die ewige Zigarre zwischen den knochigen Fingern, Agha Sahib den Gnadenstoß.

Robert Morgenthau gehört zu den einflußreichsten Juristen der Vereinigten Staaten. Sein Vater war der legendäre Finanzminister Präsident Roosevelts, Henry Morgenthau.

Sohn Robert begann seine Karriere im Justizministerium unter der Präsidentschaft von John F. Kennedy. Sein Idol und sein Freund war Robert Kennedy gewesen, der unbeugsame Justizminister zu Beginn der sechziger Jahre. Er hatte ihm zur Seite gestanden im Kampf gegen die Mafia. Morgenthau hatte seine Lektion gelernt: Ohne die Korruption und die politische Protektion, die es sich damit kaufen kann, ist das organisierte Verbrechen ein machtloser Eunuch.

Die von der Bank of England getroffenen Maßnahmen hatten zur Schließung der meisten Schalter der BCCI auf der Welt geführt. Noch aber galt es zu verhindern, daß die mächtigen Beschützer Agha Hasan Abedis die straf- und zivilrechtlichen Verfahren sabotierten, die nun angestrengt werden sollten.

Mit monotoner Stimme verlas Morgenthau folgenden Text: »Diese Bank [die BCCI] war ein kriminelles Unternehmen, das die Direktoren mehrerer Zentralbanken, hohe Regierungsbeamte und andere Personen bestochen hat, um ein Vermögen anzuhäufen und ein weltweites Machtimperium aufzubauen ... Der Staat New York hat soeben Anklage gegen sechs Personen wegen krimineller Umtriebe und Beihilfe zu den Machenschaften der BCCI erhoben, darunter Clark M. Clifford und Robert A. Altman.«[16]

Die Zuhörer halten den Atem an. Es herrscht Totenstille.

Morgenthau gehört zum Establishment der Demokratischen Partei. Er verdankt ihr seine gesamte Karriere. Die beiden Angeklagten aber sind Stützpfeiler der Demokratischen Partei der Vereinigten Staaten.

Altman, einer der mächtigsten Anwälte Washingtons, Präsident der First American Bank Shares, war der erste Rechtsbeistand der BCCI.

Clark Clifford, vierundachtzig Jahre alt, eine einflußreiche Persönlichkeit der amerikanischen Politik seit der Ära

Truman, war Berater aller demokratischen Präsidenten seit dem Jahr 1945 gewesen. Er war einer von denen, die die Amerikaner »power broker« nennen, ein Mann, der politische Karrieren aufbaut und vernichtet. Er war Verteidigungsminister der Vereinigten Staaten gewesen. James Reston, vormals Kolumnist der *New York Times*, hält ihn für einen der mächtigsten Männer der Vereinigten Staaten.[17]

VIII. Agha Sahibs Tod

Am Spätnachmittag des 5. August 1995, einem wolkenverhangenen Samstag, haucht Agha Hasan Abedi sein Leben aus. Er ist dreiundsechzig Jahre alt. Zwei Tage später wird der Mann, der achtzehn Jahre lang über eines der mächtigsten Finanzimperien der Welt herrschte, beinahe heimlich zu Grabe getragen. Nicht einmal hundert Menschen – vor allem einfache Pakistani, ehemalige Angestellte, Chauffeure, Gärtner, Verwandte, seine Frau und sein einziges Kind, die junge Maha Dadahhoy – geben ihm das letzte Geleit, als der Leichenzug mit seinen sterblichen Überresten zum Familiengrab auf dem Friedhof Ali Bagh in Karatschi zieht. Kein Staatschef, kein Minister irgendeiner Regierung, kein Würdenträger einer Bank, keiner der Partner oder Weggefährten, die mehr als zwanzig Jahre lang an seinem Luxusleben teilgenommen und von den Großzügigkeiten »Agha Sahibs« profitiert haben, hat sich seinetwegen auf den Weg gemacht. Ein Aussätziger wurde an diesem schwülen Augusttag des Jahres 1995 begraben. Der Körper, der am 5. August 1995 ins Grab gelegt wurde, war der eines Gemarterten. Denn schon seit sieben Jahren hatte Agha Sahib die Hölle auf Erden erlebt.

Ein seltsamer Fluch war der Zerstörung seines Körpers vorausgegangen. Auf dem Höhepunkt seiner Macht hatte der Herrscher der BCCI in mehreren europäischen Hauptstädten Spitzenkliniken, Forschungszentren, ultramoderne Krankenhäuser erbauen lassen. Öffentliche Wohltätigkeit im großen Stil war eine seiner Lieblingsmethoden, um die öffentliche Meinung für sich einzunehmen. Allerdings mußte dieses Mäzenatentum weithin sichtbar sein, es mußte ein bewunderndes Echo in der Presse finden, kurzum: einen Nutzen abwerfen. Spitzenkliniken in Afrika, für die mittellose Bevölkerung der Anden oder in einer Elendsstadt des Pandschab oder Rajasthans? Wo denken Sie hin! Wo bliebe da der Werbeeffekt? Seine Kliniken baute er im Westen, mit Vorliebe in den USA und in London, wo die Fernsehgesellschaften darüber berichteten.

Manchmal indes, wenn auch selten, tritt in dieser niederen Welt eine Art immanente Gerechtigkeit in Erscheinung. Urteilen Sie selbst: Im Februar 1988 besucht der Schiit Verwandte in der antiken Stadt Lahore im Pandschab. Ein Herzinfarkt wirft ihn nieder. Ein zweiter Herzinfarkt, zwei Tage später, kostet ihn beinahe das Leben.

Ein einheimischer Arzt behandelt ihn mit Elektroschocks. Doch der Kranke fällt wieder ins Koma. Seine Atmung droht auszusetzen. Um die Atmung zu stabilisieren, führt ein anderer Arzt einen Schlauch in den Hals ein. Aber der einzige im Krankenhaus verfügbare Schlauch ist viel zu groß. Beim Einführen zerstört der Arzt die Stimmbänder des Patienten. Er fügt ihm noch weitere irreparable Schäden zu.

Immer noch bewußtlos, wird der »Hochwürdige Herr« am 7. März ins Cromwell Hospital in London überführt. Dann ins Yacub's Harefield Hospital, das auf Herzverpflanzungen spezialisiert ist. Doch nichts half. Sein Gehirn war geschädigt, seine vitalen Funktionen definitiv reduziert. Die sieben Jahre, die ihn noch vom Tod trennten, waren eine ununterbrochene Abfolge von Tagen und Nächten voller Schmerzen.

Jedes menschliche Leid ist schrecklich und verdient Mitgefühl. Dennoch drängt sich die Überlegung auf: Wenn Abedi das Krankenhaus von Lahore in seine lautstarke Werbekampagne mit einbezogen hätte, wenn er eine Klinik im Pandschab eingerichtet hätte, hätte sein persönliches Schicksal dann nicht eine andere Wendung genommen? Doch Lahore ist weit weg von den Kameras westlicher Fernsehanstalten. Für die Aufbesserung des eigenen Image war eine Investition ins Gesundheitswesen von Lahore nicht rentabel.

Der »Hochwürdige Herr« wurde gewissermaßen zum Opfer seiner eigenen verlogenen Strategien.

FÜNFTER TEIL

Der Feldzug der Freiheit

»Der Feldzug der Freiheit muß geführt werden im Zorn.«

LOUIS-ANTOINE DE SAINT-JUST
vor seinen Richtern, 1794

I. Der Schatten des Polizeistaats

Gerhart Baum, ehemaliger deutscher Innenminister und einer der mutigsten Juristen Europas, sagte: »Der Erfolg ist nicht Maßstab für das Recht.«[1] Und weiter: »Wer Sicherheit auf Kosten der Freiheit sucht, verliert seine Sicherheit... Nur der Polizeistaat garantiert vollkommenen Schutz.«

Sind das nur die Befürchtungen eines übervorsichtigen Juristen? Das glaube ich nicht. Der Polizeistaat existierte in Europa. Er kann unter anderem Gesicht wieder auferstehen. Für die westliche Demokratie stellt er eine mindestens ebenso aktuelle Bedrohung dar wie die internationale organisierte Kriminalität. »Europol« heißt die von den Mitgliedsstaaten der Europäischen Gemeinschaft ins Leben gerufene, staatsübergreifende Kriminalpolizei Europas. Sie soll zu einem »europäischen FBI« werden, mit einem Zentralcomputer, in dem die Daten aller nationalen Polizeibehörden der Europäischen Union gespeichert werden. Die Zentrale von Europol befindet sich heute in einem ansehnlichen Art-nouveau-Palais am Raam-Weg 47 in Den Haag... Während der deutschen Besatzung hatte dieses Palais das Hauptquartier der Gestapo beherbergt.

In keinem anderen Land der Welt werden die Freiheitsrechte der Bürgerinnen und Bürger höher geachtet, das Grundgesetz akribischer ausgelegt, die öffentlichen Freiheiten besser geschützt als in Deutschland. Die Aussagen von Gerhart Baum stehen stellvertretend für eine ganze Gesellschaft. Der Grund dafür scheint klar: Wie kein anderes Land der Welt hat Deutschland den Einbruch des totalitären Wahnsinns in sein Gesellschaftsgebäude erlebt. Ein völlig überraschender, plötzlicher und verheerender Einbruch. Eine Generation, die eine derartige Katastrophe erlitten hat, entwickelt verständlicherweise eine Hypersensibilität für alle staatlichen Maßnahmen, die auch nur im entferntesten eine Verletzung, Schmälerung oder Gefährdung der individuellen oder kollektiven Freiheitsrechte nach sich ziehen könnten. Diese Hypersensibilität findet sich in allen Parteien des Bundestages und bei den Professoren sämtlicher rechtsphilosophischer Schulen wieder. Noch eindrücklicher: Selbst einige Polizisten und Geheimdienstler, die (aus durchaus einsehbaren Gründen) in jedem anderen Land Europas auf energischere Überwachung, rigorosere Repression des organisierten Verbrechens drängen, gehören in Deutschland zu jenen, die unablässig und eindringlich vor der Gefährdung der Freiheitsrechte warnen.

Die Diskussion, wie sie in Italien im Sommer 1997 anläßlich der Revision des Artikels 513 des italienischen Strafgesetzes stattgefunden hat – darf ein Sondergesetz die individuellen Freiheitsrechte eines Mafiaverdächtigen beschneiden oder nicht? –, wäre in Deutschland undenkbar.

Eine Zwischenbemerkung: In der Frage der deutschen Sensibilität für die Verletzung von Freiheitsrechten gehen zwischen meinem Mitarbeiter Uwe Mühlhoff und mir die Meinungen diametral auseinander. Uwe Mühlhoff hält Gerhart Baum, Burkhardt Hirsch und andere Mahner für Ausnahmeerscheinungen. Die Durchsetzung des sogenannten »großen Lauschangriffs« durch die Bundesregierung wertet er als Indiz für die offizielle Präzedenz der Sicherheit gegenüber dem Schutz der Intimsphäre. Ich dagegen halte an meiner Auffassung fest: Viel deutlicher als in jedem anderen Land Europas bemühen sich in Deutschland Gesellschaft und Behörden um die rigorose Wahrung der Grundrechte.

Die Beispiele aus der Literatur für die deutsche Hypersensibilität gegenüber jeglicher Gefährdung von individuellen oder kollektiven Freiheitsrechten sind zahlreich: Winfried Hassemer vertritt eine gesellschaftspolitisch interessante Theorie: Die organisierte Kriminalität und die Furcht des Publikums vor eben derselben unterhalten nicht dieselben Beziehungen wie der Spiegel und sein Ebenbild. Anders ausgedrückt: Die diffuse Angst des Bürgers vor dem Verbrecher ist nicht der genaue Widerschein der tatsächlichen Gefährlichkeit dieses Verbrechers. Viele andere Elemente fließen in die Angst des Bürgers vor dem organisierten Verbrechen ein. Zum Beispiel: die Verunsicherung, die der Bürger angesichts der globalisierten Wirtschaft, der Flexibilisierung der Arbeit, des drohenden sozialen Statusverlustes empfindet. Die gesellschaftliche Entwicklung in Europa läuft auf eine fortschreitende Entsolidarisierung der Menschen (der Familienmitglieder, der Mitglieder derselben sozialen Klasse, desselben Volkes etc.) hinaus. Gemäß Hassemer trägt für die Verunsicherung und daher die Verbrechensfurcht auch die gängige neoliberale Ideologie, welche den Sieg des Stärkeren über den Schwachen glorifiziert, eine große Verantwortung.

Hassemer greift erbarmungslos die Autoren an, welche angesichts der Bedrohung der Gesellschaft durch das organisierte Verbrechen jede Verteidigung der Freiheitsrechte verteufeln. Diese Demagogen – ob rechts oder links – sehen in der Verteidigung der Grundrechte durch skrupulöse Juristen bloß eine naiv-anachronistische, schlimmer noch eine »lebensferne« Haltung.[2]

Aber nicht nur die Strafrechtslehrer, sondern auch höchste Polizisten sehen die kollektiven und individuellen Grundrechte und Freiheiten vom populistischen Ruf nach mehr und mehr Repression gefährdet. Der ehemalige Polizeipräsident von Düsseldorf, Hans Lisken, schreibt:

»... Nach wie vor aber hat die Polizei nur konkrete Rechtsgutgefahren abzuwenden und bei tatsächlichen Anhaltspunkten für ein strafbares Verhalten die Wahrheit zu erforschen ... Der Polizist war und ist kein Krieger, sondern ein Helfer in Rechtsnot, sonst nichts. Er könnte den ihm rechtspolitisch angesonnenen ›Kampf‹ niemals gewinnen, selbst wenn man ihn mit immer mehr verbrecherischen Methoden ›verdeckt‹ operieren ließe, weil polizeiliche Prävention und Repression immer nur symptomatisch und niemals therapeutisch wirken können. Der Polizist ist nach Aufgabe und Ausbildung weder Sozialingenieur noch Sozialhygieniker, auch wenn das Strafrecht von der Politik immer mehr als Problemlösungsersatz mißbraucht wird. Deswegen wird auch nicht mehr präzise und detailliert vom Grundrechtsschutz gesprochen, sondern von der ›Sicherheit‹, ohne ihren jeweiligen Inhalt zu benennen. Das erscheint dem Laien plausibel, begünstigt aber eine Wendung vom ›Rechtsdenken‹ zum ›Sicherheitsdenken‹. Erst die Entwicklung einer entsprechenden Sicherheitsphilosophie, die auch das polizeiliche Selbstverständnis fast unmerklich beeinflußt hat, konnte zu der Auffassung verleiten, die Strafprozeßordnung müsse vom Gesetz zur Sicherung der Rechte der Prozeßbeteiligten, also vom Datenschutzgesetz in der Nachfolge der Peinlichen Gerichtsordnung Karls V. von 1532, zu einem Eingriffskatalog umfunktioniert werden.«[3]

Was ist aus der gegenwärtigen deutschen rechtspolitischen Debatte zu schließen? Liegt der Schluß nahe, daß für deutsche Strafrechtslehrer, Polizeipräsidenten und Exminister die Wölfe der russischen Steppe, die sizilianischen Paten, die mafiosen Bankiers, die Pathanenfürsten, die den Heroinhandel beherrschen, letzten Endes nur eine geringfügige Bedrohung darstellen?

Natürlich nicht!

Die Warnungen von Baum, Hassemer, Lisken und ihren Kollegen, die sich in erster Linie dem gewissenhaften Schutz der bürgerlichen Freiheiten und Rechte verpflichtet fühlen, bezwecken etwas anderes: Sie postulieren, daß die Demokratie lebt und daß das organisierte Verbrechen mit den Mitteln des Rechtsstaats besiegt werden kann.

Wir werden jede zur Zeit diskutierte neue Maßnahme im Kampf gegen das organisierte Verbrechen im Lichte dieses doppelten Anspruchs in Augenschein nehmen: Wie können die zentralen Freiheiten und Rechte der Bürger gewahrt und zugleich Polizei und Justiz befähigt werden, mit größtmöglicher Schlagkraft auf die Angriffe der Mafiafürsten zu reagieren?

II. Die Ohnmacht der Richter

Die Vielfalt von Rechtssystemen, Währungen und Institutionen auf unserem Planeten ist wahrhaft verblüffend: 168 Staaten prägen ihre eigene Währung – und machen sich damit zu potentiellen Opfern von Falschmünzern; 185 Staaten, von denen jeder seine eigenen Briefmarken, seine eigenen Kontonummern für Postschecks herausgibt, sind Mitglieder der Weltpostunion. Allein in der Europäischen Union gibt es fünfzehn verschiedene Strafgesetzbücher, eine Vielzahl teilweise miteinander konkurrierender Polizeiapparate und fünfzehn Rechtssysteme, die alle zutiefst von Mentalitäten, Tradition und einer je eigenen Kultur geprägt sind. Kultur bedeutet die Zustimmung zu Werten jenseits begrifflicher Logik, zu axiomatischen Interpretationen der Welt, zu unverwechselbaren Symbolen und Lebensformen, die sich in der langen Geschichte des Volkes herausgebildet haben. Die Kultur eines Volks bestimmt sein Verhältnis zum Gesetz.

Wie könnte man mit einem Handstreich Gerichtswesen, Polizeiapparat, Strafverfahren vereinheitlichen? Das wird allenfalls in einem langwierigen, mühsamen Prozeß möglich sein! Jahrhunderte einer unverwechselbaren Geschichte, tief eingewurzelte nationale Traditionen stehen dem entgegen.

Bis es zu der – wünschenswerten – Vereinheitlichung der (Straf-)Rechtssysteme in Europa und zum Aufbau grenzüberschreitender Fahndungsapparate kommt, funktioniert die internationale Zusammenarbeit der Richter und Staatsanwälte nur mittels eines komplizierten und antiquierten Systems, das sich »Internationale Rechtshilfe« nennt. Dies ist ein Reizwort für fast alle Staatsanwälte und Richter. Über die Gründe dafür gibt der Berliner Oberstaatsanwalt Hans Jürgen Fätkinhäuer Auskunft:

»Warum entwickelt das Thema Rechtshilfe im Zusammenwirken mit der Bekämpfung der organisierten Kriminalität diese streßsteigernde Wirkung? Die organisierte Kriminalität zeichnet sich nicht nur dadurch aus, marktorientiert ihre Gewinne und ihre Macht zu maximieren, sondern auch dadurch, daß sie im internationalen Raum agiert und Staatsgrenzen für sie allenfalls noch auf Landkarten existent sind. Man kann auch so formulieren, daß die Verbrecher organisierter Kriminalität die wahren Kosmopoliten sind. Erleichtert wird ihnen diese Rolle mit dem Ausbau der Kommunikations- sowie der Verkehrstechnik im allgemeinen und im besonderen. Mit jedem exklusiven Neubau der großen Hotelketten in der Kategorie »5 Sterne« wird das Terrain der organisierten Kriminalität gleichermaßen ausgeweitet; durch die Einführung von technischen Finessen wie von drahtlosen Telefonen beispielsweise – Abhörsicherheit inklusive. Die Reisen im bequemen Jumbo-Jet gehören dabei ebenso zum notwendigen Muß wie die Garantie einer bodenständigen Beweglichkeit in den Polstern von Luxuskarossen. Daß hierbei in aller Regel nur ein *ein* Stern zum Tragen kommt, darf nicht als Ausdruck zurückkehrender Bescheidenheit unserer Zielpersonen mißverstanden werden.«

Noch einmal Fätkinhäuer:

»Diesen sich breitmachenden ›Weltbürgern‹ ihre Grenzen aufzuzeigen, ist in Deutschland Aufgabe der Kriminalpolizei im Zusammenwirken mit der Staatsanwaltschaft und den Gerichten. Das dabei zur Anwendung kommende Gesetzesinstrumentarium hat fast archaisch zu nennende Strukturen. Spötter meinen, daß die auf Ortsansässigkeit gerichteten Gewohnheiten steinzeitlicher Höhlenmenschen bei der Konzipierung des deutschen Strafprozeßrechts zugrunde gelegt worden sind.«[4]

Grenzen halten zwar Richter auf, aber keine Kriminellen. Ohne die Schaffung eines europäischen Rechtsraums ist eine erfolgreiche Bekämpfung der grenzüberschreitenden organisierten Kriminalität niemals möglich.

Doch leben wir noch in archaischen Zeiten. Die nationalen Rechtsformen, die Prozeßordnungen, die individuellen Mentalitäten, die die Durchführung einer Untersuchung bestimmen, und die zivilisatorischen Werte, die halb bewußt die Urteile diktieren, stellen heute das letzte Refugium nationaler Identität dar.

Bei jeder Gipfelkonferenz der Staatschefs der Europäischen Union verschleudern die Nationalstaaten Souveränitätsrechte. Die Nationalarmeen sind im Begriff, in einem kontinentalen Sicherheitssystem unter einheitlichem Befehl aufzugehen. Der französische Franc, der Gulden, die Mark, die Lira, das englische Pfund, die Peseta, die Drachme, der Escudo werden noch vor dem Ende dieses Jahrhunderts vom Euro verschluckt werden. Die Nationalflaggen werden in Kürze zu pittoresken Relikten, die in ethnologische Museen gehören. Grenzen und territoriale Markierungen, Zollbarrieren, Kontrollen von Flüssen und Paßübergängen werden verschwinden.

Wenn wir aber von den Richtern reden, stoßen wir ans Allerheiligste. Keine fremden Richter bei uns! Überall ist die Erinnerung an Kriege und Besatzungen lebendig. Die Narben jahrhundertelanger Zerrissenheit in Europa schmerzen noch. An die unantastbare Souveränität des Richters zu rühren kommt einem Angriff auf den Lebensnerv der nationalen Existenz gleich.

Wie kann man der Zersplitterung des europäischen Rechtsraums begegnen, die den Richtern und Staatsanwälten nahezu permanent die Hände bindet und einen Sieg über das organisierte Verbrechen praktisch unmöglich macht?

Heute heißt das Mittel der Wahl »Rechtshilfe«. Alle europäischen Staaten (und die meisten Staaten der Welt) haben Rechtshilfegesetze verabschiedet. Ein dichtes und kompliziertes Netz von Rechtshilfeverträgen überzieht den Planeten. Nur sind all diese Gesetze und Bestimmungen erschütternd unzulänglich.

Sie setzen der schnellen und effektiven grenzüberschreitenden Verfolgung des organisierten Verbrechens zahlreiche

Schikanen und lähmende Einschränkungen entgegen, die sämtlich in der sakrosankten Vorstellung der Souveränität des einheimischen Richters wurzeln.

Ich nehme drei Beispiele aus der Schweiz. Das erste: Die sozialistische Regierung Spaniens hatte fatalerweise einen einfachen, aber treuen Parteisoldaten an die Spitze ihres Polizeiapparats befördert. Luis Roldan wurde zum Chef der Guardia Civil und damit zum obersten Polizisten des Landes ernannt. Er herrschte über ein regelrechtes Wirtschaftsimperium, in dem er für Millionen von Peseten Autos, Uniformen, Lebensmittel, Kommunikationssysteme erwarb. Er leitete riesige Baustellen (für Kasernen etc.) und verwaltete beträchtliche Geheimfonds.

Doch Roldan war ein durch und durch korrupter Mann, selbst wenn er heute vorgibt, nur für die Parteikasse der PSOE betrogen zu haben. Die spanische Staatsanwaltschaft klagt Roldan der Unterschlagung öffentlicher Gelder an. Roldan flieht in den Fernen Osten, wird dank internationalem Haftbefehl gefaßt und in Spanien eingelocht. Die spanischen Richter entdecken seine Geheimkonten in der Schweiz, insbesondere jene bei der Union bancaire privée in Genf. Dort hat Roldan Bestechungsgelder in astronomischer Höhe, bezahlt von multinationalen Gesellschaften, versteckt. Ein Genfer Urteil vom Sommer 1997 zeigt auf, daß rund mindestens 1,7 Milliarden Peseten, umgerechnet etwa 17 Millionen Schweizer Franken, über Roldans helvetische Konten gelaufen sind.[5]

Um die komplizierten Verflechtungen der kriminellen Geldtransfers zu entwirren, mußten sich die spanischen Richter die Schweizer Bankunterlagen beschaffen. Roldan erwies sich als verschlagener Halunke. Seine großzügig entlohnten Genfer Anwälte legten gegen jede von den spanischen Richtern geforderte Anordnung zur Sperrung der Konten Beschwerde ein und schmetterten alle richterlichen Maßnahmen zur Rückerstattung der Gelder ab. Der vorläufig letzte Akt im Roldan-Drama spielte im Sommer 1997: Das Bundesgericht in Lausanne (das oberste Gericht der Schweiz) sprach ein Urteil, das die Rechtshilfe ein neues Mal unterbrach ... wegen »formeller Fehler in der Prozeßführung durch die untergeordneten Gerichte«.[6]

Ein zweites Beispiel illustriert die permanente Lähmung und Ineffizienz der internationalen Rechtshilfe: die Bofors-Affäre.

1986 beschließt die indische Armee, der schwedischen Waffenfabrik Bofors 410 Geschütze zum Preis von 1,4 Milliarden Dollar abzukaufen. Kurz darauf publiziert die schwedische Presse Dokumente, die zeigen, daß indische Generäle und hohe Staatsbeamte aus dem Umfeld des damaligen Premierministers Rajiv Ghandi von Bofors persönliche Geldzuwendungen erhalten haben. Gemäß diesen Presseberichten sind auf Genfer und Zürcher Nummernkonten Bestechungsgelder in Höhe von zwischen 40 und 50 Millionen Dollar bezahlt worden.

1989 verliert Rajiv Ghandi die Parlamentswahlen. Die neue indische Regierung stellt 1990 in Bern ein Rechtshilfegesuch für die Sequestrierung und Überstellung der Bankdokumente und der Bestechungsgelder nach Indien.

Unzählige Rekurse schweizerischer Bankanwälte machen dieses (formell von Bern bewilligte) Gesuch zunichte.

Erst im Januar 1997 – sieben Jahre nach der Einreichung des Gesuchs! – geruht die Schweizerische Eidgenossenschaft dem indischen Begehren stattzugeben: Beamte überstellen der indischen Botschaft in Bern eine versiegelte Metallkiste mit 500 schweizerischen Bankdokumenten.

Die helvetische Strategie hat System: Sie dient aufs beste den Interessen der Großbanken und ihren Kunden: 1997 – im Jahr der endlich geleisteten Rechtshilfe – war das Delikt der passiven Korruption, begangen durch die indischen Generäle und Regierungsbeamten, längst verjährt, die strafrechtliche Verfolgung der Delinquenten hinfällig.

Hier noch ein letztes Beispiel: Im Morgengrauen des 25. Februar 1986 werden Ferdinand Marcos, Diktator der Philippinen, und seine Komplizen durch einen Volksaufstand aus dem Präsidentschaftspalast Manacana (Manila) verjagt. Der Kleptokrat und seine Gehilfen hatten über dreiundzwanzig Jahre lang das Land geplündert. Ihre Beute lag größtenteils auf schweizerischen Nummernkonten in Zürich und Genf.

Der amerikanische Präsident Ronald Reagan übte Druck auf die Schweiz aus. Am 24. März 1986 verfügte der Bundesrat schließlich die Blockierung sämtlicher Marcos-Konten in der Schweiz. Eine erbitterte Schlacht zwischen den Anwälten der Großbanken und jener der neuen, demokratischen philippinischen Regierung begann. Sie dauerte elf Jahre. Erst im Dezember 1997 autorisierte das Bundesgericht in Lausanne die Rückführung eines Teils der Marcos-Beute nach Manila.

Richter (und Staatsanwälte) in ganz Europa versuchen, durch persönliche Kontakte oder Gruppeninitiativen, die sich häufig am äußersten Rand der Legalität bewegen, untereinander ein informelles Netz internationaler Zusammenarbeit zu schaffen. Diskrete Unterredungen zwischen Richtern unterschiedlicher Nationalität, freundschaftliche Zusammenkünfte, regelmäßige Telefonkonferenzen ermöglichen manchmal einen Verzicht auf die Prozedur der Rechtshilfe und führen zur »spontanen« Übermittlung von Unterlagen, die für die Verurteilung eines Beschuldigten von zentraler Bedeutung sind.[7] Was diese Richter praktizieren, nennt man »wilde Rechtshilfe«.

Doch die »wilde Rechtshilfe« kann letztlich nicht die Lösung des Problems sein. Noch immer stehen die Richter vor unüberwindbaren legalen Hindernissen, die jede schnelle und effektive grenzüberschreitende Zusammenarbeit verhindern.

Nachfolgend sehen Sie die Geschütze, die nach Schweizer Gesetz gegen ein Rechtshilfeersuchen aufgefahren werden können:

1. Die Dokumente, die dem um Rechtshilfe ersuchenden Staat übermittelt werden, und die darin enthaltenen Informationen dürfen nur im Rahmen eines Strafverfahrens wegen eines Verbrechens zu Ermittlungszwecken benutzt oder als Beweismittel verwendet werden.

2. Die direkte oder indirekte Benutzung dieser Dokumente und der darin enthaltenen Informationen in einem straf- oder verwaltungsrechtlichen Verfahren in Zusammenhang mit Steuervergehen ist unzulässig. Das gleiche gilt für Verstöße gegen Zollbestimmungen oder Verordnungen, die den illegalen Export von Kapital unter Strafe stellen, sowie für Gesetze zur Regelung der Währungskurse; außerdem für Vorschriften über den Import, Export und Transitverkehr bestimmter Waren, und zwar unabhängig davon, ob diese Maßnahmen sich gegen den Angeklagten oder gegen Dritte in einem Prozeß richten. Infolgedessen können diese Informationen unter keinen Umständen den Steuerbehörden des Antragstellers oder anderen staatlichen Stellen übermittelt oder zur Kenntnis gebracht werden, die für verwaltungs- oder strafrechtliche Maßnahmen in Steuer- oder Währungsfragen zuständig sind. Dies gilt auch für die Vermittlung an entsprechende Behörden in Drittländern.

3. Die Unterscheidung zwischen Vergehen gegen Währungs- und Steuerbestimmungen und Verbrechen wird ausschließlich nach Schweizer Gesetzgebung getroffen. In der Schweiz ist die Steuerhinterziehung kein strafrechtliches Delikt. Rechtshilfe entfällt demnach.

4. Die Dokumente und Informationen dürfen nicht an

Behörden eines dritten Staates weitergegeben oder diesen zur Kenntnis gebracht werden, außer wenn dieser Staat im Vorfeld erklärt hat, daß auch er die angeführten Einschränkungen als verbindlich betrachtet.

5. Jede andere Verwendung dieser Unterlagen und Informationen unterliegt der ausdrücklichen vorherigen Genehmigung des Bundesamts für Polizei.

Im schweizerischen wie im französischen Recht gibt es eine solche Vielzahl möglicher Beschwerden, daß jede Rechtshilfe über Jahre verzögert oder sogar vollkommen blockiert werden kann: In neunzig Prozent der Fälle entgeht der international aktive Verbrecher so der Verurteilung, weil seine Delikte der Verjährung unterliegen.

In der kleinen Republik Genf – mit weniger als 400 000 Einwohnern – gibt es mehr als 1000 Anwälte. Die geschicktesten, die raffiniertesten unter ihnen verdienen jährlich ein Vermögen, indem sie zugunsten internationaler Betrüger und Paten Sand ins Getriebe der Rechtshilfe streuen.

1996 beschließt das Parlament der Eidgenossenschaft, das Gesetz zu revidieren und die Anzahl möglicher Beschwerden einzuschränken.

Die Mehrheit der Parlamentarier jedoch weigert sich, das Rekursrecht ganz zu streichen. Die Revision bleibt völlig ungenügend. Schweizerische Strafverfolger sehen im gegenwärtigen Eidgenössischen Rechtshilfe-Gesetz vor allem ein »Gesetz zur Verhinderung der Rechtshilfe«. Bernard Bertossa, Generalstaatsanwalt der Republik Genf, sagt: »Die Schweiz ist das Paradies der Rekurse gegen die Rechtshilfe.«[8]

Das gesamte System der sogenannten Rechtshilfe in Europa beruht auf einer vollkommen überholten Sicht der Justiz unseres Kontinents.

Es gab eine Zeit, in der legale Restriktionen, die eine effektive Rechtshilfe unterminierten, vollkommen gerechtfertigt waren. Wenn der Vichy-Staat die Genfer Justiz zur Kollaboration gegen einen jüdischen Geschäftsmann aufforderte, war der größtmögliche Schutz des Beschuldigten ein Gebot der Stunde. Wenn ein Nazigericht 1934 eine tschechische Bank aufforderte, ihr Kontoauszüge eines deutschen Unternehmens zur Verfügung zu stellen, gegen das wegen Führung eines Kontos im Ausland ermittelt wurde, dann mußte sich das deutsche Unternehmen gegen jede übereifrige Kollaboration der tschechischen Justiz mit den Nazigerichten wappnen können.

Vor über einem halben Jahrhundert war unser Kontinent übersät mit willkürlichen, gewaltsamen, korrupten Unrechtssystemen. Die von Mussolini, Hitler, Franco, Salazar oder Pétain ernannten Richter waren – von einigen wenigen Ausnahmen abgesehen – schlichte Erfüllungsgehilfen der rassistischen und faschistischen Logik.

Doch Europa hat sich verändert. Und zwar radikal. Alle westlichen Rechtssysteme sind heute fast gleichwertig. Sie alle sind geprägt von den Werten der demokratischen Zivilisation, die über den Rechtsstaat wachen. Die bloße Vorstellung von Rechtshilfegesetzen, die die freie Ausübung der Gerichtsbarkeit einschränken, ist heute anstößig. Jeder Angeklagte kann heute ohne Ansehen der Person in jedem beliebigen Land Westeuropas eines rechtsstaatlichen Verfahrens gewiß sein.

Jeder europäische Staat, der von einem anderen europäischen Staat um Einsicht in Unterlagen gebeten wird, sollte diesem Ersuchen unverzüglich stattgeben. Einzig eine formelle Überprüfung des Rechtshilfeersuchens sollte zulässig sein.

Hingegen sollte einem Angeklagten nicht mehr gestattet werden, Beschwerde gegen ein Rechtshilfeersuchen einzulegen. Denn jede Beschwerde verzögert den Prozeß im Zusammenhang mit der eigentlichen Anklage. Dieser Prozeß findet immer vor der Justiz des um Rechtshilfe ersuchenden Landes statt. Vor diesem Gericht kann der Beschuldigte sich verteidigen.

Fassen wir zusammen: Einmal gefangen in den Maschen der Justiz, kennt der Kriminelle nur einen Wunsch: Zeit gewinnen, das Verfahren verschleppen, bis sein Vergehen verjährt ist. Was bei internationalen Betrugsdelikten in neunzig Prozent der Fälle auch gelingt.

III. Die Ohnmacht der Fahnder

Die grenzüberschreitende Kooperation zwischen den Polizeibehörden verschiedener Länder stellt ebenfalls ein erhebliches Problem dar. Louis Freeh, der Leiter des FBI, erklärt dazu vor dem amerikanischen Senat: »Mit den italienischen Behörden haben wir ein derartiges Kooperationsniveau erreicht, daß die Agenten des FBI und der DEA frei in Italien operieren können. Die Italiener machen das gleiche bei uns. Auf diese Weise ist es uns gelungen, die Mafia effektiv zu bekämpfen und sie massiv in ihrer Struktur zu schädigen.«[9]

Louis Freeh erläutert gleichzeitig einen ehrgeizigen Plan: 1998 wird das FBI seine Büros im Ausland verdoppeln. Damit steigt ihre Anzahl von 23 auf 46, die Anzahl der im Ausland eingesetzten Spezialagenten von 70 auf 129. Neue Filialen sind insbesondere in Peking, Kairo, Tel Aviv und Islamabad geplant.

In Prag ist das FBI für Ausrüstung und Unterweisung der SOKO-Kommandos zuständig, deren Aufgabe vor allem der Kampf gegen den organisierten Menschenhandel ist. In Ungarn wird ein Spezialkorps der Polizei gegen die organisierte Kriminalität vom FBI finanziert, ausgerüstet und unterwiesen.

Jedoch das ehrgeizigste Projekt des Louis Freeh – unterstützt von Präsident Clinton – ist die International Law Enforcement Academy (ILEA), die seit April 1996 in Budapest funktioniert. Special Agent Leslie Kaciban führt sie. Die Akademie bildet jedes Jahr, in fünf aufeinanderfolgenden Sessionen, mindestens 250 Polizistinnen und Polizisten aus den Republiken der Ex-UdSSR und aus Osteuropa aus. Die Akademie gleicht einer luxuriösen Festung. Sämtliche Kosten übernimmt der amerikanische Steuerzahler.

Auch der Lehrkörper ist international: Russische und italienische Professoren analysieren Struktur und Strategie der Mafia; deutsche Professoren geben Unterricht in der Bekämpfung der Nuklearkriminalität; Engländer und Iren unterrichten die Methoden der internationalen Zusammenarbeit etc.

Die FBI-Akademie verfolgt verschiedene Ziele: die Überführung in den osteuropäischen Raum der neuesten amerikanischen Ermittlungsmethoden und des dazugehörigen technischen, vor allem elektronischen Geräts. Das FBI will auch die informelle und formelle Kooperation zwischen den amerikanischen und den osteuropäischen und exsowjetischen Strafverfolgungsbehörden vertiefen.

Im Frühling 1998 will Louis Freeh zwei identische Akademien in Lateinamerika und Asien eröffnen.

Ist der Optimismus von Louis Freeh gerechtfertigt? Nein. Er ist leider völlig fehl am Platze. Die grenzüberschreitende polizeiliche Zusammenarbeit stößt fortgesetzt auf bürokratische Hindernisse und geht in gelehrten Diskussionen über die nationale Souveränität der Polizei unter. Das traurige Beispiel von Europol mag dies veranschaulichen. Der Wirkungsbereich dieser 1993 geschaffenen Behörde erstreckt sich im Prinzip auf das Territorium der 15 Mitgliedsstaaten der Europäischen Union. Doch die meisten nationalen Regierungen haben sich bis jetzt geweigert, entscheidende

Kompetenzen an Europol abzugeben. Ausgestattet mit leistungsstarken Computern beschränkt sich Europol im wesentlichen auf die Funktion eines Informationspools für die verschiedenen laufenden Ermittlungsverfahren, die die zuständigen nationalen Polizeibehörden gegen das organisierte Verbrechen führen. Europol ist nicht berechtigt, selbst eine Untersuchung einzuleiten und durchzuführen, ein Kartell zu unterwandern oder Verhaftungen vorzunehmen. Seine Beamten haben keine Waffen. Oder wie Jürgen Storbeck, einer seiner Leiter, es ausdrückte: »Die einzige Waffe Europols ist ›die Maus‹ (für die Bedienung des Computers).«[10]

Bundeskanzler Kohl spricht von einem »zukünftigen FBI«. Tatsächlich ist Europol bis jetzt ein zahnloser Eunuch. Und wird es wahrscheinlich noch lange bleiben. April 1997: In Luxemburg treten die Justiz- und Innenminister der 15 Staaten der Europäischen Union zusammen. Auf der Tagesordnung steht die Zukunft von Europol. Die Konferenz verabschiedet eine allgemeine Resolution, die den Wunsch ausdrückt, die »operative Kapazität« von Europol zu verstärken; wünschenswert wäre insbesondere die Aufstockung des Personalbestandes auf 300 Planstellen bis zum Jahr 2000. Jedoch: Holland, Dänemark, Schweden und vor allem Großbritannien sind dem Vorhaben gegenüber skeptisch eingestellt. Konkrete Maßnahmen oder Beschlüsse werden daher keine getroffen.

Die sporadische Zusammenarbeit zwischen verschiedenen nationalen Polizeistellen verdeckt nur die immanente Unfähigkeit der europäischen Staaten, auf ihre sakrosankte polizeiliche Souveränität zu verzichten und eine leistungsstarke kontinentale Kriminalpolizei aufzubauen.

Die Mafiafürsten kennen solche feinfühligen Skrupel nicht. Sie bauen täglich an ihren grenzüberschreitenden Kartellen weiter, indem sie mit Gewalt lästige Konkurrenten ausschalten, Widerspenstige ermorden, die Schwachen einschüchtern und korrumpieren. Mit Riesenschritten unterwerfen sie Europa der Herrschaft des organisierten Verbrechens.

Postskriptum: Ich zweifle nicht an der Nützlichkeit der Arbeit von Europol oder anderer internationaler Polizeiorganisationen. Sie übernehmen eine wichtige Koordinationsfunktion. Nehmen wir das Beispiel von Interpol. Ihr Hauptquartier ist Lyon, ihr genauer Name: Organisation Internationale de Police Criminelle (OIPC). Ihre Computer speichern jährlich rund 500000 Ermittlungen, die von nationalen Polizeiinstanzen geführt werden. Täglich strahlt die Interpol-Kommunikationszentrale über 6000 Botschaften in alle Welt aus (1,7 Millionen Botschaften im Jahr 1997). 177 Staaten sind Mitglied der Interpol. Damit ist sie die zweitgrößte intergouvernementale Organisation der Welt, gleich nach den Vereinten Nationen.[11]

Ich verkenne keineswegs die großartige Arbeit der Polizisten von Europol und Interpol. Meine Kritik ist struktureller Natur: Ohne eine internationale Polizeiorganisation – genauer: einer europäischen – mit klaren supranationalen, grenzüberschreitenden Kompetenzen wird der europäische Rechtsstaat seiner wichtigsten Waffe bar bleiben. Unter solchen Umständen wird kein Sieg der Zivilisation über das international organisierte Verbrechen möglich sein.

IV. Das Internet vereint die Welt

Im Gegensatz zu dieser extrem zersplitterten staatlichen, richterlichen, polizeilichen Welt steht die rasant zunehmende Vereinheitlichung der weltweiten Telekommunikationssysteme. Für das organisierte Verbrechen ist das Internet ein Geschenk des Himmels.[12]

In allen Industrieländern der Welt haben die Menschen sich daran gewöhnt, dem Computer die unterschiedlichsten Informationen anzuvertrauen: hochvertrauliche ärztliche Daten, Investitionspläne von Unternehmen, polizeiliche Ermittlungsakten, geheimste Bankinformationen, selbst Währungen reisen per Internet. In den Vereinigten Staaten, in Deutschland, Frankreich, der Schweiz, überall blühen Unternehmen, die Benutzernetze anbieten oder einen Zugang zum Internet bieten. Vor nicht allzu langer Zeit erst mußte der Benutzer sich ganz allein seine Software fabrizieren; der »connection kit« warf endlose Probleme auf; wer elektronische Post verschicken oder über einen dazwischengeschalteten Computer an einer interkontinentalen Diskussion mit weit verstreuten Gesprächspartnern teilnehmen wollte, mußte eine spezielle Software konstruieren, die nur einer beschränkten Anzahl von Personen zugänglich war. Heute gibt es Navigations-Software in Hülle und Fülle. »Navigator« von Netscape beispielsweise ist leicht zugänglich. »Open Text«, »Lycos«, »Alta Vista« und andere Suchmaschinen erleichtern die Recherchen des Benutzers erheblich.

Das Internet ist im Begriff, die Kommunikation zwischen Menschen, Firmen und Nationen zu revolutionieren. Die Kerndaten für die Expansion eines Unternehmens, die Operationen einer Bank, die Transaktionen eines Handelshauses kreisen mit Lichtgeschwindigkeit um die Erde. Heute schon stellt das Internet für Millionen von Finanz-, Handels- und Industrieunternehmen ein unverzichtbares Instrument dar, um Transaktionen durchzuführen, Informationen zu erhalten, zu kommunizieren und auszutauschen, zu verhandeln, Fakten zu ermitteln, Geschäfte abzuschließen.

Das Internet entwickelt sich zudem zu einem wichtigen Instrument für die Entwicklung der Dritten Welt: Die Konferenz der Vereinten Nationen für Handel und Entwicklung

(UNCTAD) stellt Exporteuren – Handwerkern, Geschäftsleuten, Bauernkooperativen der Dritten Welt – ein Internet-
Programm zur Verfügung, das ihnen eine direkte Kontaktaufnahme mit potentiellen Käufern in Europa ermöglicht.
Der Zentralcomputer befindet sich in Genf. Die Aktion hat
einen spektakulären Erfolg: Selbst die bescheidensten, bis
dahin vollkommen von internationalen Märkten abgeschnit-
tenen Unternehmen profitieren von diesem Programm.

Allerdings sind sämtliche Nutzer des Internet – ob mächtige multinationale Gesellschaften, Privatpersonen, multinationale Banken oder Geschäftsleute der Dritten Welt – besessen von der Sorge um den Schutz der Informationen, die
sie via Cyberspace um die Welt schicken. Besonders die großen multinationalen Trusts leben unter der ständigen Bedrohung, daß durch Industriespionage die Vertraulichkeit
ihrer Produktionsweise und ihrer Verkaufsstrategien gefährdet werden könnte. Diese Industriespione sind Einzel-
gänger (die ihre Informationen meistbietend verkaufen) oder
klinken sich auf Betreiben eines Konkurrenten ins Internet
ein.

Sehen wir uns nun die Probleme genauer an, mit denen
die großen Banken konfrontiert sind: Die meisten ihrer
Investitionsstrategien, ihrer OPA (Offres publics d'achats;
öffentliche Übernahmeangebote), ihrer Börsenspekulatio-
nen oder ihrer Finanzoperationen erfordern absolute Geheimhaltung, um erfolgreich zu sein. Die Computerfachleu-
te sind – zu Recht – an das Bankgeheimnis für die über das
Netz ausgetauschten Daten gebunden. Für ihre Arbeit brauchen sie unbedingt Verschlüsselungssoftware.

Heute findet man eine Vielzahl von Verschlüsselungspro-
grammen auf den amerikanischen, japanischen und europäischen Märkten. Eines der verbreitetsten, das bereits seit
1991 erhältlich ist, heißt PGP (Pretty Good Privacy). Unter
Spezialisten gilt es als absolut sicher.

Annie Kahn bezeichnet die Verschlüsselungsprogramme als »Schutzschilde des Wirtschaftskriegs«.[13] Sie sind heute die einzigen effizienten Waffen gegen die Wirtschafts-, insbesondere die Industriespionage.

Für alle diejenigen hingegen, deren Aufgabe die Verteidigung des Rechtsstaats gegen das organisierte Verbrechen ist, sind die Krypto-Programme ein Alptraum. Die kriminellen Kartelle der ganzen Welt haben Spitzeninformatiker in ihren Diensten.

Die Mehrzahl der Verbrechersyndikate, insbesondere jene, die sich zu internationalen »Joint-ventures« zusammenschließen, kommunizieren nur noch über den Cyberspace. Ihre Informationen sind von praktisch undurchdringlichen Krypto-Programmen geschützt.

Was können Europol, das FBI, die Kriminalpolizeien der verschiedenen Länder dagegen tun? Die polizeiliche elektronische Überwachung der Verbrecherkartelle erfordert das staatliche Verbot der Krypto-Programme. Andererseits haben die legalen Unternehmen, Banken und die Privatpersonen einen legitimen Anspruch auf die Benutzung ebensolcher Programme.

Wie ist dieser Widerspruch zu lösen?

Verschiedene Staaten geben verschiedene Antworten.[14]

Sechs der sieben ersten Industrieländer der Erde, die Mitglieder der sogenannten G-7 sind, geben dabei den Forderungen der multinationalen Gesellschaften den Vorrang. Sie lassen die massive Nutzung und den Vertrieb von Krypto-Programmen zu. Die wesentlichste Ausnahme ist Frankreich.

Die neuen Industrieländer des Fernen Ostens und Südostasiens (Südkorea, Thailand, Singapur, Taiwan, China u. a.) genehmigen Krypto-Programme, unterwerfen sie jedoch einer strikten Reglementierung anläßlich ihrer Zulassung.

In Deutschland ist die Situation widersprüchlich: Der Export von Krypto-Software ist verboten, ihre Nutzung hingegen erlaubt.

Die Beneluxstaaten sind uneins: In den Niederlanden gilt ein ähnliches Gesetz wie in Deutschland; Belgien lehnt sich an die französische Gesetzgebung an.

Die Vereinigten Staaten sind der interessanteste Fall, weil sich an ihnen die sozialen, ideologischen und kulturellen Widersprüche, die der Problematik der Verschlüsselungsprogramme zugrunde liegen, am stärksten zeigen.

In den Vereinigten Staaten übt traditionell das Großkapital einen entscheidenden Einfluß auf die Gesetze aus. Infolgedessen sind dort verschiedenste raffinierte Verschlüsselungsprogramme in Gebrauch. Ihr Verkauf ist vollkommen frei. Praktisch alle großen Versicherungsgesellschaften, Transport- und Dienstleistungsunternehmen, Banken und Industriebetriebe bedienen sich ihrer.

Zugleich aber sind die Vereinigten Staaten besessen von der Furcht vor dem organisierten Verbrechen und dem internationalen Terrorismus. Die Möglichkeit, ein sogenannter »terroristischer« Staat – Iran, Libyen, Sudan, Irak – könnte ungehindert die amerikanischen Kryptoprogramme erwerben, versetzt das FBI, die CIA, die DEA und das Pentagon in Angst und Schrecken. Folglich wurde der Export verboten.

Doch die amerikanische Krypto-Software ist die beste auf der Welt, ihr Verkauf wirft jährlich kolossale Gewinne ab. Der ewige Kampf zwischen privaten Interessen und Erfordernissen des Allgemeinwohls flammt wieder auf. Nachdem die Hersteller der Krypto-Software 1996 den Kongreß bedrängt hatten, wurde die Gesetzgebung nachgebessert: In Zukunft dürfen Krypto-Programme exportiert werden… aber nur in abgeschwächter Form. Der »Schlüssel« zum Dekodieren darf maximal 40 Bits haben, während die auf dem

Binnenmarkt verkauften Programme 128 Bits haben. Solange der »Schlüssel« zum Dechiffrieren 40 Bits nicht übersteigt, können die Geheimdienste den Code eines Netzes, das von Terroristen, Heroinschmugglern oder Menschenhändlern benutzt wird, knacken.

Frankreich weigert sich, sich die Positionen der G-7 zu eigen zu machen.

Frankreich hat eine eigene, subtile Lösung des eingangs erwähnten Widerspruchs erarbeitet: Artikel 17 des französischen Telekommunikationsgesetzes stipuliert die Zulassung der Krypto-Programme. Gleichzeitig wird diese Zulassung an eine Bedingung geknüpft: Wer Krypto-Programme zum Schutz seines Kommunikationssystems einsetzt, muß den »Schlüssel« dazu (das heißt den Code, der die Übersetzung in Klarsprache der übermittelten Information ermöglicht) bei einem offiziellen, direkt vom Ministerpräsidenten abhängigen Büro abgeben. Diese offizielle staatliche Instanz entscheidet, wem der »Schlüssel« zugänglich gemacht werden kann. Niemand darf ihn erhalten, außer die mit dem Staatsschutz und der Verbrechensbekämpfung betrauten Behörden.

Das französische System garantiert somit die Vertraulichkeit der von großen Wirtschaftsmächten im Cyberspace übermittelten Informationen und damit ihren Schutz vor Industrie- und Bankenspionage. Zugleich aber können die für die Sicherheit des Staats, die Überwachung des Territoriums oder den Kampf gegen das organisierte Verbrechen zuständigen Behörden jederzeit beim Staat die »Schlüssel« zur Dechiffrierung eines Programms, das ein spezifisches, von Verdächtigen benutztes Netz schützt, einholen. Ich halte das französische System für das effizienteste; zudem trägt es den widerstreitenden Interessen am besten Rechnung.

V. Der große elektronische Lauschangriff

Das Anzapfen von Telefonleitungen – mit richterlicher Genehmigung – ist ein unverzichtbares Mittel im Kampf gegen die Mafiafürsten. Giovanni Brusca, genannt »das Schwein«, der Nachfolger von Toto Riina, »der Bestie«, an der Spitze der Cosa Nostra, wurde über Jahre hinweg gesucht. Ihm wurden die Ermordung Giovanni Falcones, seiner Frau und dreier seiner Leibwächter in der Nähe von Capaci, die Bombenattentate auf die Uffizien in Florenz, auf die Basilika Sankt Johannes in Laterano in Rom und auf das Museum für Moderne Kunst in Mailand zur Last gelegt sowie die Erdrosselung Giuseppe Santinos, eines elfjährigen Kindes.

Der Pate hatte das perfekte Versteck gefunden: ein Haus mit Garten am Rand des Dorfs Canitello in Südsizilien. Er lebte dort unauffällig mit seiner Lebensgefährtin, deren Sohn, seinem Bruder und seinen Leibwächtern. Die Gruppe war im Milieu der Arbeitslosen, Tagelöhner und Kleinbürger Canitellos vollkommen aufgegangen. »Das Schwein« dirigierte seine gesamte weitläufige Organisation mit Hilfe der altmodischsten, sichersten Methode der Welt: durch Botschafter, die per Motorrad oder Fahrrad unterwegs waren.

Eines Tages jedoch beging Brusca unerklärlicherweise den Fehler, einige Sekunden lang eine Telefonzelle zu benutzen. Er wurde sofort von einer mobilen Abhörzentrale geortet und von einem Sonderkommando der italienischen Polizei verhaftet.

Außer dem Abhören von Telefonaten, das praktisch in allen europäischen Ländern unter gewissen Voraussetzungen seit Jahrzehnten erlaubt ist (siehe zum Beispiel die Paragraphen 100ff. der deutschen Strafprozeßordnung), ist insbesondere der sogenannte »große Lauschangriff«, das heißt das Belauschen des in Wohnungen gesprochenen Wortes mittels Wanzen bzw. Richtmikrofonen (zum Teil wird auch die optische Überwachung hierunter gefaßt), in vielen europäischen Staaten ein wichtiges Mittel im Kampf gegen die organisierte Kriminalität. So führten auch im Fall von Toto Riina Überwachungen in Ton und Bild zu seiner Festnahme. Ganze Straßenzüge in Palermo hatte man verwanzt und mit Telekameras bestückt, nachdem ein Mafiaaussteiger den Behörden den entscheidenden Tip über den Aufenthaltsort des berüchtigten Mafioso gegeben hatte. Nach Angaben des italienischen Justizministers Giovanni Maria Flick wurden 1996 insgesamt 44 176 Abhörmaßnahmen, per Richtmikrofon oder Wanzen, durchgeführt – dreimal soviel wie noch 1992. Spitzenreiter unter den lauschangreifenden Städten ist das sizilianische Palermo (so *Die Welt* vom 3. 12. 1997).

Die französischen Behörden verdanken einige ihrer aufsehenerregendsten Siege dem »großen« elektronischen Lauschangriff. Im August 1995 wurde in einem Hotel in Pantin ein in Frankreich wohnhafter, zweiunddreißig Jahre alter Chinese festgenommen, der im Verdacht stand, das Oberhaupt einer chinesischen Triade in Europa zu sein. Diese von Chinesen in Bangkok gegründete Organisation, die auf den Import reinen Heroins spezialisiert war, hatte angeblich die Nachfolge der gefürchteten Verbrecherorganisation, genannt »14 K«, aus Hongkong angetreten, die Ende der achtziger Jahre zerschlagen worden war.

Das aus Thailand stammende reine Heroin war auf originelle Weise nach Frankreich importiert worden: Ein angesehenes, auf den Verkauf chinesischer Kunstgegenstände spezialisiertes Haus war ohne sein Wissen dazu mißbraucht worden; die Säckchen reisten verborgen in Vasen der Ming-Dynastie, in wertvollen Objekten aller Art.

1994 war es dank elektronischer Überwachung bereits gelungen, ein anderes asiatisches Kartell unter der Führung eines Laoten zunächst zu unterwandern und später zu zerschlagen. Der laotische Pate wurde in Basel verhaftet. Seine Gefangennahme ermöglichte es den französischen Polizisten von der Zentralstelle für die Bekämpfung des illegalen Drogenhandels, einen weltweiten Schmugglerring auszuheben und Dutzende von Verhaftungen in Frankreich, Holland und der Schweiz vorzunehmen.

Bedeutet das, daß jede Form der Überwachung eines Verdächtigen oder möglicher Kontaktpersonen durch Videokameras, Abhören von Telefonen, versteckte Wanzen oder Mikrofone mit großer Reichweite effektiv und legitim ist?

Das bezweifle ich.

Die Bundesrepublik Deutschland hat unter allen Staaten Westeuropas den detailliertesten und schlüssigsten Entwurf für eine generelle elektronische Überwachung, den sogenannten großen Lauschangriff, vorgelegt. Im September 1997 kam es zu einer Einigung zwischen Bundeskanzler Kohl und der SPD in dieser Frage. Am 16. Januar 1998 billigte der deutsche Bundestag mit der erforderlichen Zweidrittelmehrheit den Gesetzentwurf. Im Februar muß noch der Bundesrat zustimmen.

Was will Kanzler Kohl? Er befürwortet eine geheime elektronische Überwachung, die mit akustischen Hilfsmitteln operiert. Ihr Ziel: die Äußerungen eines Verdächtigen auffangen und sein Privatleben ausspionieren. Diese Überwachung erfordert die Installation von versteckten Wanzen oder Mikrofonen. Mikrofone werden in den Räumen angebracht, in denen die Verdächtigen sich aufhalten. Sogenannte »Richtmikrofone«, mit denen sich private Gespräche noch aus erheblicher Entfernung abhören lassen, sollen in der Nachbarschaft installiert werden.

Abhörmikrofone werden selbstverständlich in den Wohnungen der Verdächtigen oder an häufig von ihnen aufgesuchten Orten angebracht. Sie können jedoch auch in der

Wohnung eines Dritten installiert werden, der keinerlei Beziehung zum Verdächtigen hat, keines Vergehens verdächtigt wird und gegen den keine polizeilichen Ermittlungen laufen. Es genügt, daß die Fahnder davon überzeugt sind, daß die Verdächtigen eines Tages in der Wohnung dieser Person zusammenkommen werden. Wanzen und Richtmikrofone können auch Wohnungen, Büros, Bankschalter, Werkstätten, Forschungslabors, kurz jede Art von Räumlichkeit ins Visier nehmen, in der sich möglicherweise für die Ermittler interessante Aktivitäten abspielen.

Der große Lauschangriff kann nur im Zusammenhang mit Ermittlungen über schwere Verbrechen wie Menschen-, Waffen- oder Drogenhandel, Geiselnahme und Freiheitsberaubung, Terrorismus, Mord angeordnet werden; die Verdächtigen müssen dem organisierten Verbrechen angehören.

Ein Kollegium aus drei Richtern erteilt die Genehmigung für die Installierung von Abhöranlagen, die auf vier Wochen beschränkt und verlängerbar ist.

Hans Jürgen Fätkinhäuer, Oberstaatsanwalt in Berlin, hält die umfassende elektronische Überwachung für die machtvollste Waffe im Kampf gegen das grenzüberschreitende organisierte Verbrechen; eine Vielzahl von Justizbeamten und die meisten Polizisten anderer westeuropäischer Länder teilen seine Ansicht.[15]

Dennoch wirft der »große Lauschangriff« einige grundlegende Fragen auf.

Die Installation von versteckten Wanzen in der Wohnung einer Person, die nichts mit den Verdächtigen zu tun hat und in vollkommener Unwissenheit über die laufenden Untersuchungen gehalten wird, greift in das Grundrecht auf Unverletzbarkeit der Wohnung ein. Die überwachte Person wird jeder Intimität beraubt und einem offensichtlichen Einbruch in ihr Privat- und Familienleben ausgesetzt.

Auch der Gültigkeitsbereich anderer geschützter Sphären

wird damit eingeschränkt: des Betriebsgeheimnisses, des Arztgeheimnisses und des Anwaltsgeheimnisses etc.

Hinter der generellen elektronischen Überwachung erhebt sich der unheilvolle Schatten des KGB und der Gestapo. In dem neuen System wird nicht mehr zwischen »präventiver« und »repressiver« Überwachung unterschieden. Kann man die »präventive« Überwachung der Wohnung eines Dritten zur Not noch hinnehmen, sofern sie der Verhinderung eines schweren Verbrechens dient, so ist die elektronische Überwachung im Rahmen polizeilicher Ermittlungen, durch die Täter eines bereits begangenen Verbrechens identifiziert werden sollen, schwerlich zu rechtfertigen.

Heribert Ostendorf, ehemaliger Generalstaatsanwalt von Schleswig-Holstein, sieht noch eine andere drohende Gefahr: Wenn der große elektronische Lauschangriff zur alltäglichen Praxis würde, könnte kein Mensch sich mehr sicher fühlen. Kein Bewohner eines beliebigen europäischen Landes wäre mehr davor geschützt, daß sein intimes Leben ausspioniert, seine Beziehungen überwacht, seine Wohnung mit Wanzen gespickt und seine belanglosesten Handlungen und Bewegungen auch privatester Natur abgehört und im Computer gespeichert würden. Die Folge wäre ein Gefühl der Unsicherheit, des Mißtrauens, vielleicht sogar eine allgemeine Paranoia. Jedenfalls die offensichtliche Zerstörung des Vertrauens, der Sicherheit, des Seelenfriedens, die für die Existenz einer lebendigen demokratischen Gesellschaft so wichtig sind.[16]

In den Vereinigten Staaten gibt es eine interessante Einrichtung: den Wire Tape Report. Die Bundesjustizbehörden veröffentlichen alle drei Monate einen detaillierten Bericht über alle Fälle von elektronischer Überwachung. Darin werden die Gründe für die Überwachung, ihre Dauer, die Anzahl der Überwachten und die Anzahl der infolge dieser

Maßnahme verhafteten bzw. verurteilten Personen bekannt-
gegeben.

Christian Pfeiffer, Professor für Kriminologie in Hanno-
ver, fordert vehement auch in Europa die Veröffentlichung
solcher Berichte, um das allgemeine Mißtrauen der Öffentlichkeit zu bekämpfen.[17]

Ich unterbreche hier die Analyse der in Deutschland mit
großer Leidenschaft geführten kontradiktorischen Auseinandersetzung über den »großen Lauschangriff«. *De lege lata*,
wie die Juristen sagen, ist das Drama bereits gelaufen: Bundeskanzler Helmut Kohl hat sich durchgesetzt, der »große
Lauschangriff« ist beschlossene Sache und wird bald Gesetz
sein.

Daß er trotzdem in den meisten Bundesländern nicht funktionieren wird, mag die konsequenten Verfechter der Grund-
freiheiten – Baum, Hassemer, Lisken u. a. – erfreuen. Sie
haben nur theoretisch, nicht aber praktisch verloren.

Der Grund für die weitgehende Ineffizienz des »großen
Lauschangriffs« ist prosaischer Natur: Um verdächtige Lo-
kale und Personen wirksam und unerkannt zu belauschen,
brauchen die Polizisten und Staatsanwälte nicht nur elek-
tronisches Material, das besser und moderner ist als jenes der
Mafiafürsten, sondern auch sehr viel Personal und Geld.
Kriminaloberrat Schwerdtfeger: »Auch unter Berücksichti-
gung der schlechten Haushaltslage benötigen die OK-Er-
mittlungsstellen mindestens 20 Prozent mehr Personal. ...
Uns fehlen die Mittel, das Geld. Alles. Die Kriminellen besitzen modernste elektronische Geräte. Sie verfolgen die tech-
nologische Entwicklung. Die Polizei kann damit nicht Schritt
halten. Unsere Budgets sind bei weitem zu bescheiden.«

Der große Wunsch des Beamten: »Wenn nur die bei Kri-
minellen sichergestellten Gelder und Sachwerte (Computer,
Handys, Autos usw.) dem Werte nach unmittelbar an die
Polizei fließen würden.«[18]

Allein die Übersetzung der Abhörprotokolle aus dem Tschetschenischen, Usbekischen, Anatolischen, Sizilianischen usw. kostet horrende Summe, über die die allerwenigsten Staatsanwaltschaften (oder Landeskriminalämter) verfügen.

VI. Der verdeckte Ermittler – ein moderner Held

Technische Instrumente sind zweifellos ein wichtiger Bestandteil im Kampf der zivilisierten Gesellschaft gegen das organisierte Verbrechen. Vor allem aber kommt es auf die Menschen an. In diesem Krieg steht die Polizei an vorderster Front.

Fast überall in Europa (und Nordamerika) hat die Polizei Ermittlungsmethoden entwickelt, die stark von den Methoden der Spionage und Gegenspionage der Geheimdienste beeinflußt sind.

Keine Figur ist im Kampf gegen das organisierte Verbrechen so umstritten, so schwer einschätzbar wie der »Undercoveragent«, der »verdeckte Ermittler«. In Geheimdienstkreisen wird er als »Maulwurf« bezeichnet.

Wie kann man ihn definieren?

Genau gesehen ist der Undercoveragent weder ein Denunziant noch ein Polizeispitzel (das heißt ein Mitglied des Milieus, das aus irgendwelchen Gründen – Geld, schlechtes Gewissen, Abhängigkeit etc. – regelmäßig bestimmte Polizisten informiert). Der »verdeckte Ermittler« ist ein Beamter mit fiktiver Identität. Seine Aufgabe ist die Infiltration der verbrecherischen Organisation. Er informiert die Strafverfolgungsbehörden über die Umstände, in denen eine Straftat begangen worden ist. Er warnt Polizeibehörden, wenn er Kenntnis von einer sich in Vorbereitung befindlichen Straftat erlangt.

In dieser Definition ist eine Unterscheidung essentiell: Der »verdeckte Ermittler« ist kein »Agent provocateur«. Er oder sie soll in der Regel nicht zur Begehung einer Straftat auffordern oder bei deren Begehung instrumentell beteiligt sein. Er oder sie befindet sich also auf einer ständigen gefährlichen Gratwanderung zwischen Delikt und Gesetz. Daß rings um diese Definition zahlreiche Grauzonen bestehen, werden wir auf den folgenden Seiten sehen.

Der verdeckte Ermittler stellt eine entscheidende Waffe im Krieg gegen die Mafiafürsten dar.

Ohne den selbstmörderischen Mut von Robert Mazur alias Robert Musella und seiner Kollegin, zwei jungen amerikanische Undercoveragenten, würde das verbrecherische Imperium Agha Hasan Abedis unbehelligt weiterhin die erbeuteten Schätze eines Saddam Hussein, Abu Nidal, des Generals Noriega und der Kokainschmuggler des Medellinkartells akkumulieren, bewahren und gewinnbringend anlegen, würden seine »Schwarzen Einheiten« weiter widerspenstige Kunden ermorden und seine Komplizen die Zentralbanken Nigerias, Perus und Pakistans ausplündern.

Jack Blum, der am Ende seiner Karriere die Untersuchung der Kerry-Kommission (über Terrorismus, Drogenhandel und internationale Operationen) leitete, war zeit seines Lebens Undercoveragent mehrerer Geheimdienste der Vereinigten Staaten gewesen. Blum, ein gläubiger Jude und ehemaliger Student des Bard-College in New York, wurde durch die Begegnung mit zwei aus Nazideutschland geflüchteten Professoren, Heinrich Blücher und Hannah Arendt, zum Kämpfer für Gerechtigkeit. Scharfsichtig und meiner Ansicht nach völlig zu Recht vergleicht er die Mentalität der Mafiafürsten von heute mit jener der Naziführer von gestern.[19] Ohne seine Entschlossenheit, seinen Mut und seine legendäre Kaltblütigkeit würden heute noch eine Unmenge von Waffenschmugglern, Frauen- und Drogenhändlern sowie international tätiger Killer vollkommen ungestraft ihr Unwesen treiben.

Ein anderer amerikanischer Agent, von dem nur der Deckname »Sam der Blonde« bekannt ist, ermöglichte die Zerschlagung der Bande von Yassar Musullullu und Haci Mirza, türkische Drogenhändler mit interkontinentaler Breitenwirkung, deren Verbindungen tief in bestimmte Bereiche der Zürcher Bankenwelt reichten und die beunruhigend enge Verbindungen zum Justizapparat in Bern hatten. Den türkischen Verbrechern gegenüber präsentierte sich der Amerikaner unter der Maske eines in Mailand ansässigen Abgesandten der sizilianischen Mafia. Einige spektakuläre Aktionen von Sam dem Blonden habe ich bereits in meinem Buch »Die Schweiz wäscht weißer« geschildert.

Nur der Tessiner Untersuchungsrichter kennt die wahre Identität von Sam dem Blonden und bewahrt dieses Wissen in einem versiegelten Umschlag in seinem Tresor im Justizpalast in Bellinzona auf. Sam ist ein verdeckter Ermittler, der viel riskiert: Er verhandelt mit Haci Mirza im Hauptquartier der Bande, einer unauffälligen Villa in den Hügeln um Istanbul. Dem mißtrauischen alten Mirza präsentiert er im Safe einer Zürcher Bank die drei Millionen Dollar, die ihn bei Lieferung von hundert Kilo Rohmorphin auf einem Parkplatz in Chiasso erwarten. Der noch immer nicht zufriedengestellte Mirza verlangt, das Labor von »Sams Bande« zu sehen. Die DEA muß daraufhin im Tessin ein komplettes Drogenlabor auf die Beine stellen, das Sam dem schwer beeindruckten Türken vorführt.

In Bern löst der mutige Sam eine Kettenreaktion aus: Elisabeth Kopp, Bundesministerium für Justiz, wird ihres Postens enthoben und vor Gericht gestellt; der Bundesanwalt muß zurücktreten. Die Brüder Barkev und Jean Magharian, syrische Finanziers, werden vom Schwurgericht in Bellinzona verurteilt. Der alte Mirza sitzt seither im Gefängnis von La Stampa im Tessin. Einzig Yassar Musullullu entgeht wie durch ein Wunder der Verhaftung. Von einem mysteriösen Geschäftspartner gewarnt, taucht er wenige Stunden, bevor die Polizisten vor dem Tor seiner prachtvollen Villa in Zürich vorstellig werden, in den Untergrund ab.

Überall auf der Welt entrichten diese verdeckten Ermittler, welcher Nationalität sie auch angehören mögen, einen schweren Tribut. Ihre Charakterstärke, ihre Überzeugungen und ihr Mut haben meine volle Bewunderung. Bei einer Enttarnung droht ihnen der sichere Tod, manchmal verbunden mit grausamen Folterungen. Ihre Familien werden mit Vergeltungsmaßnahmen bedroht.

Ich möchte nur ein Beispiel unter Dutzenden hier anführen: Enrique Camarena Salazar, ein Regierungsbeamter aus Washington, war in ein mexikanisches Drogennetz eingeschleust worden. Nach seiner Enttarnung wurde er von den Leibwächtern der Paten zu Tode gefoltert. Er stirbt, ohne die Namen der anderen Undercoveragenten im Netz preiszugeben. Die Folterer werden später verhaftet und verurteilt.

Die Mehrheit der – französischen, deutschen, englischen, österreichischen etc. – Strafrechtsprofessoren spricht sich gegen den Einsatz von verdeckten Ermittlern aus. Die wissenschaftliche Literatur Europas quillt über von kritischen Analysen, Einwänden und Verurteilungen dessen, was die Autoren als Überschreitung der Rechtsnorm bezeichnen. Da wir uns hier bereits im Abschlußkapitel befinden, möchte ich auf ausführliche bibliographische Angaben verzichten und mich auf eine Zusammenfassung der Argumente beschränken.

Ein »Maulwurf« ist nur dann effektiv, wenn er das absolute Vertrauen der Herrscher des Kartells, das er unterwandern soll, genießt. Um sich dieses Vertrauen zu erwerben, muß er unweigerlich an verbrecherischen Aktionen teilnehmen und die kriminellen Aufgaben, die ihm übertragen werden, erfüllen. Der schwerwiegendste Vorwurf, der den verdeckten Ermittlern gemacht wird, lautet denn auch, sie würden häufig selbst ein Verbrechen provozieren. Insbesondere wenn ein Ring von Drogen- oder Menschenhändlern unterwandert werden soll, bleibt dem verdeckten Ermittler oft keine andere Wahl, als sich als Käufer oder als Vertreter wichtiger Käufer zu tarnen. Beispielsweise hatte Sam der Blonde, indem er sich als Abgesandter einer aus Mailand operierenden Familie der sizilianischen Mafia präsentierte, die Lieferung von Rohmorphin nach Chiasso durch die Bande von Haci Mirza selbst erst ausgelöst.

Ein »Maulwurf« ist aber zuallererst ein vereidigter Staatsbeamter, der vom Steuerzahler bezahlt wird. Mehr noch: Er gehört einem Beamtenkorps an, dem in besonderem Maße der Schutz der öffentlichen Sicherheit und Ordnung und des Rechtsstaats obliegt. Daher ist es zutiefst schockierend, wenn ein solcher Beamter vollkommen ungestraft kriminelle Taten begehen oder provozieren kann.

Zweitens: Schwierig wird die Situation, wenn es zum Prozeß kommt. Der Prozeß ist öffentlich. Der »Maulwurf« spielt dabei meist eine zentrale Rolle: die des Hauptzeugen der Anklage. Doch zugleich muß das Überleben des »Maulwurfs« gewährleistet sein. Seine Identität zu enthüllen käme einem Todesurteil gleich.

In Europa wird dieses Problem mit unterschiedlichsten Verfahren gelöst. Entweder tritt der »Maulwurf« maskiert vor Gericht auf, oder er wird mit Hilfe einer Videoschaltung befragt, bei der er nur von hinten sichtbar ist und seine Stimme durch elektronische Verzerrung entstellt wird; oder er wird vom Vorsitzenden Richter in einem angrenzenden

Raum in Gegenwart des Staatsanwalts, der Zivilkläger und des Verteidigers befragt.

Eine originelle Methode wird in Deutschland angewendet: Der verdeckte Ermittler erhält einen »coach«, eine Art Tutor. Vor diesem sagt der verdeckte Ermittler unter Eid aus. Er legt alle seine Notizbücher offen, in denen er Tag für Tag alle Aktionen und Taten seines Lebens im Untergrund festgehalten hat. Der Tutor, ebenfalls ein vereidigter Polizeibeamter, arbeitet seine Notizbücher durch, befragt seinen Kollegen bis in die kleinsten Einzelheiten, überprüft seine Abrechnungen, seine Ausgaben, die erhaltenen Geschenke, den durch die kriminellen Handlungen erzielten Erfolg. Dann tritt der Tutor vor Gericht auf. Allein.

Es gibt auch noch andere Verfahrensweisen: Das Schwurgericht von Bellinzona (Tessin) begnügte sich beispielsweise mit einer schriftlichen Zeugenaussage, die dem Gerichtspräsidenten in einem versiegelten Umschlag übergeben wurde.

Aber alle Methoden sind mit dem gleichen Mangel behaftet: Ob im Old Bailey in London oder im Justizpalast von Paris, Mailand, Madrid oder Köln – das rechtsstaatliche Verfahren basiert auf der Anwesenheit aller Parteien. Die Befragung aller Zeugen in Gegenwart aller Parteien bildet sein Kernstück. Der Verteidiger kann jedoch den Zeugen der Anklage nur dann effektiv befragen, wenn er seine Biographie, sein Leben, seine Persönlichkeitsstruktur, seine soziale und familiäre Herkunft, seine Emotionen, Abneigungen, kurzum: seine Identität kennt. All diese von Juristen vorgebrachten Einwände gegen den Einsatz von verdeckten Ermittlern erscheinen mir als begründet.

Und dennoch erkenne ich sie nicht an.

Wir haben es hier mit einem Interessenkonflikt zu tun: Auf der einen Seite soll der Rechtsstaat und seine Strafprozeßordnung respektiert werden; auf der anderen Seite aber steht dieser Rechtsstaat vor der unabdingbaren Notwendigkeit, sich wirkungsvoll gegen das organisierte Verbrechen zu verteidigen.

Das zweite Interesse ist höher zu bewerten als das erste. Ohne verdeckte Ermittler hat keine zivilisierte Gesellschaft Europas die geringste Chance, die interkontinentalen Kartelle des organisierten Verbrechens zu unterwandern, lahmzulegen und zu zerstören.

Im Zusammenhang mit den verdeckten polizeilichen Ermittlungen stellt sich noch eine weitere Frage: Inwieweit sollen die Geheimdienste in den Krieg gegen die grenzüberschreitende organisierte Kriminalität mit einbezogen werden.

Auch in dieser Frage sind die verschiedenen europäischen Staaten zu unterschiedlichen Lösungen gekommen. In Frankreich haben die DST und die militärischen Nachrichtendienste im Prinzip keinen Anteil an den Ermittlungen der Kriminalpolizei oder der Sondereinheiten des Zolls. Das gleiche gilt für die Beneluxländer, für Österreich oder die Schweiz.

In England und Italien hingegen spielen die Geheimdienste im Krieg gegen die internationalen Verbrecherkartelle eine oft ausschlaggebende Rolle.

Besonderes interessant ist die Situation in Deutschland, wo jedes Land ein Landeskriminalamt und einen Verfassungsschutz (der für Staatssicherheit zuständig ist) besitzt. In Bayern beispielsweise arbeiten diese beiden Behörden aktiv im Kampf gegen die Banden des organisierten Verbrechens zusammen. 1996 werden in München 50 Agenten des Verfassungsschutzes für Ermittlungen im Zusammenhang mit dem organisierten Verbrechen abgestellt. 1996 haben diese Agenten 14 Netze (chinesische, russische, rumänische, tschetschenische etc.) unterwandert. Aufgrund erwiesener Effizienz also fordert der bayerische Innenminister Günther Beckstein, daß diese Art der Zusammenarbeit auf alle Länder ausgeweitet werden soll.[20]

Die Geheimdienste besitzen elektronische Geräte und beherrschen Untersuchungs-, Unterwanderungs- und Überwachungsmethoden, die die Kriminalpolizei nicht zu ihrer Verfügung hat. Im Kampf gegen die Verbrecherkartelle, deren Machenschaften gewöhnlich strengster Geheimhaltung unterliegen, sind die Geheimdienste im allgemeinen effektiver als die »gewöhnliche« Polizei.

Geheimagenten können allerdings keine Verhaftungen vornehmen. Sie beschränken sich auf die Weitergabe ihrer Informationen und Beweismittel an die Kriminalpolizei, die ihrerseits die Kriminellen festnimmt, inhaftiert und in die Hände der Richter überstellt.

Die gegenwärtige deutsche Diskussion ist äußerst komplex. Tatsächlich kommt der Druck nicht bloß von den Landeskriminalämtern, die häufig überfordert sind und sich die Mitarbeit erfahrener und gut ausgerüsteter Beamter des Verfassungsschutzes wünschen. Auch beim Verfassungsschutz machen sich neue Überlegungen bemerkbar: Immer wieder fragt sich der Verfassungsschutz selbst, wer denn eigentlich die verfassungsrechtliche Ordnung der Bundesrepublik primär bedrohe. Sind es in allererster Linie ein paar verrückte in- oder ausländische Terroristen, eine Handvoll verworrener Politsektierer, oder sind es nicht viel eher die internationalen Verbrecherkartelle, welche den demokratischen Entscheidungsablauf unterwandern?

Helmut Roewer, Verfassungsschutzchef in Thüringen, legt im September 1997 ein vertrauliches Analysepapier vor, genannt »Perspektiven und Schwerpunkte des Nachrichtendienstes«, worin er fordert, daß die Bekämpfung der Korruption als vordringliche Aufgabe des Verfassungsschutzes zu gelten habe. Noch deutlicher werden die bayerischen Verfassungsschützer: Wer die organisierte Kriminalität wirksam bekämpfen wolle, müsse zuerst einmal »die Struktur der Verbrecherkartelle erkennen«. Dazu sei »eine weit ins Vorfeld der einzelnen Straftaten verlagerte Aufklärung erforderlich«. Und das wiederum sei »Aufgabe des Verfassungsschutzes«.[21]

Ein subjektives Element ist zu berücksichtigen: Die Verfassungsschützer merken, daß ihr Aufgabenbereich neu definiert werden muß, sollen ihre Ämter nicht langsam obsolet werden. Im Mai 1997 vergab die Innenministerkonferenz einen Arbeitsauftrag. Der hieß: »Wie kann der immer geringer werdenden Wertschätzung des Verfassungsschutzes entgegengewirkt werden?«[22]

Wer die gegenwärtige deutsche Diskussion verfolgt, könnte meinen, die Entwicklung gehe unaufhaltsam in Richtung des generellen Einsatzes von Verfassungsschützern zur Bekämpfung der organisierten Kriminalität. Aber so einfach ist die Sache nicht: Starke Resistenzkräfte sind am Werk. Diese sind nicht nur korporatistischer Natur. Natürlich bestehen zahlreiche Kriminalbeamte auf ihrer angestammten Kompetenz und sehen in den Verfassungsschützern unliebsame Konkurrenten. Diese Haltung ist verständlich. Jedoch: Ein tieferliegendes Argument spielt mit. In vielen Juristenköpfen ist die Erinnerung an die Gestapo, die allmächtige Staatspolizei des Dritten Reichs, lebendig. Anläßlich der Gründung der Bundesrepublik hatten die alliierten Hochkommissare ausdrücklich eine strikte institutionelle Trennung zwischen Kriminal- und politischer Polizei gefordert. Zahlreiche Juristen, darunter auch mein Mitarbeiter Uwe Mühlhoff, sehen diese für die Demokratie entscheidend wichtige Trennung durch den Einsatz der Verfassungsschützer zur Verbrechensbekämpfung gefährdet.

Meiner Ansicht nach ist die Beteiligung der Geheimdienste im Kampf gegen das organisierte Verbrechen vollkommen gerechtfertigt. Die Erfahrung in Bayern, aber auch die Erfolge des italienischen SISMI und des englischen MI 5 zeigen deutlich, daß die Nachrichtendienste mit einer Effektivität vorgehen, die den Beamten der Kriminalpolizei oft nicht zur Verfügung steht.

VII. Die Mauer des Schweigens

Der Kampf gegen das organisierte Verbrechen bewirkt tiefgreifende Veränderungen in der Prozeßführung. Er stellt die Richter vor vollkommen neue Probleme.

Der Soldat eines ukrainischen Kartells, der »Ehrenmann« der apulischen Sacra Corona, der Capo der neapolitanischen Camorra oder der Pate einer New Yorker Cosa-Nostra-Familie verweigern im allgemeinen jede Aussage. Niemals würden sie die Fragen des Richters beantworten. Wenn der Kriminelle redet, bringt er sein Leben und das seiner Familie in Gefahr.

Um die Mauer des Schweigens zu durchbrechen, wenden die Gerichte der verschiedenen Länder unterschiedliche Methoden an. Dabei stehen sich zwei Vorgehensweisen gegenüber: die italienische und die angelsächsische.

Die angelsächsische ist auch bekannt unter der Bezeichnung »plea-bargaining«. Sofort nach Abschluß der polizeilichen Ermittlungen erhält der überführte Verbrecher Besuch vom Staatsanwalt. Dieser bietet ihm einen »deal« an, einen Handel. Der Kriminelle willigt ein, sich als Zeuge der Anklage zur Verfügung zu stellen. Er wird alles aussagen, was er weiß, die Soldaten des Kartells, die begangenen Verbrechen, die Organisationsstrukturen, die geheimen Führer verraten. Im Gegenzug wird der kooperative Kriminelle in ein »witness protection program«, ein Zeugenschutzprogramm, aufgenommen. Er erhält eine neue Identität, Geld, eine neue zivile Existenz, eine Wohnung. Er und seine Familie stehen für einen auszuhandelnden Zeitraum unter Polizeischutz. Vor allem aber handelt der kooperative Kriminelle mit dem Staatsanwalt die Definition des Delikts und die Höhe seiner Strafe aus.

Genauer gesagt: Der kooperationswillige Kriminelle kann auf zwei verschiedenen Ebenen verhandeln. Er kann mit dem Staatsanwalt die Definition seines Delikts aushandeln. Einem Delinquenten, der einen Mord begangen hat, kann der Staatsanwalt unter Umständen eine Anklageerhebung wegen Totschlag zugestehen. Sind mehrere Delikte begangen worden, ist es möglich, daß der Staatsanwalt nur wegen eines einzigen Anklage erhebt. Die zweite Ebene ist die eigentliche Aushandlung des vom Staatsanwalt vor dem Richter beantragten Strafmaßes.

Das »plea-bargaining« hat eine eigene Geschichte: Das amerikanische Strafrecht ist in hohem Maß vom calvinistischen Erbe der Gründerväter geprägt. Demnach zeugt es von christlicher Gesinnung, seine Sünden öffentlich zu beichten, seine Reue zu bezeugen. Das Recht muß diesen Akt der Reue ermutigen. Die Institution des »plea« – der öffentlichen Bitte um Vergebung – ist in der Tradition verankert. Früher fragte der Richter seinen sündigen Mitbürger zu Beginn eines jeden Prozesses, ob er nicht öffentlich seine Sünden gestehen, um Verzeihung bitten, die Strafe für seine Verfehlung aus freiem Herzen annehmen wolle.

Heute hat sich die Funktion dieser Institution gewandelt: Sie dient nicht mehr in erster Linie der öffentlichen Moral, sondern den Strategien und Taktiken der Staatsanwaltschaft. Im Kampf gegen die Mafiafürsten, angesichts ihres Zynismus, ihres Arsenals an juristischen Tricks, des Gesetzes des Schweigens, hinter dem sich ihre Machenschaften verbergen, steht der Staatsanwalt ohne Verbündete auf verlorenem

Posten. Doch die Verwandlung eines Angeklagten in einen Zeugen der Anklage ist eine Kunst. Die amerikanischen Staatsanwälte sind Meister darin. In ihrem Krieg gegen die Verbrecherbarone hängen Sieg und Niederlage von dem Geschick ab, mit dem sie einen oder mehrere Akteure umdrehen. Folglich spielt das »plea-bargaining« in den Strafverfahren aller Mitgliedsstaaten der Vereinigten Staaten eine entscheidende Rolle.

In Deutschland gibt es eine etwas andere Einrichtung, die jedoch vom amerikanischen »plea-bargaining« beeinflußt ist, nämlich die sogenannte Kronzeugenregelung. Auch sie beruht auf der Verwandlung eines Angeklagten in einen freiwilligen Helfer der Staatsanwaltschaft. Auch davon profitiert sowohl der »umgedrehte« Kriminelle wie auch der Staatsanwalt.

Aber Achtung: Das angelsächsische »plea-bargaining« (oder die deutsche Kronzeugenregelung) ist nur auf den verhafteten und angeklagten Kriminellen anwendbar, dem eine schwere Strafe droht. Es ist nur ein Aspekt in der Prozeßstrategie des Staatsanwalts und betrifft ausschließlich die Gerichtsverhandlung.

Im Gegensatz dazu bietet das italienische System einen deutlich weiter gesteckten Verhandlungsspielraum. Es trägt die romantische Bezeichnung »Buße«. Der »pentito«, der »Büßer«, kann sich in jedem beliebigen Moment seiner blutigen Karriere zu Wort melden. Wann immer er seines kriminellen Lebens überdrüssig ist, kann er Kontakt zu einem x-beliebigen Staatsanwalt oder Richter aufnehmen, um ein Geständnis abzulegen und mit diesem seinen Übergang ins zivile Leben auszuhandeln. Oder der »pentito« kann nach seiner Verhaftung im Laufe der Ermittlungen die Fronten wechseln. Schließlich kann er sogar nach seiner Verurteilung noch Kontakt zu einem Richter aufnehmen, wenn er die harten Haftbedingungen in den speziell für Terroristen und Mafiosi erbauten Sondergefängnissen oder ganz einfach die Aussicht, den Rest seiner Tage hinter Gittern zu verbringen, nicht mehr erträgt. Im Gegenzug für eine vorzeitige Entlassung oder eine wesentliche Herabsetzung seiner Strafe offenbart er der Justiz dann alles oder einen Teil seines Wissens über andere, noch unaufgeklärte Verbrechen, die von seiner »Familie« oder verbündeten oder konkurrierenden »Familien« begangen worden sind.

Allerdings wird ein reuiger Verbrecher nicht automatisch zum Lohn für seine Abkehr auf freien Fuß gesetzt. Die betreffende Gesetzesformulierung ist etwas vage: Der »pentito« verbüßt seine Strafe hinfort an einem Ort, »der nicht unbedingt ein Gefängnis sein muß«. De facto werden die »pentiti« entweder in den Kasernen der Carabinieri oder auf Schiffen, die vor der Küste liegen, untergebracht. Sie wechseln den Anwalt. Wenn sie auf Bewährung freigelassen werden, erhalten sie einen Mindestlohn. Wenn sie in Kasernen inhaftiert sind, können sie ihre Familien sehen. Oft auch werden sie nachts – auf ständig wechselnden Wegen und zu ständig wechselnder Zeit – in einem Gefangenentransporter nach Hause gebracht.

Sie führen ein wenig beneidenswertes Leben: Ihre Familien und sie selbst werden ständig von den Killern der Mafia mit dem Tode bedroht. In Italien gibt es kein »witness protection program« wie in den Vereinigten Staaten. Es fehlt am Geld dafür. Es gibt weder kosmetische Gesichtsoperationen noch einen effektiven Polizeischutz rund um die Uhr. Der »pentito«, ob Mann oder Frau, lebt gefährlich, ganz egal, ob er in einer Kaserne oder mit neuer Identität in einer vom Justizministerium bezahlten Wohnung lebt. 1997 gibt es in Italien etwa 1600 »pentiti«. Zählt man die Familienmitglieder dazu, dann müssen heute zwischen 6000 und 7000 Menschen geschützt werden.

Im Sommer 1997 verabschiedete das Parlament in Rom eine wichtige Gesetzesrevision: Gegen den energischen Widerstand der Staatsanwälte, Richter und Polizisten wurde der Artikel 513 des Strafgesetzbuches neu formuliert. Dieser Artikel betrifft die »pentiti«. In Zukunft gelten als gültige Beweismittel nur noch jene Zeugenaussagen der »pentiti«, die vor Gericht, im Moment des Prozesses, bekräftigt werden. Bis dahin galt eine andere Regelung: Der reuige Mafioso legte vor dem Staatsanwalt (der in Italien auch der Untersuchungsrichter ist) sein Geständnis ab. Daraufhin tauchte er unter. Sein während der Untersuchung abgelegtes Geständnis blieb gültig auch während des Prozesses.

Die neue Regelung bringt den reuigen Mafioso in Todesgefahr. Zwischen der Eröffnung einer Strafuntersuchung und der Prozeßaudienz liegen in Italien meist Jahre. Die Mafia hat demnach alle nötige Zeit, um den unliebsamen Zeugen umzulegen, seine Familie zu massakrieren oder auf irgendeine andere Weise zu erwirken, daß er an der Prozeßaudienz nicht erscheint.

Rechtspolitisch standen bei der Diskussion von 1997 die sogenannten »Garantisten« den Befürwortern eines speziellen Mafiarechts gegenüber. Das Argument der »Garantisten«: In jedem Strafprozeß ist eine Zeugenaussage nur gültig, wenn sie vor Gericht wiederholt und bekräftigt wird. Das muß auch für die Mafiaprozesse gelten. Die Staatsanwälte, Richter und Polizisten jedoch sind anderer Meinung: Für sie ist der Mafiafürst nicht irgendein gewöhnlicher Verbrecher, sondern ein übermächtiger Feind der Zivilisation. Eine Spezialbehandlung (so wie sie im alten Artikel 513 verankert war) rechtfertigt sich.[23]

1997 verloren die italienischen Staatsanwälte eine entscheidende Schlacht.

Die italienische Justiz tut selbstredend alles, um die »wunderbaren Wandlungen« der Kriminellen herbeizuführen.

Unmittelbar nach der Ermordung des Richters Giovanni Falcone, seiner Frau und seiner Leibwächter im Mai 1992 wurden die Mafiainsassen aus dem Gefängnis von Ucciardone in Palermo – eines der zehn Hochsicherheitsgefängnisse Italiens – sowie aus den anderen Haftanstalten im Süden des Landes verlegt. Die gefangenen Bosse mußten an weit entfernten Orten konzentriert werden.

Außerhalb seines angestammten Territoriums gilt der »Ehrenmann« nichts mehr: Er kann die Wächter nicht mehr – durch subtile Andeutungen – terrorisieren, ihren Familien oder ihnen selbst mit Vergeltungsmaßnahmen drohen und so Begünstigungen für sich herausschlagen.

Alle gefangenen »capi« der bedeutendsten Mafiafamilien wurden entweder ins Gefängnis von Pianosa, eine Nachbarinsel von Elba vor der Küste der Toskana, oder auf die Insel Asinara vor der Nordwestspitze Sardiniens verlegt.

Auf der Insel Pianosa sitzen heute ungefähr 140 Häftlinge des organisierten Verbrechens ein, darunter so herausragende Gestalten wie Michele Greco, genannt »der Papst«, Nitto Santapaola und Pippo Calo. 90 weitere »capi« sind im Bunker von Asinara inhaftiert, darunter praktisch die gesamte »Kuppel« der zwischen 1993 und 1996 enthaupteten Cosa Nostra: der junge Giovanni Brusca, »das Schwein«; sein Vorgänger Toto Riina, »die Bestie«; der Schatzmeister Antonio Mangano; Riinas Schwager Leoluca Bagarella; die drei Brüder Madonia und seit kurzem der aus Venezuela ausgelieferte Paolo Cuntrera.

Der Komplex von Asinara steht beispielhaft für andere: Diese 52 Quadratkilometer große, von glasklarem Wasser umgebene Insel, gesäumt von weißen Sandstränden, die von hellen Felsbuchten unterbrochen werden, ist ein Paradies für den zufälligen Besucher und die Hölle für die

Gefangenen. Sie bezeichnen sich im übrigen selbst als »Verdammte«.

Wie in Pianosa werden die Mafiabosse auch hier dem harten Regiment des Artikels 41 b unterworfen, Haftvorschriften, die im September 1992 nach einer Welle der Ermordungen von Staatsanwälten, Richtern und Carabinieri verabschiedet wurden. Im kargen Büro von Gianfranco Pala, der nach abgeschlossenem Jura- und Psychologiestudium Direktor von Asinara ist, hängen nur zwei Fotos an der Wand: die der Märtyrer-Richter Borsellino und Falcone.

Die Zellen sind drei Meter lang, zweieinhalb Meter breit und dreieinhalb Meter hoch. Die Gefangenen leben in vollständiger Isolierung. Ihnen steht nur eine Stunde Besuchszeit pro Monat zu; der Kontakt ist nur über eine gepanzerte Glasscheibe möglich. Hunderte von bewaffneten und mit modernstem Überwachungsgerät ausgerüsteten Wächtern und Carabinieri bewachen die Insel, den Bunker, die Lagerräume und Wohnungen des Wachpersonals. Hubschrauber, ein Flugzeug und drei Patrouillenboote machen jede unerlaubte Annäherung an die Insel unmöglich. Ein Sondergesetz bestraft jeden Landeversuch mit drei Jahren Zuchthaus. Allein dreißig Wächter – die in drei Schichten von zehn Männern arbeiten – überwachen ausschließlich rund um die Uhr Toto Riina.

Ein Alptraum verfolgt Direktor Pala: Daß die Mafia eine Landung vom Meer aus oder einen Hubschrauberangriff versuchen könnte. Zugleich weiß er, daß die Mafia mit Vorliebe diejenigen ihrer Bosse tötet, die in die Hände der Justiz gefallen sind.

1986 trank Michele Sindona, der Hauptbankier der Mafia, im Gefängnis von Voghera eine Tasse Kaffee. Ein mysteriöser Killer hatte Zyanid hineingetan. Sindona starb unter entsetzlichen Qualen.

Riina, Bagarella und andere bereiten in Asinara ihr Essen

selbst zu. Einmal in der Woche kauft der Direktor persönlich in verschiedenen Städten Sardiniens Lebensmittel für sie ein. Er übergibt sie in einem verschlossenen Metallkoffer an die Gefangenen, in deren Zelle ein Elektroherd und ein Kühlschrank stehen.[24]

Die weit überwiegende Mehrheit der »Verdammten« – mit Ausnahme der ganz jungen – weiß, daß sie diesen Bunker nie mehr verlassen wird. Diese Überzeugung erleichtert die »Buße« ungemein.

Die angelsächsischen, deutschen oder italienischen Methoden der Umdrehung eines Kriminellen stehen im Kreuzfeuer der Kritik. Insbesondere Strafrechtsexperten und Kriminologen gehören zu ihren erbittertsten Gegnern.

Der Kriminelle, der eine Herabsetzung seiner Strafe aushandelt – selten nur geht er vollständig straflos aus –, setzt das verfassungsmäßige Prinzip der Gleichheit aller Delinquenten vor dem Gesetz außer Kraft. Durch seinen Verrat entgeht er ganz oder teilweise der strafrechtlichen Verfolgung. Verbrechen gegen Personen oder Eigentum bleiben so ungesühnt.

In der angelsächsischen Rechtsprechung wird das »plea-bargaining« bei ausnahmslos allen Vergehen angewendet. Selbst Strafen für die abscheulichsten Verbrechen, die eine große Anzahl Opfer gefordert haben, sind mit den Staatsanwälten verhandelbar. Was moralisch schockierend und unter dem Aspekt der Prävention auch bedenklich ist.

Auch die deutschen Juristen machen gegen die Kronzeugenregelung Vorbehalte geltend: Ihrer Ansicht nach wird der Prozeß vor dem Schwurgericht dadurch zu einer Farce. Denn die wesentlichen Entscheidungen über die Art des Delikts und die dem Kriminellen auferlegte Strafe sind bereits gefallen, bevor die öffentlichen Zeugenanhörungen und Verhandlungen vor dem Gericht überhaupt beginnen.

Die heftigsten Diskussionen in der Öffentlichkeit löst jedoch zweifelsohne das Vorgehen der italienischen Richter aus. Zahlreiche Juristen behaupten, daß der »pentito« eine Gefahr für die öffentliche Sicherheit bildet. Warum? Weil jeder beliebige Mafioso – ob in Freiheit, als Angeklagter oder nach seiner Verurteilung – jederzeit in Kontakt zu einem Richter seiner Wahl treten kann. Im Gegenzug für das Versprechen von Straflosigkeit und Schutz (für ihn und seine Familie) kann er diesem Geheimnisse über Strukturen, Delikte und Führer offenbaren, deren anschließende Überprüfung extrem langwierig, schwierig und kompliziert ist.

Was für eine wunderbare Waffe aber ist die »Buße«, um eine konkurrierende »Familie« auszuschalten, einen Feind zu eliminieren oder persönliche Haß- und Rachegelüste zu befriedigen!

Emanuele Macaluso insbesondere greift die »Buße« als Institution an.[25] Beispielhaft führt er die in Palermo oder Perugia gegen Giulio Andreotti eingeleiteten Ermittlungen an. Ein reuiger Mafioso enthüllte dem Richter, er habe gesehen, wie der Premierminister Toto Riina, »der Bestie«, dem *capo dei capi* der sizilianischen Cosa Nostra, den Bruderkuß gegeben habe (das geheime Erkennungszeichen der Ehrenwerten Gesellschaft). Das war der Beginn von Andreottis Problemen…

Emanuele Macaluso ist nicht irgend jemand: Er wurde 1924 in Caltanissetta geboren, ist militanter Kommunist seit frühester Jugend und kämpfte sein Leben lang gegen die sizilianische Mafia. Als Regionalsekretär der PCI, Abgeordneter der Regionalversammlung und später Senator in Rom setzte er unzählige Male sein Leben und das seiner Familie aufs Spiel. Viele seiner Kameraden fielen den Kugeln der Mörder zum Opfer. Seine Kritik der »Buße« muß man ernst nehmen.

Macalusos Gegner heißt Pino Arlacchi. Sein Urteil fällt

absolut eindeutig aus: Ohne die »pentiti« gibt es keinen erfolgreichen Krieg gegen die Mafia. Arlacchis Argumente sind überzeugend.

Arlacchi hat ein bereits zum Klassiker avanciertes Buch über den »pentito« Antonio Calderone geschrieben. Calderone hatte tagelang an einem geheimen Ort und rund um die Uhr unter Polizeischutz mit Pino Arlacchi gesprochen.

Calderone war lange Jahre hindurch eine zentrale Gestalt des transkontinentalen organisierten Verbrechens gewesen. 1953 in Catania geboren, stand er mit seinem Bruder Pippo an der Spitze einer der mächtigsten Familien der Cosa Nostra. Von Anfang der sechziger bis Anfang der achtziger Jahre häufte er ein gigantisches kriminelles Vermögen an, gab unzählige Morde in Auftrag und schuf ein Schmuggler- und Erpressernetz auf beiden Seiten des Atlantik. Dann hatte die Machtergreifung der »Corleonesi«, der Familien aus der kleinen Stadt Corleone im Zentrum der Insel, zu Beginn der achtziger Jahre einen nie dagewesenen Mafiakrieg ausgelöst. Sein Bruder Pippo wurde ermordet. Antonio floh nach Frankreich. Dort wurde er verhaftet und nach Italien ausgeliefert. Antonio beschloß, mit der italienischen und französischen Justiz zusammenzuarbeiten. Dank seiner »Reue« war es möglich, gegen mehr als zweihundert Mafiosi Anklage zu erheben. Er lebt heute unter Bewachung mit einer neuen Identität außerhalb Italiens.[26]

Calogero Ganci, vierunddreißig Jahre alt, einer der grausamsten Killer im Dienste der Corleonesi, wurde 1996 zum »pentito«. Er gestand mehr als hundert Morde und ermöglichte die Aufklärung des Attentats, dem General Della Chiesa, der Präfekt von Palermo, zum Opfer gefallen war. Schon zuvor konnte die italienische Justiz dank der »Buße« Vincenzo Ferros, eines professionellen Killers und Sohn eines Mafiabosses aus Tràpani, einen schweren Schlag gegen die Cosa Nostra führen.

Arlacchis Argumente gewinnen zusätzliche Überzeugungskraft durch die schlichte Tatsache, daß die »pentiti« meist einen hohen Preis für ihre Buße zahlen. Die Mafia verzeiht niemals die Verletzung der »omertà«, des Gelübdes, das jeder »Ehrenmann« mit seinem Blut besiegelt und in dem er schwört, niemals und unter keinen Umständen irgendeine Information über sein Leben, seine Taten, die Führer seiner Organisation preiszugeben.

Dienstag, der 27. August 1996, war ein strahlender Nachmittag in Sizilien. Die Sonne schien auf Catania, die bedeutendste Industriestadt der Insel. Wie jeden Tag seit Monaten schon begab sich eine junge, ganz in Schwarz gekleidete Frau in Begleitung ihres Cousins und ihrer Cousine zum Grab ihres Mannes. Sie hieß Santa Puglisi und war die Witwe von Matteo Romano, einem »Ehrenmann« des Mafiaclans von Antonio Savasta. Romano war einige Monate zuvor von unbekannten Killern ermordet worden.

Die junge Frau kniet nieder, um am Rand des Grabs zu beten. Ebenso Salvatore Botta, ihr vierzehnjähriger Cousin, und ihre zwölfjährige Cousine. Da tauchen die Mörder auf. Mit einem Nackenschuß richten sie Santa Puglisi hin. Die beiden Kinder schreien, betteln um ihr Leben. Die Mörder drücken ab. Sie töten den Jungen. Das Mädchen überlebt mit schweren Verletzungen. Der Grund: Das Gerücht war umgegangen, Santa Puglisi hätte, empört über die Ermordung ihres Mannes, einen Richter aufsuchen wollen. So waren Romanos Mörder zurückgekommen, um den Rest der Familie zu exekutieren.

Tommaso Buscetta, der berühmteste »pentito« Italiens, der den amerikanischen, französischen, deutschen, Schweizer und italienischen Richtern unschätzbare Dienste erwiesen hatte, steht seit 1984 unter dem Schutz des amerikanischen »witness protection program« – ein seltenes Privileg für einen Ausländer. Doch auch das konnte nicht verhindern, daß mehr als 36 Mitglieder seiner Familie, darunter Frauen, Kinder und Jugendliche, in Europa ermordet wurden.

All diese Beispiele beweisen: In der Kontroverse zwischen Macaluso und Arlacchi hat Arlacchi recht, wie hoch auch immer der Preis für das dabei fließende Blut sein mag. Die Mafia fürchtet die »pentiti« wie die Pest.

Wir können also als vorläufige Schlußfolgerung feststellen: Das oberste Gesetz, das über das Leben der Bosse, »Ehrenmänner« und einfachen Soldaten der russischen, tschetschenischen, polnischen kriminellen Kartelle oder der italienischen, deutschen oder spanischen Mafiafamilien herrscht, ist das Geheimnis. Nur zwei Personen sind in der Lage, diese Mauer des Schweigens zu durchbrechen: der verdeckte Ermittler und der Deserteur.

Die Ausweitung des italienischen Systems der »pentiti« auf ganz Europa ist unerläßlich im Kampf, den die zivilisierte Gesellschaft gegen die Raubtiere des organisierten Verbrechens führt.

VIII. Die Anwälte

Die Anwälte spielen eine entscheidende Rolle im Drama vor Gericht. Ich bin selbst Anwalt, vereidigt vor der Anwaltskammer von Genf. Da ich mich schon sehr früh für eine Universitätslaufbahn entschieden habe, habe ich nur kurze Zeit vor Gericht plädiert. Aber seit meinen ersten Tagen vor Gericht läßt mich eine Frage nicht los: Wie kann ich meinen natürlichen Abscheu vor dem Verbrechen mit der Verpflichtung in Einklang bringen – die ich durch einen Eid auf mich genommen habe –, unter allen Umständen und nach bestem Wissen und Gewissen die Verteidigung eines jeden Angeklagten zu übernehmen, der meine Dienste in Anspruch nimmt?

In Fällen von organisiertem Verbrechen oder schwerer Korruption kommen die Angeklagten häufig in den Genuß erheblicher Vorteile. Da sie über außergewöhnliche finanzielle Mittel verfügen, können sie die Dienste der renommiertesten, brillantesten Anwälte für sich in Anspruch nehmen. Staatsanwalt und Verteidigung kämpfen dann mit ungleichen Waffen: Ein großer Anwalt kann einem bestimmten Fall unendlich mehr Mittel und Zeit widmen, als einem Staatsanwalt zur Verfügung stehen. Verloren in den Abgründen einer Akte von oft kafkaesken Dimensionen verliert sich der Staatsanwalt, erschöpft sich – und wird geschlagen.

Nehmen wir ein Beispiel: den Zusammenbruch der SASEA. Die SASEA ist eine internationale Holdinggesellschaft mit Sitz in Genf. Sie kontrolliert 346 Finanz-, Handels-, Dienstleistungs- und Industriegesellschaften in 35 Ländern. Darunter so bedeutende Firmen wie die Filmproduktionsgesellschaft Metro-Goldwyn-Mayer in Hollywood. Ihr Verwaltungsratsdelegierter und eigentlicher Chef ist eine zwielichtige Gestalt aus Italien, Florio Fiorini. Der »Geschäftsmann« verfügt über immenses Kapital, dessen Ursprung häufig im dunkeln liegt. Er ist höchst intelligent, lebenslustig, korpulent und elegant und eine hochangesehene Person auf dem Finanzplatz Genf. Sein Komplize ist Giancarlo Paretti, vormals Kellner in einem italienischen Restaurant, später Präsident der Metro-Goldwyn-Mayer. Die französische Staatsbank Crédit Lyonnais gewährt den beiden Kredite in Milliarden-Dollar-Höhe. Fiorini ist ein sympathischer Mensch mit einer großen Begabung zur Herstellung nützlicher Beziehungen: Unter seinen Verwaltungsräten figurieren ein ehemaliger Präsident der Eidgenossenschaft und prestigereiche Privatbankiers; als Generaldirektor amtiert unter anderem ein ehemaliger französischer Fallschirmjäger. Die Aktivitäten der SASEA sind fast uferlos: Sie reichen vom Export verdorbenen Fleisches nach Afrika (insbesondere Gabun) über eine Zahl von legalen und weniger legalen Finanzspekulationen.

Am 20. Oktober 1992 verhaftet die Genfer Polizei den italienischen Condottiere. Sein Reich stürzt zusammen. Die Großbank Crédit Lyonnais und viele andere Geldgeber werden in ihren Fundamenten erschüttert. Die Genfer Behörden verhängen den Konkurs am 30. Oktober desselben Jahres.

Der Verlust ist gewaltig: über vier Milliarden Schweizer Franken, der größte Konkurs, den die Eidgenossenschaft je erlebt hat (und einer der größten der europäischen Geschichte). Fiorini bleibt guten Mutes. In seiner Zelle des Genfer Untersuchungsgefängnisses Champ Dollon erwartet er ruhig und getrost seinen Prozeß.

Der Prozeß beginnt an einem heißen Junimorgen 1995 im Genfer Justizpalast. Das Gerichtsdrama vereinigt eine Zahl berühmter Akteure: den Präsidenten der Genfer Anwaltskammer, Marc Bonnant, für die Verteidigung; Professor Dominique Poncet für den Zivilkläger Crédit Lyonnais; Maurice Harari und Dominique Lévy für die Konkursmasse; Staatsanwalt Laurent Kasper-Ansermet schließlich vertritt die Anklage.

Kehren wir zur Untersuchung zurück: Untersuchungsrichter Jean-Louis Crochet leitet die Ermittlungen über die Machenschaften von Fiorini und sechs seiner Mitangeklagten mit großer Energie. Während vier Jahren bringt er 1086 Stunden mit Zeugenvernehmungen zu, verfaßt 41 Urteile und schreibt 18 Ersuchen für internationale Rechtshilfe. Die gesamte Untersuchung kostet zwei Millionen Schweizer Franken. Sie füllt 650 dicke Aktenordner. Allein die angeforderten Gutachten umfassen 75 davon.

Die Akte enthält 200000 Beweismittel. Hinzu kommen

400 Untersuchungsprotokolle, die Tausende und Abertausende von Seiten füllen.[27]

Vom ersten Tag der richterlichen Untersuchungen an wohnten Fiorinis Anwälte jeder Vernehmung bei. Vier Jahre lang verfolgten sie den Fall Tag für Tag.

Nach Abschluß der Ermittlungen übergibt Untersuchungsrichter Crochet die Akte an die Staatsanwaltschaft. Der Staatsanwalt versucht, sich mit dem Aktenberg vertraut zu machen. Später kommen die Richter an die Reihe. Sie bemühen sich, sich innerhalb einer beschränkten Zeitspanne diese Tausende von Beweisstücken anzueignen. Während die Anwälte der Verteidigung – ich wiederhole – den ganzen Fall vom ersten bis zum letzten Tag verfolgt haben.

Im Juni 1995 wird Fiorini wegen Urkundenfälschung und anderen Delikten zu sechs Jahren Gefängnis verurteilt. Seine Untersuchungshaft wird ihm angerechnet. Im Oktober desselben Jahres verläßt er das Gefängnis von Champ Dollon. Frei wie ein Vogel und (wahrscheinlich) immer noch reich wie Krösus ... Er zieht sich in seine Villa in Montepulciano (Toskana) zurück.

Der ganze Prozeß hatte weniger als achtundvierzig Stunden gedauert.

Marc Bonnant ist nicht nur ein außerordentlich talentierter und hochgebildeter Mann, sondern auch ein Intellektueller, der den Sinn seines Auftrags fortwährend reflektiert. Seine Überzeugung läßt sich in wenigen Sätzen zusammenfassen: Der Anwalt der Verteidigung spielt seine Rolle in einem globaleren Drama. Er ist nur einer der Akteure auf der Bühne. Es ist Aufgabe der anderen, ihren Auftrag mit der gleichen Energie, der gleichen Entschlossenheit zu erfüllen wie der Anwalt des Beschuldigten: Die gerichtliche Wahrheit entspringt der subtilen Dialektik, in der die Verteidiger des Angeklagten, die Nebenkläger und der Staatsanwalt als Gegenspieler einander gegenüberstehen. Man kann einem Verteidiger keinen Vorwurf daraus machen, daß er seiner Arbeit mit Sorgfalt, Eifer und Intelligenz nachgeht. Marc Bonnant hat selbstverständlich recht.

Es gibt ein probates Mittel, um das verfahrensrechtliche Ungleichgewicht zu beheben, das sich aus dem Aufeinandertreffen von brillanten Verteidigern des Kriminellen einerseits und den Bemühungen der Staatsanwaltschaft andererseits ergibt: Die Personalunion zwischen dem Untersuchungsrichter und dem Staatsanwalt. Diese Personalunion ist bereits Realität in den angelsächsischen Ländern, in Italien und Deutschland. Sie existiert nicht in den meisten Schweizer Kantonen und in Frankreich.

Aber in all diesen Ländern müssen die Mittel, die Untersuchungsrichtern und Staatsanwaltschaft zur Verfügung stehen, schnellstmöglich und massiv verstärkt werden. Das Personal muß aufgestockt und mit leistungsfähigen elektronischen Geräten ausgerüstet werden; die Richter müssen in die Lage versetzt werden, kooperationswilligen Kriminellen einen effektiven Schutz zu garantieren; bis jetzt existiert in Europa kein effizientes »witness protection program« nach amerikanischer Art. Die Richter müssen Zugang zu Bank- und Versicherungsunterlagen erhalten und in Hinblick auf eine effektive Auswertung Buchhaltungs- und Finanzexperten hinzuziehen können. All das kostet viel Geld … und setzt einen Willen zum Kampf seitens der Regierung voraus.

Mit den armseligen Waffen, die heute zu ihrer Verfügung stehen, steuern Richter und Staatsanwälte direkt auf eine Niederlage zu.

IX. Die Hydra

Wo liegt die Gefahr, die uns heute bedroht, die unsere Zivilisation, unsere Demokratie, die Freiheit der Menschen zu zerstören sucht? Welche Maske trägt der Feind?

Eckhart Werthebach, bis 1997 Präsident des Bundesamtes für Verfassungsschutz, gibt Antwort:

>»Auf solche Weise [durch die unaufhaltsame Einflußnahme der finanzmächtigen Verbrecherkartelle auf den demokratischen Entscheidungsprozeß] schwinden [...] die Unabhängigkeit der Justiz, die Gesetzmäßigkeit der Verwaltung sowie die Glaubwürdigkeit der Politik, das Vertrauen in unsere Werteordnung und schließlich in die Schutzfunktion unseres Rechtsstaates. Dieser Vertrauensverlust ist auch bezweckt: Es kommt zu einem Staat, der von der organisierten Kriminalität unterwandert, ja gesteuert ist. Letztlich werden dann Verfilzung und Korruption als etablierte Erscheinungsformen Akzeptanz in unserer Gesellschaft finden: Das Ergebnis ist die ›Institutionalisierung des organisierten Verbrechens‹. Der Staat kann bei einem Fortschreiten der Entwicklung dem Bürger nicht mehr die von der Verfassung zugesicherten Freiheits- und Gleichheitsrechte gewährleisten. Übrig bleibt am Ende eine wertlose Hülle ›demokratischer Rechtsstaat‹. Damit stellt sich die organisierte Kriminalität in ihren Auswirkungen als eine Erscheinung dar, die die Grundwerte unserer Verfassung ganz oder teilweise außer Kraft setzt oder zumindest unmittelbar oder mittelbar darauf gerichtet ist.«[28]

Ich teile die pessimistische Sicht von Eckhart Werthebach. Grundlegende Gesetzesreformen sind dringlich. Überall in Europa, gerade in Deutschland, ist das Eigentum immer noch eine heilige Kuh. Bank- und Steuergeheimnisse haben einen viel zu hohen Stellenwert. Nur wer die Geldwäsche und die Korruption effizient bekämpft, kann dem unaufhaltsamen Eindringen der organisierten Kriminalität in unsere demokratischen Institutionen Einhalt gebieten.

Die Geldwäsche: Bei finanziellen Großtransaktionen (zum Beispiel ab 50000 DM) ist die Umkehrung der Beweislast geboten. Der legale Ursprung eines großen Vermögens muß von einem, der der Zugehörigkeit zu einem Verbrecherkartell verdächtig ist, selbst nachgewiesen werden. Zwar könnte dies zu der Konsequenz führen, daß ein Angeklagter »in dubio pro reo« freigesprochen, sein Vermögen aber durch dasselbe Urteil »in dubio contra reum« eingezogen wird. Ohne eine solche Regelung wird aber die Abschöpfung illegaler Gewinne de facto illusorisch bleiben. Um verfassungsrechtliche Bedenken (Schutz des Eigentums, evtl. Unschuldsvermutung) abzuschwächen, sollte man den Anteil des nicht zufriedenstellend erklärten Vermögens, der eingezogen wird, auf 50 bis 70 Prozent beschränken.

Wichtig erscheint mir zudem auch die Intensivierung des Kampfes gegen die Korruption, zum Beispiel durch die Einführung der Strafbarkeit der Korruption auch ausländischer Beamter, wie dies das Antikorruptionsabkommen der Organisation für wirtschaftliche Zusammenarbeit und Entwicklung (OECD) vom Dezember 1997 vorsieht, eine Strafrahmenerhöhung bei Korruption im öffentlichen Dienst und in der freien Wirtschaft sowie verstärkte Prävention durch Einsatz mobiler Prüfgruppen, bessere Kooperation zwischen Rechnungsprüfungsämtern und der Polizei, Sperrung korrumpierender Firmen von öffentlichen Aufträgen, Verbot von Nebentätigkeiten etc.

Das organisierte Verbrechen ähnelt einer Hydra, dem Ungeheuer – eine mehrköpfige Schlange – aus der griechischen

Mythologie: Kaum schlägt man einen Kopf ab, wachsen schon zwei neue nach. Um das organisierte Verbrechen endgültig zu bezwingen, muß man die gleichen Mittel einsetzen wie Herakles und Iolas im Kampf gegen die Hydra von Lerna. Während Herakles die Köpfe abschnitt, stieß Iolas in die offenen Wunden bis zur Weißglut erhitztes Eisen. Anders gesagt: Das organisierte Verbrechen wird erst dann besiegt werden, wenn sich die demokratische Gesellschaft wieder zu ihren grundlegenden Werten, zur Wahrnehmung ihres Schicksals als kollektiver Bestimmung und zu gemeinsamen, von Solidarität und Gerechtigkeit bestimmten Verhaltensweisen zurückfindet.

Wenn das kollektive Gewissen nicht die Stimme erhebt und die öffentlichen Institutionen nicht endlich zum Kampf rüsten, werden wir in Europa die Zerstörung der demokratischen Gesellschaft erleben.

Kein Gesetz, keine Polizei und kein Gericht, wie tatkräftig und fähig sie auch sein mögen, kann jemals die freie Entschlußkraft der Bürger ersetzen. Weder die Cybercodes des Internet noch der große elektronische Lauschangriff, nicht einmal die verdeckten Ermittler und »pentiti« werden die Hydra besiegen können, wenn sie nicht die Rückendeckung und Unterstützung einer Bevölkerung haben, die sich der drohenden Gefahren bewußt ist.

Die Bojaren des Verbrechens schreiten triumphierend voran. Wie können wir ihnen Einhalt gebieten? Indem wir die Werte, die in den Tiefen unserer Erinnerung verschüttet sind, wieder zum Leben erwecken.

Die spektakulärsten Verhaftungen, die strengsten Urteile, die fundiertesten Gesetze fruchten nicht das geringste, wenn wir nicht zu einem Verzicht auf den Profit um jeden Preis, zu einer radikalen Veränderung unserer Mentalitäten bereit sind.

Zur immanenten Logik des Kapitalismus gehört seit jeher die Unterdrückung und Ausbeutung der Mehrheit der Menschen durch kleine, mächtige Gruppen. In Westeuropa (vom Osten unseres Kontinents ganz zu schweigen) vermischt sich die kapitalistische Gewalt immer deutlicher mit der kriminellen. Wer gegen die erste antritt, bekämpft gleichzeitig die andere. Die Verstärkung der Volksrechte, die öffentliche Kontrolle über die Regierenden und vor allem eine rasche, gründliche Demokratisierung der Wirtschaft sind effiziente Waffen im Kampf gegen die Hydra.

Zweifellos besteht zwischen der Immunschwäche einer Gesellschaft gegenüber dem organisierten Verbrechen und dem Grad an Demokratie, den diese Gesellschaft erreicht hat, ein Zusammenhang.

Neoliberale Ideologie und Praxis berauben die Gesellschaft ihrer Antikörper. Sie schwächen zunehmend die Demokratie und alle herkömmlichen Abwehrkräfte, die diese mobilisieren könnte.

In François Julliens[29] Buch *Fonder la morale* habe ich eine perfekte theoretische Analogie für das hier erörterte Problem gefunden. Jullien vergleicht die Grundkonzepte der Moral bei Rousseau und Kant mit der chinesischen Tradition, die auf Mencius im vierten vorchristlichen Jahrhundert zurückgeht. Darin wird der Mensch als gut und von natürlicher Solidarität, Mitleid und Mitgefühl erfüllt gesehen. Aber wie bei einer Pflanze, die zu ihrer Entfaltung eine wachstumsfördernde Umgebung braucht – Wärme, Licht, Wasser –, verkümmern auch die moralischen Tugenden des Menschen ohne günstige Umweltbedingungen, oder sie sterben ganz ab.

Selten zuvor waren jedoch die allgemeinen Lebensbedingungen – theoretisch wie praktisch – einer Entfaltung der Moral so abträglich wie in den Zeiten der wirtschaftlichen

Globalisierung und unter der Herrschaft der neoliberalen Ideologie.

Was also droht uns heute? Ein Zivilisationsbruch. Nicht mehr und nicht weniger. Oder, um es mit dem Propheten von Königsberg zu sagen: »Mit Riesenschritten nähern wir uns der Abbruchkante der Zeit.« Die neoliberale Ideologie bläst unter dem pausenlosen, ohrenbetäubenden Dröhnen der Medien zum Angriff auf das Herzstück unseres kulturellen Erbes: die Aufklärung.

Wenn wir dem Menschen jede Einflußmöglichkeit auf sein eigenes Schicksal absprechen, wenn wir die Ökonomie zum Naturgesetz erheben, das Recht und jedes kollektive, vernunftgeleitete, aus freiem Entschluß realisierte Unternehmen diffamieren, dann geben wir all jene Werte dem Untergang preis, die den Europäern – trotz Weltkriegen und Auschwitz – seit zweihundert Jahren ein zivilisiertes, relativ freies und demokratisches Leben ermöglicht haben.

Aus der Macht ohne Verantwortung, aus der Verachtung des Gesetzes droht das radikal Böse zu entstehen.

Das organisierte Verbrechen ist das höchste Stadium und die Essenz des Kapitalismus selbst. Wo die totalitär gewordene Warenrationalität und die neoliberale Verblendung wüten, sind das Gemeinwohl, der Staat, das Gesetz in höchster Gefahr. Die demokratische Gesellschaft wird ihrer Immunkräfte beraubt.

Aber noch leben die Völker. Noch gibt es Menschen, die träumen und kämpfen, die ihre Existenz nicht passiv erleiden, sondern kollektiv erobern wollen – in Freiheit, Gerechtigkeit und in soviel Brüderlichkeit wie möglich.

Diese Menschen sind das Salz der Erde, die Hoffnung der Völker. Keine Agonie und kein Mafiafürst werden sie je ihrer Stimme berauben.

Aus der Diskussion erwächst Wissen, aus Wissen Freiheit. Aus Freiheit Widerstand.

Bertolt Brecht beschreibt diese Hoffnung:

> Es kommt der Tag, da wird sich wenden
> Das Blatt für uns, er ist nicht fern.
> Da werden wir, das Volk, beenden
> Den großen Krieg der großen Herrn.
> Die Händler, mit all ihren Bütteln
> Und ihrem Kriegs- und Totentanz
> Sie wird auf ewig von sich schütteln
> Die neue Welt des g'meinen Manns.
>
> Es wird der Tag, doch wann er wird
> Hängt ab von mein und deinem Tun
> Drum wer mit uns noch nicht marschiert
> Der mach' sich auf die Socken nun.[30]

Die Gangster-Patrioten

I.

Zu den schlimmsten Barbaren gehören Staatschefs und Politiker, die – obschon sie in ihrem Land die Legalität verkörpern – tagtäglich zahlreiche Verbrechen begehen. Ihre kriminelle Energie steht jener der Herren der internationalen Kartelle der organisierten Kriminalität in keiner Weise nach. Auf eigene Rechnung oder auf jene ihres Klans plündern sie die Wirtschaft ihres Landes. Sie morden, foltern, erpressen und erwerben gewaltige Vermögen, welche meist auf diskreten Konten in Europa, häufig in der Schweiz, landen.

Diese Delinquenten – Staatsoberhäupter, Führer politischer Parteien und Bewegungen, Regierungschefs, Generäle oder Minister – genießen internationales Prestige, werden geehrt und umworben von Journalisten, Diplomaten und Bankern. Sie sitzen in der Generalversammlung der Vereinten Nationen, halten Reden an die Welt, führen Verhandlungen und schließen internationale Verträge ab. Wo immer sie gehen, genießen sie die Privilegien und den Schutz, die ihnen dank ihrer offiziellen Position im Heimatstaat zustehen.

Sie sind an der Macht dank allgemeiner Wahlen oder, häufiger, dank eines Staatsstreiches oder eines siegreichen Krieges. Im Land, das sie beherrschen, verfügen sie meist über die gesamte politische, militärische, ideologische und finanzielle Macht.

Die gemeingefährlichen Delinquenten, die im Gewand eines Staats- oder Regierungschefs daherkommen, sind zahlreich. Aus Gegenwart und jüngster Vergangenheit seien erwähnt: Slobodan Milosevic, Jonas Savimbi, Charles Taylor, Saddam Hussein, Ferdinand Marcos, Josef Désiré Mobutu, Sani Abacha, Guarastazu Medicis, Nicolae Ceaucescu, Rios Mont, Enver Hoxha, Manuel Antonio Noriega, Jorge Rafael Videla, Augusto Pinochet, Kim Jong Il, Amin Dada, Pol Pot etc.

Einige von ihnen – Saddam Hussein, Milosevic, Kim Jong Il, Taylor u. a. – sind heute noch an der Macht. Andere sind von ihren Völkern verjagt oder vom nordamerikanischen Vormund abgesetzt worden. Ihre Methoden der kriminellen Akkumulation von Kapital sind identisch mit jenen der international tätigen Mafiafürsten, deren Wirken in diesem Buch beschrieben wird.

Allesamt sind sie Missetäter in einem doppelten Sinn: einmal durch die strafrechtlich relevanten Verbrechen – Mord, Totschlag, Folter, Erpressung –, die sie begehen oder anordnen. Zum andern durch die Verletzung des Völkerrechts, welche die Plünderung von nationalen Ressourcen darstellt.

Im März 1991 faßte die Menschenrechtskommission der Vereinten Nationen einen wichtigen Beschluß: Veruntreuung und Verschiebung von staatseigenen Vermögenswerten ins Ausland gelten hinfort als Verstoß gegen die Menschenrechte. Wer als nationaler Mandatsträger die Volkswirtschaft eines Mitgliedstaates der Vereinten Nationen zu eigenem Nutzen schädigt, verletzt das Völkerrecht.[1]

Was die bisher gültige Immunität von kriminellen Staats- und Regierungschefs angeht, sind in jüngster Zeit ebenfalls wesentliche Fortschritte erzielt worden. Sowohl hinsichtlich des Rechtsbewußtseins der Weltöffentlichkeit als auch in bezug auf die Rechtspraxis der demokratischen Staaten sind wichtige Änderungen eingetreten. Ich gebe einige Beispiele: Auf Grund eines internationalen, von der spanischen Justiz erwirkten Haftbefehls wurde der ehemalige chilenische Diktator und gegenwärtige Senator auf Lebenszeit, General Augusto Pinochet, in der Nacht vom 16. auf den 17. Oktober 1998 in London verhaftet.

1993 schufen die Vereinten Nationen ein internationales Strafgericht mit Sitz in Den Haag, welches die Verantwortlichen für die in Ex-Jugoslawien begangenen Massaker, Morde, Vergewaltigungen und Folterdelikte zur Rechenschaft zieht. Ein anderes Ad-hoc-Gericht wurde 1994 in Arusha eingesetzt: Ihm obliegt die Strafverfolgung der ehemaligen Mandatsträger der Diktatur des Generals Habyarimana, die zwischen April und Juni 1994 in Ruanda eine Million Frauen, Kinder und Männer des Tutsi-Volkes und der oppositionellen Hutu-Familien ermordet hatten.

Für beide Gerichte ernannte der Sicherheitsrat einen öffentlichen Ankläger. Die kanadische Juristin Louise Harbour, die das Amt gegenwärtig ausübt, verfügt über 350 Mitarbeiterinnen und Mitarbeiter und ein Budget von 100 Millionen Dollar. Sie arbeitet in totaler Unabhängigkeit. Die zur Verhaftung ausgeschriebenen Verdächtigen werden entweder von den nationalen Polizeibehörden der UNO-Mitgliederstaaten oder – was die gesuchten Delinquenten in Ex-Jugoslawien angeht – von den dort stationierten Nato-Truppen festgenommen.

Beide Gerichte verfügen über eigene Gefängnisse: das Ruanda-Tribunal über einen Kerker in Arusha (Tansania), das für Serben, Kroaten und Bosnier zuständige Gericht über ein Gefängnis in Scheveningen. Beiden Ad-hoc-Tribunalen ist ein gemeinsamer Appellations-Gerichtshof übergeordnet. Er umfaßt sechs Richterinnen und Richter. Sein Sitz ist Den Haag.

Vor keinem der beiden Ad-hoc-Tribunale sind Zivilkläger zugelassen. Die Familien der Opfer können somit keine Entschädigung erwirken.

Beide Strafgerichte gelten als Spezialgerichte mit regional und zeitlich begrenzter Kompetenz. Beide sollen abgelöst werden von einem Internationalen Strafgerichtshof mit weltweiter, zeitlich unbegrenzter Autorität.

Dieser geplante Internationale Gerichtshof hat eine lange Geschichte. Am 9. Dezember 1948 akzeptiert die UNO-Generalversammlung die internationale Konvention zur Verhütung und Ahndung von Völkermorden. Artikel 6 der Konvention bestimmt: »Sämtliche Genozid-Delikte werden von einem Internationalen Strafgerichtshof beurteilt, dessen Kompetenz sich auf das Territorium aller jener Staaten erstreckt, welche die Konvention unterzeichnet und damit die Jurisdiktion des Gerichtshofes anerkannt haben.«

Dieser Strafgerichtshof wurde nie geschaffen.

Die Genozid-Konvention wurde von fast allen Staaten ratifiziert, Artikel 6 jedoch blieb ein leeres Versprechen.

Seit 1948 sind in Kambodscha (1975–1978) über zwei Millionen Menschen von den Mörderbanden der Roten Khmer hingemetzelt geworden. In Ruanda starben 1994 in drei Monaten eine Million Opfer. Hunderttausende friedfertiger Menschen wurden in Sierra Leone, im Tschad, in Ost-Timor, im Sudan, in Liberia, in Somalia, im Kongo ermordet. In den Folterkellern von Chile, China, Indonesien, Kolumbien, Peru, Nordkorea sind Tausende von Gefangenen elend zu Tode gekommen. Hochkriminelle Figuren haben ihr Volk gequält und vernichtet.

Generalsekretär Kofi Annan versucht, die Untätigkeit der Vereinten Nationen zu erklären: »Viele unter uns glaubten, daß die Schrecken des Zweiten Weltkrieges – die Todeslager, die Massenvernichtung, der Holocaust – sich nie mehr wiederholen würden ... Aber die Geschichte hat uns gelehrt, daß die Fähigkeit des Menschen, Böses zu tun, keine Grenzen kennt.«

Vom 15. Juni bis zum 18. Juli 1998 versammelten sich in Rom die Abgesandten der Mitgliedsstaaten der Vereinten Nationen. Sie beschlossen – endlich! – das Statut des Internationalen Strafgerichtshofes. Dieses Statut erhält die Form eines multilateralen Staatsvertrages, welcher von sämtlichen Mitgliedsstaaten der UNO ratifiziert werden soll. Der Gerichtshof erhält eine eigene Staatsanwaltschaft.

Der Gerichtshof ist permanent und kennt weder regionale noch zeitliche Beschränkungen. Wer irgendwo auf der Welt im Rahmen welchen Konfliktes auch immer die Delikte des Genozids, Verbrechen gegen das Kriegsrecht oder gegen die Genfer Konventionen, das Delikt der Aggression oder Anschläge auf das UNO-Personal oder assoziiertes Personal verübt, wird zur Verhaftung ausgeschrieben und dem Gerichtshof vorgeführt. Drei verschiedene Instanzen können sich an den Gerichtshof wenden: der einstimmige Sicherheitsrat, der permanente öffentliche Ankläger des Gerichtshofes oder die Regierung eines jeden Unterzeichnerstaates.[2]

In Rom schloß Kofi Annan seine Eröffnungsrede mit den Worten: »Wer bislang einen einzigen Menschen zu Tode brachte, riskierte mehr als einer, der Hunderttausende ermordete.«[3]

Das wird sich nun ändern.

Das Ende der Immunität für kriminelle Staatschefs, Foltergeneräle und des Völkermordes schuldige Kriegsherren steht kurz bevor. Sobald die ersten 25 Signatarstaaten den

Vertrag von Rom ratifiziert haben, nimmt der Internationale Strafgerichtshof seine Arbeit auf.

II.

Eine andere interessante Spielart der organisierten Kriminalität entwickelt sich auf dem Balkan, insbesondere in Serbien: Gemeine Wegelagerer verwandeln sich in Nationalhelden. Aus Gangstern werden Staatsmänner. Eine Verkehrung, an der Bertolt Brecht ironisch Gefallen gefunden hätte.

Samstag, 8. Juli 1995: Ein heißer Morgen unter blauem Himmel. Ein weißes Fahrzeug mit der Flagge des Internationalen Komitees des Roten Kreuzes (IKRK) nähert sich den serbischen Absperrungen, die die bosnische Enklave Srebrenica umgeben. In der Stadt, im Tal und einigen Weilern leben mehr als 30 000 ausgehungerte, verängstigte Menschen, meist Muslime. Srebrenica ist eine der sechs »Sicherheitszonen«, deren Unverletzbarkeit durch einen Beschluß des Sicherheitsrats garantiert ist.

An der Grenze der Enklave wird der Landrover angehalten: Der serbische Offizier verweigert die Durchfahrt.

In Tuzla, dem Sitz der Unterdelegation des IKRK, erfährt Agnès Badji-Page, daß Srebrenica unter schwerem Beschuß steht. Sie alarmiert Pale. Eine Delegation des IKRK wird in die Hauptstadt der bosnischen Serben entsandt. Sandro Baranca, der junge Delegationsleiter, fordert ein ums andere Mal freien Zugang nach Srebrenica. Er drängt die Behörden. Seine Forderungen stoßen auf Ablehnung.

Unter den IKRK-Delegierten in der Enklave bricht Panik aus: Über Funk melden sie, daß die serbischen Verbände vorrücken. 450 holländische Blauhelme sind in Portocari, einem Dorf am Ostrand der Enklave, stationiert. Oberst Tom Karremans, Bataillonskommandeur, verlangt Luftangriffe, wie in den Direktiven der UNO vorgesehen – auf die vorrückenden Panzerkolonnen. Das Hauptquartier der Blauhelme in Zagreb weigert sich.

In der Nacht von Samstag auf Sonntag hält der bosnische Präsident Alija Izetbegowic von Sarajewo aus eine Radioansprache. Er fleht den Westen um Hilfe an und prophezeit bevorstehende Massaker.

Durch einen seltsamen Zufall sind die hochrangigsten Vertreter der UNO an diesem Wochenende in Genf zu einer Konferenz zusammengekommen, um über Ex-Jugoslawien zu beraten. Izetbegowic ruft in Lignon an, einem Vorort von Genf. Luisa Ballin, eine italienische Pressekorrespondentin, die mit den Bosniern sympathisiert und im Palais des Nations akkreditiert ist, nimmt den Anruf entgegen. Izetbegowic bittet sie, ihm zu sagen, in welchen Hotels die UNO-Vertreter schlafen. Einer nach dem anderen werden Butros Butros Ghali, General Bernard Janvier, der Kommandeur der Blauhelme in Bosnien, der Japaner Yasushi Akashi, Vertreter des Generalsekretärs für Ex-Jugoslawien, und Kofi Annan, der für die Blauhelme verantwortliche Untersekretär der UNO, aus dem Schlaf gerissen. Sie lehnen ab. Es wird keine Bombardierung geben. Niemand wird den Angreifern Einhalt gebieten.

Srebrenica fällt am Dienstag, dem 11. Juli, um 11 Uhr 15. Ein Großteil der Bevölkerung hat bei den Blauhelmen im Dorf Portocari Zuflucht gesucht.

General Ratko Mladic trifft ein, läßt alle Männer zwischen 15 und 70 von ihren Familien trennen. Die Frauen, die Alten, die Kinder – 20 000 insgesamt – werden mit Bussen in Richtung bosnische Grenze evakuiert. Die männlichen Gefangenen werden größtenteils auf Lastwägen verladen und zu ihrem Hinrichtungsort, ins serbische Konzentrationslager Karakaj, gebracht. Einige Stunden vor dem Fall hatten sich mehrere tausend Männer in die Wälder geflüchtet. Sie versuchen nun, zu Fuß die Berge zu durchqueren. In mehreren Kolonnen – später wird man sie als »Todeskolonnen« bezeichnen – versuchen sie sich nach Sapna und später Tuzla durchzuschlagen. Dazu müssen sie 60 Kilometer serbisches Gebiet durchqueren.

Die Serben haben sich in der Nähe von Nova Kasaba auf die Lauer gelegt. Die verstörten, ausgehungerten, taumelnden Flüchtlinge werden mit Maschinengewehrsalven niedergemäht, sterben im Artilleriefeuer, werden von Minen zerrissen. Manche begehen Selbstmord mit dem Messer oder bitten einen Kameraden, sie zu töten.

Unzählige Augenzeugenberichte werden von den Ermittlern der UNO überprüft und der Weltöffentlichkeit unterbreitet: Ein Jugendlicher wurde an einen Baum genagelt, ein serbischer Offizier riß ihm die Leber heraus und zwang seinen Großvater, sie zu essen. Hunderten von Gefangenen werden die Augen ausgerissen, die Zungen abgeschnitten, bevor sie niedergemetzelt werden.

Die erfinderischsten unter den Folterknechten tragen eine schwarze Uniform und ein weißes T-Shirt. Es sind die »Tiger« von Zeljko Raznatovic, genannt »Arkan«.

Arkan ist der Gründer und unangefochtene Chef der »Partei der Serbischen Einheit«. Ein gedrungener, bleicher Mann mit schwarzen Haaren und harten Gesichtszügen. Sein Ziel ist die Wiederherstellung eines großserbischen Reichs. Er unterhält seine eigene Armee, die sich hauptsächlich aus der Belgrader Unterwelt und der serbischen Diaspora in Europa zusammensetzt: die berühmt-berüchtigten »Tiger«. Gleich zu Beginn des Balkankriegs haben die Tiger sich bei der Eroberung Vukovars hervorgetan. Seitdem verheeren sie Bosnien. Sie massakrieren die Bewohner der eroberten Dörfer, plündern systematisch das Land und schaffen die Beute anschließend nach Belgrad. Arkan ist heute ein Dollarmultimillionär und lebt, gefeiert von den Belgrader Medien, wie ein Krösus. Das Hauptquartier der Tiger befindet sich in einem luxuriösen Gebäude in der Nähe des Hauptbahnhofs in der serbischen Hauptstadt.

Arkan ist ein Ideologe aus Leidenschaft, der mit Grobgestricktem hausieren geht. Seinen Tigern befahl er kurz vor dem Angriff auf Srebrenica: »Wir werden allen Feinden Serbiens die Augen ausstechen.«

In einem Interview sagte er gegenüber einem Journalisten in Belgrad: »Präsident Milosevic hat mich wachgerüttelt. Meine Schule war der Asphalt der Straßen. Ich verabscheue die Intellektuellen. Ich liebe mein Volk, denn es hat ein weites Herz.«

Als Vater von vier Kindern liebt es Arkan, sich mit seiner Familie fotografieren zu lassen. Ein wahres Beispiel für das Volk. Arkan liebt auch den Sport: Er ist Präsident des Fanclubs der berühmten Belgrader Fußballmannschaft »Roter Stern«. Seine Wahlkämpfe führt er überaus professionell. Auf amerikanische Art. Mit Massenveranstaltungen, Millionen Dollar teuren Fernsehspots. Seine Basis bilden die ultranationalistischen Serben des Kosovo. Bei den allgemeinen Wahlen im Dezember 1992 wurde er mit vier seiner Adjutanten zum Abgeordneten gewählt. Bis 1995 unterstützte er bedingungslos Präsident Milosevic im Belgrader Parlament.

Arkan ist ein gefeierter Nationalheld: Nachdem seine Tiger im Herbst 1991 die kroatische Bevölkerung von Vapska in Ostslawonien massakriert hatten, wurde die Stadt offiziell von Milosevic in Arkanowa umbenannt.[4]

Arkan wurde am 17. April 1952 in Brezice, einem slowenischen Dorf im Nordwesten Zagrebs, geboren und verlebte eine unruhige Kindheit. Sein Vater war Partisan in Titos Armee gewesen und später Offizier der jugoslawischen Luftwaffe.

Zum ersten Mal stand er als Dreizehnjähriger vor einem Jugendgericht, von dem er in eine Erziehungsanstalt eingewiesen wurde. Nach einer gescheiterten Heimerziehung wird er mit zwanzig erneut wegen Diebstahls verurteilt. Er flieht ins Ausland und widmet sich von nun an einträglicheren Geschäften: bewaffnete Raubüberfälle, Morde, Erpressung. Die Strafen hageln nur so auf ihn herab – im allgemeinen werden sie in seiner Abwesenheit verhängt: zehn Jahre Gefängnis durch ein Gericht in Brüssel, 1980 sieben Jahre durch ein Amsterdamer Gericht. Interpol sucht ihn wegen eines bewaffneten Raubüberfalls mit internationalem Haftbefehl. 1993 sucht ihn das Gericht in Hanau (Hessen) wegen Drogenhandels. In der Schweiz wird nach ihm gefahndet.[5]

Arkan ist einer der elegantesten Männer Belgrads. Er hat kurzgeschnittene Haare, trägt dezenten Schmuck. Sein jugendlicher Charme öffnet ihm die Herzen aller. In seiner bis obenhin mit Kriegsbeute vollgestopften Belgrader Villa empfängt er Belgrads Crème de la Crème. Seine Großzügigkeit ist legendär. Die Straßen, die zu seiner Villa führen, werden – ganz offiziell – von seinen Leibwächtern abgeriegelt. Nur Bittsteller dürfen passieren.

Arkan tritt häufig im Fernsehen auf: Er ist ein hofierter Politiker. Der zum Nationalheld mutierte Verbrecher ist redegewandt und verbreitet einen handfesten Zynismus. Seine kriminelle Vergangenheit in Westeuropa? Alberner Kleinkram! Er war ein bezahlter Agent, eine Art Balkan-James-Bond, im Dienste des Innenministeriums der Föderation der Sozialistischen Republiken Jugoslawiens. Seine Aufgabe war es gewesen, in ganz Europa ehemalige Ustascha-Kämpfer aufzuspüren, kroatische Faschisten aus der Zeit des Antje Palevic (Hitlers Statthalter in Zagreb). Sein ungeheurer Reichtum? Das Ergebnis vom Glück gesegneter Spekulationen, Geschenke von Freunden... Die Greueltaten in Vukovar, in Srebrenica und Dutzenden von anderen Orten in Kroatien und Bosnien? Heldentaten im Dienste Großserbiens und der Wiederauferstehung der serbischen Nation.

Die Belgrader Jugend vergöttert ihn.

Arkan herrscht über ein eigenständiges Finanz- und Wirtschaftsimperium: Er ist Besitzer von Diskotheken, Tankstellen, Wechselstuben, Restaurants, Transportunternehmen, Privatdetekteien. Dank seiner ausgezeichneten Beziehungen zum europäischen organisierten Verbrechen konnte er die von Westeuropa verhängte Wirtschaftsblockade umgehen und Serbien helfen, die Sanktionen zu überstehen. Die Regierung steht tief in seiner Schuld.

III.

Dabei ist Arkan nur der schillerndste unter den verbrecherischen Nationalhelden des Balkan. Er hat zahlreiche Kollegen, die sich als ebenso grausam und effizient hervortun wie er. Zum Beispiel Vojislav Seselj, ein anderer Kriegsverbrecher, der international gesucht wird – der Schlächter der kroatischen Dörfer in der Krajina (seine Spezialität: Frauen und Kinder über Minenfelder jagen). Seselj ist der Begründer der »Serbischen Radikalen Partei«. Er befehligt seine eigene Miliz, die »Seseljevaci«[6]. 1997 ist er Bürgermeister der Stadt Zemum (im Norden Belgrads), 1999 stellvertretender Ministerpräsident Serbiens.

Arkan verabscheut Seselj. Die beiden Männer werfen sich regelmäßig im Belgrader Fernsehen Beschimpfungen an den Kopf. Diese Dispute schätzt das Publikum sehr.

Dreimal wurden die Einwohner Belgrads im Lauf dieser Kriegsjahre Zeuge prunkvoller Leichenzüge: Im November 1993 wird Georg Stancovic, Immobilienhai und weithin geachteter, zum Patrioten gewandelter Verbrecherbaron, auf dem Zentralfriedhof zu Grabe getragen. Ein Jahr zuvor hatte der im Grand Hotel Hyatt in Belgrad ermordete Pate Alexander Knezevic, Eigentümer eines der bedeutendsten Unternehmen für Bautechnik, ebenfalls ein Begräbnis erhalten, das eines Nationalhelden würdig gewesen wäre. 1993 schließlich war Radojica Nikcevic ermordet in seinem Mercedes aufgefunden worden. Nikcevic war ein persönlicher Freund und wichtigster Geschäftspartner auf dem Balkan von Pablo Escobar, dem Chef des Medellinkartells.[7]

Seit Herbst 1998 führen Milosevics Spezialpolizei und die Milizen der serbischen Gangster-Patrioten einen neuen Krieg. Diesmal gegen die albanischsprachige Bevölkerung des Kosovo. Auch hier folgen ethnische Massaker. Auch hier plündern, vergewaltigen und morden die Milizen der zu Nationalhelden mutierten Mafiafürsten. Im Kosovo häufen sie für ihre Arbeitgeber neue Riesenvermögen an. Die Beute fließt zurück nach Belgrad.

IV.

Die Gangster-Patrioten sind keine serbische Spezialität. Arkan hat gelehrige Schüler in der kroatischen Unterwelt Europas und unter den Mafiafürsten in Bosnien gefunden. Zum Beispiel Fikret Abdic, genannt »Babo«, ein Mann mit vollen grauen Haaren und melancholischen Augen. Er geht auf die sechzig zu. Zu Zeiten der Föderation der Sozialistischen Republiken stand »Babo« an der Spitze des wichtigsten Agrar-Lebensmittel-Kombinats Jugoslawiens.

1987 kommt es zum Skandal. Die Polizei enthüllt Unterschlagungen in der Höhe von einer Milliarde Dollar. Der Betrüger »Babo« wird verurteilt und inhaftiert.

Dann zerbricht die Föderation. »Babo« entdeckt seine patriotische Ader. Bei den ersten Mehrparteienwahlen von 1990 schließt er ein Bündnis mit dem bosnischen Führer Izetbegowic. »Babos« Hauptquartier liegt im Nordwesten Bosniens, in seiner Herkunftsregion, der Unska Krajina, zwischen Bihac und Cazin.

Im April 1992 wird die Republik Bosnien-Herzegowina von der internationalen Gemeinschaft anerkannt. Die Republik gibt sich Gesetze, eine Verwaltung, eine verfassungsmäßige Regierung. Das alles kommt dem unternehmungslustigen Patrioten »Babo« in die Quere. Er hat Geschäfte in Frankfurt und anderswo in Europa. Er will in aller Ruhe seinen Schiebereien nachgehen. Seine Spezialität: der Schmuggel von Erdöl, Waffen, Nahrungsmitteln. Auf Drängen von Interpol bemüht sich die Regierung von Sarajewo, ihm Zügel anzulegen.

Da wandelt sich der Patriot »Babo« zum Superpatrioten: Er erklärt, daß Izetbegowic, der Präsident der neuen Republik, die bosnische Sache verraten habe und ruft im September 1993 die Unabhängigkeit der Enklave von Bihac aus. Er knüpft nützliche Verbindungen zu den serbischen Paten, unter deren Kommando die serbischen Milizen stehen, die den Nordosten Bosniens belagern.

»Babo« untersteht nunmehr eine Privatarmee von 8000 bis an die Zähne bewaffneter Männer. Er regiert über eine Bevölkerung von 35 000 Menschen. Lauter bosnische Landsleute, die von Sarajewo abgeschnitten sind.

September 1994: Das zweite Armeekorps der Republik Bosnien-Herzegowina erobert »Babos« Hochburg. Seitdem vegetieren seine Parteigänger unter erbärmlichen Bedingungen in Flüchtlingslagern dahin.[8] »Babo« selbst reist ungehindert zwischen seiner Villa an der Adria und seinen diversen europäischen Hauptquartieren hin und her.

V.

Der Verbrecher als Nationalheld ist eine Sozialfigur, die nicht auf den Balkan beschränkt bleibt. Nehmen wir ein letztes Beispiel: Alparslan Türkes, »Basbug« (Chef) der ultranationalistischen türkischen Milizen.[9] Er wird 1917 in Zypern geboren. Als Berufsoffizier verfällt er der nazistischen Ideologie und wird ein eifriger Bewunderer Hitlers. 1944: Auf Drängen der Alliierten verhaftet ihn die Regierung von Ankara wegen Kollaboration mit dem deutschen Reichssicherheitshauptamt. 27. Mai 1960: Militärputsch in Ankara. Der »Basbug« tritt als offizieller Sprecher der Putschisten auf. Doch er überwirft sich mit den Putsch-Kollegen und wird auf einen diplomatischen Außenposten abgeschoben.

Seine eigentliche Karriere als Gangster und Patriot beginnt in den siebziger Jahren: Nach einer schwierigen Rückkehr zur Demokratie herrschen in der Türkei bürgerkriegsähnliche Zustände. Der »Basbug« kommandiert jetzt seine eigene Terrororganisation, die »Grauen Wölfe«. Seine Terroristen, Schieber und Mörder bringen Hunderte von Gewerkschaftern, Studenten, Demokraten aller Klassen und beiden Geschlechts um. Sie bereiten den Militärstaatsstreich von 1980 vor.

Mit der Rückkehr der Demokratie übernimmt der »Basbug« die Führung einer eigenen politischen Partei. Diese bleibt bei den allgemeinen Parlamentswahlen von 1995 unter der Zehn-Prozent-Grenze, und der »Basbug« wird nicht Abgeordneter. Aber eine dritte, lukrative Karriere beginnt für ihn: Seine Terroristen werden zu inoffiziellen Agenten des Staates. Ihre Aufgabe ist die Ermordung der Sympathisanten des kurdischen Befreiungskampfes.

Als Belohnung für seine patriotischen Dienste gesteht die türkische Regierung dem »Basbug« gerichtliche Immunität und Straffreiheit zu. Türkes baut in kürzester Zeit eines der effizientesten Verbrecherkartelle im Vorderen Orient und in Westeuropa auf.

Im April 1997 stirbt der »Basbug«. Die Regierung organisiert für ihn das Begräbnis eines Nationalhelden. Eine fast unübersehbare Menschenmenge beweint seinen Tod. Der Leichenzug wird von allen staatlichen Fernseh- und Radiokanälen direkt übertragen. An seinem Grab trauern der Präsident der Republik, Süleyman Demirel, Ministerpräsident Necmetin Erbakan und die Außenministerin Tansu Ciller.

Nie zuvor wurde einem international tätigen Mafiafürsten von seiten eines mächtigen europäischen Staates und NATO-Mitgliedes so viel verdiente Ehre zuteil.[10]

Jean Ziegler
Genf, April 1999

ANMERKUNGEN

Vorwort

[1] Sie werden in diesem Buch, sofern wir ihre Aussagen zitieren, erwähnt, falls sie uns dazu befugt haben.

[2] »Vor v zakone«: offizielle Anrede der russischen Paten, die im Verbrechermilieu als Schiedsmänner gelten; »Buyuk-Baba«, wörtlich »Großvater«: ranghöchste Führer der türkischen Kartelle des organisierten Verbrechens.

[3] Time Magazine, New York, 29.7.1991

Teil I: Die Banalität des Verbrechens

[1] Saint-Just, Louis Antoine de: Fragments d'institutions républicaines, Paris 1988

[2] Werthebach, Eckhart, und Bernadette Droste-Lehnen: Organisierte Kriminalität, in: Zeitschrift für Rechtspolitik, Nr. 2, 1994

[3] Der Senat hob Andreottis Immunität am 27.3.1993 auf. Der Prozeß von Palermo begann am 26.9.1996. Er ist immer noch im Gang und führte in ganz Europa zu heftigen Debatten. Ich zitiere stellvertretend zwei der vielen erschienenen Publikationen: Macaluso, Emanuele: Giulio Andreotti tra Stato e mafia, Messina 1996; Macaluso, selbst Überlebender verschiedener Attentate der Mafia, ist Gewerkschafter und kommunistischer Senator. Andreotti selbst hat über den bisherigen Prozeßverlauf ein Tagebuch geführt: Andreotti, Giulio: Cosa loro, mai visti da vicino, Mailand 1995, in dem er sämtliche Anklagepunkte verwirft.

[4] Vgl. Revault d'Allonnes, Myriam: Ce que l'homme fait à l'homme, Paris 1995, S. 164 f.

[5] Kant, Immanuel: Die Religion innerhalb der Grenzen der

bloßen Vernunft, in: Die Metaphysik der Sitten. Hrsg. v. W. Weischedel, Frankfurt a. M. 1977, S. 754 (Werkausgabe Bd. VIII)

[6] Kant, Immanuel, a.a.O.

[7] Revault d'Allonnes, op. cit.

[8] Julliard, Jacques, in: Le Nouvel Observateur, 9. 10. 1996

[9] »Hochwürdiger Herr« war die Bezeichnung von Agha Hasan Abedi. Vgl. dazu Kapitel 4

[10] Zahlenangaben des UNDP

[11] Das UNDP benutzt als Kalkulationsmethode der »menschlichen Entwicklung« zusätzlich zu den gängigen statistischen Indizien (Kaufkraft etc.) eine Kombination von qualitativen Indikatoren: Lebenserwartung, medizinische Versorgung, Zugang zu Schulen, Reinheit des Trinkwassers, Grad der täglichen Nahrungsaufnahme, Situation der Menschenrechte etc.

[12] Ein Beispiel: Der Markt des Euro-Dollar ist von 80 Milliarden Dollar 1973 auf mehr als 4000 Milliarden im Jahr 1997 angestiegen.

[13] 24 junge Traders der Deutschen Bank verdienen mehr als der Präsident der Bank. Dabei übersteigt schon das Einkommen des Bankpräsidenten zwei Millionen DM. Vgl. Der Spiegel, Nr. 41, 1996

[14] Horkheimer, Max: Die Sehnsucht nach dem ganz Anderen, Hamburg 1970

[15] Touraine, Alain, im Gespräch mit dem Autor

[16] Facts, Zürich, Nr. 28, 1996. Die Bilanz, Zürich, August 1996

[17] Vgl. die Interpretation von: Der Prophet Daniel, 2,40–2,43 (Altes Testament) bei Jean-Marie Guéhenno: La Fin de la Démocratie, Paris 1993

[18] Debray, Régis, und Jean Ziegler: Il s'agit de ne pas se rendre, Paris 1994

[19] Vgl. Hobsbawm, John: Histoire économique et sociale de la Grande-Bretagne. Bd. I und II, Paris 1977

[20] Kriminaloberrat Schwerdtfeger, vormals Leiter der Abteilung »Organisierte Kriminalität« des Landeskriminalamts von Nordrhein-Westfalen, in einem Gespräch mit Uwe Mühlhoff. Schwerdtfeger ist derzeit Mitarbeiter des Düsseldorfer Polizeipräsidiums.

[21] Schweizerischer Nationalfonds für wissenschaftliche For-

schung, vgl. Forschungsprogramm (Leiter Marc Pieth): Alltägliche Gewalt und organisiertes Verbrechen, Bern 1995, S. 6

[22] Konferenz der Vereinten Nationen über: Das organisierte Verbrechen und der Drogenhandel, Neapel, 21.–23. 11. 1994

[23] Für die Soziogenese der Mafia bedanke ich mich bei meinen Kollegen Carlo Carbone und Luigi Gallo von der Universität Cosenza. Ihr Studienzirkel und das ihm nahestehende Verlagshaus Rubbettino publizierten einige der wichtigsten Bücher zu diesem Thema. Vgl. z. B.: Duggan, Christopher: La mafia durante il fascismo, 1986; Schneider, Jane und Peter: Classi sociali, economia e politica in Sicilia (Vorwort: Pino Arlacchi), 1989; Centorrino, Mario: Economia assistita da mafia, 1995; Santino, Umberto: La mafia interpretata, dilemmi, stereotipi, paradigmi, 1995; Siebert, Renate: La mafia, la morte e il ricordo, 1995

[24] Stille, Alexander: Excellent cadavers. The mafia and the death of the first Italian Republic, New York 1995

[25] Stille, op. cit.

[26] Krim-Dok, CD-Rom, hrsg. von der Fachhochschule für Polizei, Villingen-Schwenningen

[27] Putnam, Robert: Making Democracy Work. Civic traditions in modern Italy, Princeton 1993

[28] Die Polizisten der SRPJ (Regionalabteilung der Kriminalpolizei) von Lyon halten sie nicht für Kriminelle, sondern für »zufällige Opfer«.

[29] In einem Gespräch mit Uwe Mühlhoff

[30] Hassemer, Winfried: Innere Sicherheit und Rechtsstaat, in: Der Strafverteidiger, Nr. 12, 1993

[31] In Deutschland setzt sich insbesondere die Institution Business Crime Control (BCC), mit Sitz in Mainthal, intensiv mit der begrifflichen und empirischen Erfassung von Wirtschafts- und organisierter Kriminalität auseinander; zusätzlich zur regelmäßig erscheinenden Zeitschrift Business Crime vgl. auch: See, Hans, und Dieter Schenk (Hrsg.): Wirtschaftsverbrechen. Der innere Feind der Marktwirtschaft, Köln 1992

[32] Bréhier, Louis: Vie et mort de Byzance, Paris 1946, Neuausgabe 1969

[33] Lammich, Siegfried: Berliner Anwaltsblatt, 1997, S. 476 (482)

[34] Toto Riina wurde am 26. 9. 1997 in Cálamisetta zu lebenslanger

Haft verurteilt; Giovanni Brusca, der mit der Justiz kooperierte, erhielt 26 Jahre Haft.

[35] The News, Islamabad, 17.2.1995 und The Dawn, Islamabad, 18.12.1995. Den ehrenvollen Beinamen »Hadji« trägt jeder Muslim, der nach Mekka gepilgert ist; »Sahib« bezeichnet den obersten Führer der Pathanen.

[36] Erklärung des Innenministers in: Friday Times, Karatchi, 4.1.1996

[37] Morstein, Manfred: Der Pate des Terrors. Die mörderische Verbindung von Terrorismus, Rauschgift und Waffenhandel, München 1989

[38] Eine Sammlung ritueller Tätowierungen tschetschenischen Ursprungs ist in Jürgen Roths Buch: Die Russen-Mafia, Hamburg 1996, S. 296f., abgebildet.

[39] Reichmann, Hannes: Das Netzwerk der Wiener Paten, in: Revue Wirtschaftswoche, Wien, Nr. 18, 18.11.1995

[40] Rund zehn Millionen Angehörige ethnischer Minderheiten leben in der Russischen Föderation. Die russische Sprache besitzt einen überaus reichen Schatz an Schimpfwörtern für sie: »Schorni«, »Schwarzarsch« gilt für Kaukasier; »Gortsy«, »Wilder aus den Bergen« ebenfalls; mit »Tschurka« (»Holzkopf«) werden sämtliche Nichtrussen betitelt.

[41] Bourdieu, Pierre, in: Alternatives algériennes. Dezember 1995, S. 3

[42] Mössinger, Pierre: Irrationalité individuelle et ordre social, Genf und Paris 1996

[43] Vgl. dazu Kapitel 5, S. 250ff.

[44] Ganci, Calogero, in: La Repubblica, 6.8.1996

[45] Satters Untersuchung ist übersetzt unter dem Titel: Freipaß für Mord an Medienschaffenden, in: Die Weltwoche, Zürich, 7.3.1996, erschienen.

[46] Für die detaillierte Schilderung des Mordes an Birikow siehe Die Neue Zürcher Zeitung, Zürich, 26.2.1997

[47] Aus Kalabrien gebürtig ist Arlacchi Senator der Demokratischen Linken, Professor für Soziologie an der Universität von Florenz und Autor weltberühmter wissenschaftlicher Werke über das organisierte Verbrechen. Im Sommer 1997 wurde er vom Generalsekretär der UNO, Kofi Annan, zum stellvertre-

tenden Generalsekretär für die Bekämpfung des organisierten Verbrechens, des internationalen Terrorismus und des Menschenhandels mit Sitz in Wien ernannt.

Teil II: Die Wölfe der östlichen Steppen

1 Alain Lallemand: Organizatsiye, La mafia russe à l'assaut de l'Europe, Paris, 1996; auch Roth, Jürgen: Die Russen-Mafia, Hamburg 1996

2 Dieser oberste Rat heißt »Schkod«.

3 Elliot, Dorinda, und Melinda Liu: The Russian mafia goes global, Sonderbericht, veröffentlicht in Newsweek am 2. 10. 1995

4 Handelmann, Steve: Comrade Criminal, New Haven 1995

5 Lesnik, Renata, und Hélène Blanc, L'empire de toutes les mafias, Editions Presse de la Cité, Paris 1996, S. 85

6 Le Monde, Paris, 16. 8. 1997

7 Die Rolle des belgischen Finanziers in dieser Affäre konnte dagegen nie geklärt werden.

8 Abkürzung für: Traitement des renseignements et action contre les circuits financiers clandestins; etwa: Informationserfassung und Maßnahmen gegen illegale Geldkreisläufe

9 Vgl. »Lagebericht Ostgelder«, Bundesamt für Justiz und Polizei, Bern 1995. Ein neuer Bericht erschien im Dezember 1997.

10 Durkheim entwickelt diesen Begriff vor allem in zwei seiner Werke: Die soziale Arbeitsteilung. Frankfurt a. M. 1988, und: Der Selbstmord, Frankfurt a. M. 1983

11 Aus einem Gespräch mit dem Autor

12 Arlacchi, Pino: Ethique mafieuse et l'esprit du capitalisme. Grenoble 1989; vom selben Autor: Mafia von innen. Das Leben des Don Antonio Calderone, Frankfurt a. M. 1993; Addio Cosa Nostra, Mailand 1994

13 Rumjanzewa, Marina: Der neue russische Traum, in: Die Weltwoche, Zürich, 16. 11. 1995

14 Berelowitsch, Alexis, und Michel Wieviorka: Les Russes d'enbas, enquête sur la Russie post-communiste, Paris 1996

15 Vgl. Time Magazine, New York, 11. 8. 1997

[16] Den Alptraum westeuropäischer Fahnder bildet die Vorstellung, russische Verhältnisse könnten auch bei uns Wirklichkeit werden. Dr. S. Lammich ist Referent am Max-Planck-Institut für ausländisches und internationales Strafrecht in Freiburg i. B. Er gibt folgende Zahlen: »Von den Experten des russischen Innenministeriums wird geschätzt, daß sich etwa 85 Prozent der nichtstaatlichen Wirtschaftsunternehmen in Rußland unter der Kontrolle organisierter krimineller Gruppen befindet. Nach Erkenntnissen der Hauptabteilung für die Bekämpfung der organisierten Kriminalität des russischen Innenministeriums wurde Anfang 1995 von organisierten kriminellen Gruppen die Kontrolle über insgesamt 41 000 Wirtschaftsunternehmen, darunter über 1500 staatliche Unternehmen, 4000 Aktiengesellschaften, 500 andere Gesellschaften und über 550 – d. h. mehr als einem Viertel aller in Rußland tätigen – Banken ausgeübt.« S. Lammich, in: Berliner Anwaltsblatt, Heft 10, 1997, S. 476

[17] Erklärung Fedotovs in: Facts, Zürich, Nr. 50, 1995

[18] Le Monde, Paris, 19. 3. 1997

[19] Tkatch, Roman, in: Russkaja Mysl (Das russische Denken), erschienen in Paris, Nr. vom 9. 11. 1995

[20] Ernst Mühlemann im Gespräch mit dem Autor

[21] Seit 1997 steht sie an erster Stelle. Vgl. Newsweek, 1. 9. 1997

[22] Andere Autoren gehen hier weiter. Renata Lesnik und Hélène Blanc beispielsweise halten die Netze des KGB für die wahren Herrscher über die Politik der Föderation und die organisierte Kriminalität. Vgl. Lesnik, Renata, und Hélène Blanc: L'empire de toutes les Mafias, Paris 1996, S. 17 ff.

[23] Haumann, Heiko: Geschichte Rußlands, München 1996, S. 643 ff.

[24] Ausgenommen der Gulag, in dem die Kapos häufig unter den Kriminellen rekrutiert wurden.

[25] Vgl. dazu insbesondere die Untersuchung des Bundeskriminalamts Wiesbaden: Osteuropäische organisierte Kriminalität, Stand Oktober 1995; mit einer allgemeinen Einführung über den sozialen Ursprung dieser Banden

[26] Die Aussagen der Moskauer Polizeibehörden in: Newsweek, New York, 1. 9. 1997

[27] Agenturmeldung, veröffentlicht in: Der Tagesanzeiger, Zürich, 3. 11. 1995

[28] Le Matin, Lausanne, 27. 8. 1997

[29] Für die Logistik der Verbrecherkartelle siehe insbesondere: Sieber, Ulrich, und Marion Bögel: Logistik der Organisierten Kriminalität. Pilotstudie, Wiesbaden 1993 (BKA-Forschungsreihe, Band 28)

[30] Der Spiegel, Nr. 30, 1996

[31] Vgl. die Reportage von Isabelle Lesniak in: Libération, Paris, 14. 7. 1996

[32] Tribune de Genève, Genf, 23. 2. 1994

[33] Association pour la prévention de la torture: Les mauvais traitements et les conditions de détention en Roumanie. Genf, April 1996

[34] Chatelot, Christophe: La détresse des sans-famille roumains, in: Le Monde, Paris, 7. 2. 1996

[35] Betreffend die Soziogenese der polnischen Verbrecherkartelle siehe Jan Grajewski, Richter am Obersten Gerichtshof und Strafrechtsprofessor in Warschau: Die Organisierte Kriminalität in Polen und ihre Verbindungen in Osteuropa, in: Europa im Griff der Mafia? Dokumentation des Symposiums der Landeszentrale für politische Bildung Baden-Württemberg, Stuttgart, Oktober 1993

[36] Siehe dazu insbesondere die Analyse des Journalisten Pjotr Dobrowolski in der Sonntags-Zeitung, Zürich, 28. 5. 1995

[37] Die »Kommission Oleksy« hält die Familiennamen der Opfer geheim.

Teil III: Die Rote Armee – Wiege der Mörder

[1] Freeh, Louis in: Newsweek, New York, 17. 6. 1996

[2] Lebed wiederum stürzt im Oktober 1996.

[3] Le Monde, Paris, 20. 6. 1996

[4] Zur Biographie Rodionovs siehe Der Spiegel, Hamburg, Nr. 30, 1996

[5] Der Spiegel, Hamburg, 25. 8. 1997

[6] Westdeutsche Zeitung, 3. 1. 1998

[7] Attali, Jacques: Economie de l'Apocalypse, Paris 1995

[8] In dieser Zahl sind nur polizeiliche Ermittlungen erfaßt, die zu einer Anklageerhebung führten.

[9] Die Welt, 13. 12. 1997

[10] Barry, John: Russia's Nuclear Secrets – inside a Closed Atomic City, in: Newsweek, New York, 2. 5. 1996

[11] Reston, James: Deadline, A memoir, New York 1992, S. 467

[12] Curtis, Charles B., in: International Herald Tribune, 1. 3. 1996

[13] Lebed, Alexander, in: Le Monde, Paris, 6. 9. 1997; Die Neue Zürcher Zeitung, Zürich, 6./7. 9. 1997

[14] Die Bilanz, Zürich, Nr. 9, 1994

[15] In der Schweizer Presse erscheinen in regelmäßigen Abständen Artikel über die besondere Rolle des Kantons Zug. Vgl. etwa den Artikel von Pirmin Bosshart: »Hat sich die Ost-Mafia in Zug eingenistet?« in: Der Tagesanzeiger, Zürich, 6. 10. 1995

[16] Die Neue Zürcher Zeitung, Zürich, 2. 7. 1997

[17] Siehe auch das Interview von Hans Christian Poulsen, Delegierter des PNUCID, in: Le Nouveau Quotidien, Lausanne, 30. 6. 1997

[18] Die Welt, 20. 12. 1997

[19] Die Neue Zürcher Zeitung, Zürich, 13. 6. 1997

[20] 1995 entschlossen sich die Strafverfolgungsbehörden der Region zu einem ungewöhnlichen Schritt: Um die Aufmerksamkeit der russischen (und internationalen) Öffentlichkeit auf die Situation vor Ort zu lenken, luden sie Journalisten nach Wladiwostok ein. Darunter befanden sich auch zwei Reporter westlicher Zeitungen: Didier François und Isabelle Lasserre; vgl. Libération vom 8. 11. 1995 und Journal de Genève vom 8. 11. 1995

Teil IV: Der Hochwürdige Herr und seine »Schwarzen Einheiten«

[1] New York Times, New York, 7. 8. 1995

[2] Vgl. Truell, Peter, und Larry Gurwin: BCCI – The inside story of the worlds most corrupt financial empire, London 1992; Adams, James Ring, und Douglas Frantz: A full service bank, New York 1992

[3] Truell, Peter, und Larry Gurwin: BCCI, op. cit., S. 249
[4] Bloy, Léon: Le sang du pauvre, 1909
[5] Gaubar, Humayan: The fall guy – Agha Hasan Abedi, in: Politics and business, Karatschi, 22. 8. 1995
[6] Ebd.
[7] Besonderen Dank schulde ich in diesem Zusammenhang den Angestellten der Library of Congress in Washington für ihre beständige Hilfe. Vier Berichte (und Zeugenanhörungen) waren besonders aufschlußreich für mich:
– The BCCI Affair. Hearings before the Subcommittee on Terrorism, Narcotics, and International Operations of the Committee on Foreign Relations. U. S. Senate, 102nd Congress, first and second sessions. Part 1 (August 1, 2, 8, 1991), Part 2 (October 18, 22, 1991), Part 3 (October 23, 24, 25, November 21, 1991), Part 4 (February 19, March 18, 1992), Part 5 (May 14, 1992), Part 6 (July 30, 1992);
– The BCCI Affair: A Report to the Senate Committee on Foreign Relations from Senator John Kerry, Chairman, and from Senator Hank Brown, Ranking Member, Subcommittee on Terrorism, Narcotics, and International Operations, at the Conclusion of an Investigation of Matters Pertaining to the Bank of Credit and Commerce International. 102nd Congress, second session, September 30, 1992;
– Bank of Credit and Commerce International (BCCI) Investigation. Hearings before the Committee of Banking, Finance and Urban Affairs, U. S. House of Representatives, 102nd Congress, first session, Part 1 (September 11, 1991), Part 2 (September 13, 1991) and Part 3 (September 27, 1991);
– The Bank of Credit and Commerce International Hearing before the Subcommittee on Consumer and Regulatory Affairs of the Committee on Banking, Housing and Urban Affairs, U. S. Senate, 102nd Congress, first session, May 23, 1991;
Auch das englische Parlament führte eine Untersuchung durch:
– Banking Supervision and BCCI: International and National Regulations. The Treasury and Civil Service Committee Reports of the House of Commons, 1991 and 1992;
– Bezüglich der Untersuchungen der Bank von England und der öffentlichen Auseinandersetzung, die die späte Reaktion

ihres Gouverneurs im Parlament von Westminster und in der öffentlichen Meinung ausgelöst hat, gilt mein besonderer Dank den Bibliothekaren und Verantwortlichen der Bibliothek der UNO im Palais des Nations in Genf. Der Abschlußbericht der Bank of England wurde in wesentlichen Teilen, mit Kommentaren versehen, von der Financial Times, London, vom 23. 10. 1992 abgedruckt.

[8] Die Sozialistische Internationale erfuhr erst viel später von seiner psychiatrischen Vergangenheit.

[9] Vargas Llosa, Mario: Der Fisch im Wasser. Erinnerungen, Frankfurt a. M. 1997; sowie mein Gespräch mit dem Autor im Oktober 1996 in Frankfurt

[10] Priest, Dana: US worried about foreign Islamic fighters, in: The Washington Post; der Artikel wurde übernommen von The News International, Karatschi, vom 2. 12. 1995

[11] Truell, Peter, und Larry Gurwin, op. cit., S. 249

[12] Adams, James Ring, und Douglas Frantz: A full service bank. How BCCI stole billions around the world, New York 1992, S. 236

[13] Ich schulde von Raab auch persönlichen Dank: Er unterstützte mich in dem Prozeß vor dem Pariser Appellationsgericht, den Hans W. Kopp 1990 anläßlich der Veröffentlichung meines Buches »Die Schweiz wäscht weißer« gegen mich angestrengt hatte.

[14] Auchlin, Pascal, in: L'Hebdo, 13. 8. 1993

[15] Die Neue Zürcher Zeitung, Zürich, 5./6. 4. 1997

[16] Der Bericht über die Pressekonferenz ist nachzulesen bei Peter Truell und Larry Gurwin, op. cit.

[17] Reston, James: Deadline. A memoir, op. cit., S. 184

Teil V: Der Feldzug der Freiheit

[1] Gerhart Baum, Gespräch mit dem Autor

[2] Hassemer, Winfried: op. cit., S. 664–665

[3] Lisken, Hans: Sicherheit durch Kriminalitätsbekämpfung?, in: Zeitschrift für Rechtspolitik, Frankfurt a. M., Nr. 2, 1994, S. 51 ff.

[4] Fätkinhäuer, Hans Jürgen: Organisierte Kriminalitäts-Bekämp-

fung und Rechtshilfe, Gedanken und Anmerkungen eines frustrierten Strafverfolgers, in: Zeitschrift für Kriminalistik, Nr. 5, 1994, S. 307ff.

5 Gasparini, Juan: Roldan-Paesa, la connexion suiza, Madrid 1997; vgl. auch: La Tribune de Genève, Genf, 17. 7. 1997

6 Urteil des Bundesgerichtes Nr. 262/1997, veröffentlicht am 27. 7. 1997

7 Robert, Denis (Hrsg.): La justice ou le chaos (Sammelband mit Zeugnissen von Justizbeamten), Paris 1996

8 Bernard Bertossa im Gespräch mit Frédéric Montanya, in: Le Courrier, Genf, 6. 3. 1997

9 Erklärung von Louis Freeh in: La Repubblica, Rom, 2. 8. 1996

10 Storbeck, Jürgen: Europol, Probleme und Lösungen, in: Zeitschrift Kriminalistik, Nr. 1, 1996

11 Siehe auch Krüger, Ralf: Innere Sicherheit in Europa, Schengen und Maastricht, Stationen der Polizei auf dem Weg nach Europa, in: Zeitschrift Kriminalistik, Nr. 12, 1994, S. 773 (R. K. war vormals Präsident des LKA Baden-Württemberg.)

12 Für Informationen, die Nutzung des Internet durch das organisierte Verbrechen betreffend, bedanke ich mich bei meinen Kollegen von der Universität Genf, den Internetspezialisten Jean Rossiaud, Muse Tegegne und Raoul Ouédraogo.

13 Kahn, Annie: Internet dans l'œil des policiers du monde entier, in: Le Monde, 1. 8. 1996

14 Zu den Diskussionen im Frühjahr 1996 im amerikanischen Senat siehe Steven Levy: Computers, Scared bitless, in: Newsweek, 10. 6. 1996; vgl. auch das Urteil des Obersten Gerichtshofes der USA vom 26. 6. 1997 (betreffend den Decency-Act)

15 Zitiert in: Freiberg, Konrad, Berndt Georg Thamm und Wolfgang Sielaff: Das Mafia-Syndrom. Organisierte Kriminalität, Geschichte, Verbrechen, Bekämpfung. Verlag Deutsche Polizeiliteratur 1992, S. 235

16 Ostendorf, Heribert: Organisierte Kriminalität. Eine Herausforderung für die Justiz. Verlag Deutsche Polizeiliteratur 1991, S. 68ff.

17 Pfeiffer, Christian: Kriminalitätskontrolle, Wege aus der Sackgasse, in: Der Kriminalist, Nr. 1, 1994, S. 15ff.

[18] Kriminaloberrat Schwerdtfeger im Gespräch mit Uwe Mühlhoff

[19] Zur Biographie Jack Blums siehe Truell, Peter, und Larry Gurwin, op. cit., S. 237ff.

[20] Beckstein, Günther, zit. in: Der Spiegel, Hamburg, Nr. 30, 1996

[21] Süddeutsche Zeitung, München, 17. 9. 1997

[22] Ebd.

[23] Für die Argumente der beiden Seiten siehe: Il 513 diventa legge tra la polemiche, in: La Repubblica, Rom, 1. 8. 1997

[24] Im April 1997 kündigt die Regierung in Rom an, daß sie Asinara und Pianosa in naher Zukunft schließen und die Insassen in neue Strafanstalten überführen werde. Staatsanwälte und Richter protestieren. Die Regierung will aus ökonomischen Gründen die beiden Inseln dem Tourismus zugänglich machen.

[25] Macaluso, Emanuele, und Giulio Andreotti: Tra stato et mafia, op. cit., besonders das Kapitel I pentiti, S. 157ff.

[26] Arlacchi, Pino: Mafia von innen. Das Leben des Don Antonio Calderone, Frankfurt a. M. 1993

[27] Die Presse spielt eine entscheidende Rolle in der Affäre SASEA. Insbesondere Jean-Noël Cuénod, der mutige Gerichtsreporter der Tribune de Genève, zwang die Schweizer (und französische) Justiz durch seine Analysen, die Untersuchungen bis zum Ende zu führen.

[28] Werthebach, Eckhart, zusammen mit Bernadette Droste-Lehnen: Organisierte Kriminalität, in: Zeitschrift für Rechtspolitik, Nr. 2, 1994

[29] Jullien, François: Fonder la morale. Paris 1995

[30] Bertolt Brecht, Mutter Courage und ihre Kinder, 1939

Nachwort:
Kriminelle Staatschefs und Gangster-Patrioten

[1] Vgl. Dokument E/CN 1991 des Wirtschafts- und Sozialrates der Vereinten Nationen; ein früherer Beschluß des Sicherheitsrates erklärt die UN-Menschenrechtsdeklaration von 1948 zum integrierten Bestandteil der UN-Charta. Somit gelten heute

Verletzungen der Menschenrechte als Delikte gegen das geltende Völkerrecht.

[2] Für die völkerrechtlich relevante Interpretation des Statutes siehe insbesondere Marie-Claude Roberge, La nouvelle Cours pénale internationale, évaluation préliminaire, in: Revue internationale de la Croix Rouge, Genf, Dezember 1998, S. 725 ff.

[3] Actes de la Conférence de Rome, Juli 1998, Verlag Centre de documentation, Palais des Nations, Genf 1202

[4] Georges-Marie Chenu, französischer Botschafter in Zagreb 1992–1994, dokumentiert die Heldentaten der »Arkanovici«, wie die Tiger offiziell in Ostslawonien genannt werden. Vgl. Jean Cot (Herausgeber): Dernière guerre balkanique? Ex-Yougoslawie: témoignages, analyses, perspectives, L'Harmattan, Paris 1996, S. 92 ff.

[5] Jürgen Roth rekonstruiert die Karriere von Arkan und seinen Kollegen in: Die Russen-Mafia, Hamburg, 1996, S. 208 ff.

[6] Georges-Marie Chenu, op. cit., S. 29

[7] Jürgen Roth, op. cit.

[8] Bei den ehemals aktiven »Babo«-Anhängern handelt es sich nicht um politische Flüchtlinge im Sinne der UN-Konvention von 1951, sondern um bosnische »Personnes déplacées«, die aus den zerstörten Dörfern der Enklave nach Bihac geflüchtet sind und dort in Notunterkünften leben. Ich habe sie im November 1996 dort besucht.

[9] Für die Biographie des Basbug und die Aktivitäten der Grauen Wölfe vgl. Jean-Marie Störkel, Les Loups de Saint-Pierre, Plon, Paris 1996

[10] Die von Türkes gegründete Partei der Nationalen Bewegung (MHP) wurde zwei Jahre nach dem Tod ihres Gründers bei den Parlamentswahlen im April 1999 zur zweitgrößten Partei der Türkei.

DANKSAGUNG

Dieses Buch ist das Resultat einer vierjährigen Forschung, die ich in Zusammenarbeit mit Uwe Mühlhoff, einem jungen deutschen Juristen, organisiert und durchgeführt habe. Ich verdanke Uwe Mühlhoff wesentliche theoretische Anregungen und wichtige bibliographische und dokumentarische Hinweise sowie außerordentlich nützliche Kontakte, vor allem in Deutschland.

Meine Diskussionen mit UNO-Experten in Genf, Wien und Islamabad haben mir den Zugang zu unveröffentlichten Feldforschungsberichten ermöglicht.

In Italien konnte ich auf die kompetente Mitarbeit von Carlo Carbone und Marco Maglioli zählen. Juan Gasparini hat mir iberische und lateinamerikanische Quellen erschlossen. Wichtige Dokumente erhielt ich von Hans See und dem Business Crime Control Center. Naïla Zegednize assistierte mir bei der Grundlagenforschung für die beiden Kapitel, die den russischen Verbrecherkartellen gewidmet sind.

Raoul Ouédraogo, mein Assistent an der Universität, hat per Internet bedeutsame Dokumente aufgespürt und mir zugänglich gemacht. Der Völkerbundpalast in Genf beherbergt die wichtigste und größte sozialwissenschaftliche Bibliothek (zusammen mit einem internationalen Dokumentationszentrum) Europas. Die Bibliotheksverantwortlichen haben mir unumgängliche bibliographische Orientierungshilfe geleistet und im interkontinentalen Bibliotheksverkehr nützliche Dokumente verschafft.

In verschiedenen Ländern Europas haben meine Mitarbeiterinnen und Mitarbeiter (insbesondere Uwe Mühlhoff) und ich aufschlußreiche Gespräche mit Staatsanwälten, Richtern, Kriminalbeamten, Strafrechtsprofessoren und Verantwortlichen von Geheimdiensten geführt. Besonders wertvoll waren die Gespräche mit den Mitarbeitern der Abteilung für organisierte Kriminalität (und zum Teil für Wirtschaftskriminalität) im Nordrhein-Westfälischen Landeskriminalamt, der Abteilung für organisierte Kriminalität in den Landeskriminalämtern Brandenburgs, Hamburgs, Hessens, Nordrhein-Westfalens, der Kriminalpolizei in Frankfurt am Main, Münster und Köln sowie den Staatsanwaltschaften Dortmund, Frankfurt an der Oder und Leipzig.

Die Gesprächspartner werden namentlich erwähnt, wenn sie das ausdrücklich erlauben. Eine Mehrzahl verlangt aus verständlichen Gründen die Anonymität. Alle haben uns mit großer Offenheit, menschlicher Großzügigkeit und hoher beruflicher Kompetenz an ihrem Wissen und ihren Sorgen teilhaben lassen.

Mein Kollege Christian-Nils Robert, Strafrechtsprofessor an der Universität Genf, hat das Manuskript geprüft und mir wesentliche kritische Hinweise gegeben. Wichtige Anregungen gab mir auch Nationalrat Ernst Mühlemann.

Für Schreib-, Organisationsarbeiten und Korrekturen danke ich Catherine Lorenz, Arlette Sallin, Ursula von Abaffy und Irmgard Perkounigg.

Erica Deuber-Pauli und Richard Labévière sind mir während der ganzen langen Arbeit hilfreich zur Seite gestanden. Sabine Ibach und die Agentur Mohrbooks haben unser Projekt von Anfang an tatkräftig unterstützt. Besonders verpflichtet bin ich Karl Heinz Bittel. Ohne seinen klugen Rat und seine vielfältige Hilfe wäre dieses Buch nicht entstanden. Für die Taschenbuchausgabe hat mir Katharina Fokken wertvolle Ratschläge erteilt und großen Beistand geleistet.

Allen genannten sowie den nicht namentlich erwähnten Personen schulde ich Dank.

Genf, im April 1999   Jean Ziegler

GOLDMANN

Jean Ziegler

Die Schweiz, Das Gold
und die Toten   12783

Wie herrlich, Schweizer
zu sein   15003

Die Barbaren kommen   15029

Goldmann • Der Taschenbuch-Verlag

GOLDMANN

... und die im Dunkeln sieht man nicht

Stefan Aust,
Mauss   12957

Victor Ostrovsky,
Geheimakte Mossad   12658

Guido Knopp,
Top-Spione   12725

Norbert F. Pötzl,
Basar der Spione   12965

Goldmann • Der Taschenbuch-Verlag